"十四五"职业教育国家规划教材

U0646611

管理信息系统

李 静 著

Management Information Systems

北京师范大学出版集团
BEIJING NORMAL UNIVERSITY PUBLISHING GROUP
北京师范大学出版社

图书在版编目(CIP)数据

管理信息系统/李静著. —北京：北京师范大学出版社，
2018.7(2024.8 重印)

("十四五"职业教育国家规划教材)

ISBN 978-7-303-22325-1

Ⅰ.①管… Ⅱ.①李… Ⅲ.①管理信息系统－研究生－教
材 Ⅳ.①C931.6

中国版本图书馆 CIP 数据核字(2017)第 100696 号

图书意见反馈：zhijiao@bnupg.com
营销中心电话：010-58802755 58800035
编辑部电话：010-58806750

GUANLI XINXI XITONG

出版发行：北京师范大学出版社 www.bnupg.com
　　　　　北京市西城区新街口外大街 12-3 号
　　　　　邮政编码：100088
印　　刷：北京虎彩文化传播有限公司
经　　销：全国新华书店
开　　本：730 mm×980 mm 1/16
印　　张：18.5
字　　数：317 千字
版　　次：2018 年 7 月第 1 版
印　　次：2024 年 8 月第 5 次印刷
定　　价：48.80 元

策划编辑：包 彤 周光明 责任编辑：包 彤
美术编辑：焦 丽 装帧设计：焦 丽
责任校对：陈 民 责任印制：马 洁 赵 龙

内 容 提 要

　　管理信息系统是信息时代现代企业应对各种管理问题和挑战的重要途径和手段。本书是作者多年相关领域的教学实践和理论研究的阶段性成果，致力于从理论与实践两个方面来介绍、探讨信息系统在企业中的应用和创新，帮助读者切实理解现代信息技术和信息系统在企业中的价值和发展趋势，希望启发更多具有创新性的商业思考。

　　本书具有以下四个特点：一是侧重从业务和管理视角来理解管理信息系统，这与大多数管理信息系统教材强调信息系统的技术与开发不同；二是在理论的基础上更加注重各种实践环节的设置和开发，通过案例分析、业界动态、阅读思考和实验操作等实践环节辅助读者对该领域全面透彻地学习和理解；三是书中既有国外的案例，也有本土成功案例，希望通过典型实用的案例启发更多的对中国信息时代发展的思考；四是注重内容的时效性，教材中介绍的技术、案例和数据，尤其在互联网相关领域应用，都力求采用最近几年的材料，能够及时反映信息时代的企业信息技术和信息系统应用的趋势和热点。

　　本书的实践和应用导向侧重培养学生实践技能和实际工作能力，对于高等职业教育院校工商管理、电子商务、物流管理等专业学生可以作为专业知识的入门级教材，也可以用作经济管理学科各专业方向的学生学习信息系统领域的教材，同时也适合广大企事业单位的管理工作者阅读参考。

前　言

　　党的二十大报告指出，"推动战略性新兴产业融合集群发展，构建新一代信息技术、人工智能、生物技术、新能源、新材料、高端装备、绿色环保等一批新的增长引擎"，肯定了以信息技术为引领的战略性新兴产业发展是中国未来推动高质量发展主题中具有增长引擎作用的产业布局。同时，党的二十大报告强调"必须坚持科技是第一生产力"，多次指出要"科技自强自立""科技强国"。

　　的确，最近几十年信息技术的发展突飞猛进，尤其进入 21 世纪之后，信息技术和生物技术、能源技术、材料技术等技术交叉融合，引发了以绿色、智能、泛在为特征的群体性技术突破。各种技术不断创新、扩散和深入使用，人们已经真切感受到科技的力量。在企业管理过程中结合新的技术发展和应用模式，对企业经营管理的方式方法进行重新定位与思考也势在必行。管理信息系统是信息时代帮助企业应对各种管理问题和挑战的重要途径与手段，也是系统地思考和分析上述问题的重要学科领域，可以帮助我们国家的青年、未来的企业管理者更充分地理解以信息技术为代表的高科技产业自立自强与应用创新的意义和路径。

　　笔者在管理信息系统相关领域进行教学、科研和实践工作十余年，和同时代的人一起经历着信息社会所带来的巨大变化，也从专业的视角不断地分析思考，非常希望能和更多的人，尤其是现在的年轻学生、未来的企业管理者分享这些感悟和收获。2011 年和 2015 年，我们在北京师范大学出版社分别出版了《管理信息系统实验教程》和《管理信息系统实验教程（第 2 版）》，重点开发了管理信息系统领域在实践环节上的各种可能的学习方式和内容，获得了读者的好评。一方面，我们收到一些反馈，希望能在继续保留实践环节特色的基础上，加强理论方面的内容，能够让读者全面、系统、扎实地学习理解管理信息系统领域。另一方面，信息技术和信息系统领域在近些年的飞速发展，尤其是中国在互联网应用方面取得举世瞩目的成绩，促动我们必须尽快更新对这个领域的认识和学习。上述种种，都是我们编写《管理信息系统》的主要动力。

教材定位

本书在定位上，主要是面向经济管理学科中工商管理、电子商务、物流管理等各专业方向，以及其他学科专业的学生学习理解信息技术和信息系统领域，也可以作为信息系统和电子商务专业学生的专业入门级教材。本书丰富多彩的实践教学环节的设置，注重对实践技能和实际工作能力的培养，非常适合职业教育的学生学习，让学生既能在案例和阅读中理解信息技术和信息系统的理论知识，也能让他们在技能实验中学到操作技术，产教融合，并进一步启发他们更深入地商业思考乃至创新创业的构想。此书也可以为广大企事业单位的管理者了解相关领域的知识提供参考。

内容结构

本教材采用管理信息系统的概述、技术基础、应用系统和建设管理的经典脉络。在章节的组织上，我们希望围绕一些重要的主题把相关内容组织起来。比如，围绕近些年来数据的管理和分析这个热点，我们把各种数据现象、数据库技术、数据仓库技术、数据挖掘及人工智能等各种内容整合到了一章中，这样既突出了目前大数据背景下企业数据管理的整体思路，也有益于读者进行更加思路清晰、深入系统的学习。

本书篇章结构严谨完整，脉络清晰，前后连贯，逻辑性强，具体安排如下。

第一部分，包括第1和第2章，探讨了目前信息社会和信息技术的大发展、大趋势，信息系统的概念、类型，以及信息化对组织战略、组织结构和业务流程等方面的影响。

第二部分，包括第3和第4章，介绍了企业各种信息技术基础设施，如计算机软硬件、计算机网络、自动识别和感测技术，以及信息安全技术等。对于数据管理与分析的相关技术方法，在第4章中进行了系统的阐述和实验操作。

第三部分，包括第5、第6和第7章，分别阐述了面向基础应用的企业信息系统(如 ERP、SCM、CRM 等)，面向决策和知识的企业信息系统(如决策支持系统和知识管理系统等)，还着重探讨了目前基于互联网的环境规则的变化和商业模式的创新案例。

第四部分，包括第8章，了解信息系统的开发和管理，综合应用整体知识设计企业 IT 应用创新方案。

内容形式

基于教材的定位和内容框架，我们在具体内容的选择和形式的设置上，着重考虑了以下几点。

（1）突出业务和管理视角

与其他大多数同类教材强调信息系统的开发不同，本书侧重从业务和管理的视角来理解信息系统。同时，电子商务和互联网领域近几年的大发展，除了技术本身的创新之外，更重要的是带来了企业商业模式和管理方式的创新，而这种创新带来的影响更加深远。本书内容基本覆盖了信息系统所涉及的基础技术和开发知识，但更注重培养学生从商业视角去理解信息技术和信息系统，启发学生基于信息技术和信息系统进行管理应用和商务创新。

（2）理论与实践匹配并重，基础理论与热点发展相结合，实践方式多样化

本书实践技能与理论知识并重，匹配设置。理论知识方面，我们紧扣这个领域的基础脉络和趋势热点，也就是把那些基础的，对过去、现在，尤其是对未来有重大影响的知识、理论和技术原理进行深入浅出的介绍。而实践环节非常注重实效性和可行性，开发设置了案例、业界、实验和阅读四种形式，方便在课堂教学、学生自学以及翻转课堂等多种情境下进行。

案例介绍了企业进行信息化或者电子商务的故事，试图呈现企业信息系统或者互联网应用的全景信息，帮助读者分析理解信息化的管理决策和模式创新背后的原因和道理。

业界更侧重介绍相关市场、产品/服务以及厂商的情况，信息技术领域的业界发展真的是瞬息万变，我们试图采用最新的发展情况和数据及业界最权威经典的企业发展让大家了解这个领域在业界的动态变化。

实验方面主要沿着两个思路：一是某些信息技术工具或者软件系统的操作应用，如 Access、Excel 等实验操作，这方面主要是培养学生一定的基础技术能力；二是面向一些系统应用或者商业模式创新的需求进行分析、设计和撰写相关方案的综合设计型实验，此类型实验中有的是单个实验，仅仅针对某一章节理论知识点的匹配性设置，有的是系列实验，如我们在第 2、第 3 和第 8 章设计了一个系列实验，就是围绕基于互联网的商业创新方案，根据每章知识结构的不同，逐层深入地通过实验设计方式完成对商业创新的思考。

阅读主要通过介绍各种书籍、学者论文或者企业家演讲等，拓展学生对一些问题的思考和认识。

（3）内容选择注重典型性、实用性和时效性

书中既有国外的案例，也覆盖了本土典范，希望能够启发更多的对中国信息时代发展的思考。教材中介绍的技术、案例和数据，尤其在互联网相关领域应用，都力求采用最近几年的材料，能够及时反映信息时代的企业信息技术和信息系统应用的趋势和热点。需要注意的是，由于 IT 领域，尤其是互联网的应用，

尚处于发展和探索阶段，因此学习态度有必要客观、辩证、与时俱进。

配套材料

为了方便学习和教学，本教材还提供了PDF形式的讲义及一些实验数据（主要在第六章）、阅读材料、视频等，这些资源通过扫描本书内的二维码可以免费使用。

感谢

本教材是笔者在教学科研实践工作中收获的各种成果感悟及不断积累的各种材料基础上整合提炼而成，我的学生何丰耘、骆薇、孙宇彤、吴洪艳、闫梦、严一丹（按照姓氏拼音排序）等人在案例的材料收集和编写方面也提供了帮助，在此表示感谢。另外，本教材中采用了很多相关的报纸杂志及业界咨询报告中的一些观点、数据、报道等内容，我们在相关位置都进行了标记，一则是要向他们表示致敬和感谢；二则也希望读者在学习理论知识之余，培养和拓展信息获取的渠道和能力，这也是信息时代的必备技能。

最后，本书的撰写还受到了北京师范大学自主科研基金项目"社会化媒体用户参与行为的研究：基于知识共享和创新的视角"（SKZZY2015022）的资助，在此表示感谢。

本书由李静著，由于水平有限，错误和不当之处在所难免。真诚欢迎读者朋友们反馈批评意见，发电子邮件至 lij@bnu.edu.cn。

李　静

记于北京师范大学

目　录

第 1 章　认识信息社会和信息系统

进入 21 世纪，我们来到了一个信息社会。人类社会经历了农业革命、工业革命，正在经历信息革命。信息技术与其他各种新兴技术交叉融合，引发了以绿色、智能、泛在为特征的群体性技术突破。信息、资本、技术、人才在世界范围内加速流动，互联网更是成为创新驱动发展的先导力量，促进工业经济向信息经济转型。管理信息系统是信息社会中各种组织对信息进行收集、存储、处理、分发和维护来支持组织决策和管理的人机系统。在信息革命的洪流中，信息系统的应用模式和作用影响也在不断创新和发展。本章对信息社会、信息技术和管理信息系统等概念、特征、发展等进行了初步的介绍。

本章学习目标

1. 理解信息的价值，信息社会的特征，以及信息产品的特点。
2. 掌握信息技术的概念，并了解其发展。
3. 理解管理信息系统的由来，掌握管理信息系统的概念和形式。
4. 理解管理信息系统领域的研究视角和研究方法。

导入案例

一枚红色曲别针

一枚红色的曲别针可以换一栋房子？这可不是天方夜谭。2005 年 7 月 12 日，26 岁的凯尔·麦克唐纳(Kyle MacDonald)在 Craigslist 网站的"物物交换区"登了一则广告，要以一枚红色曲别针换取一个较大或更好的东西，并声称他要努力做成一系列的交易，直到获得他想要的房子或者一个小岛。

很快同在温哥华的两个女孩以一支鱼形笔跟他进行交换。然后西雅图的安妮女士用一个画着笑脸的陶瓷门把手换了他的鱼形笔。2005 年 7 月 25 日，马萨诸塞州的肖恩用一台科尔曼牌双灶野营炉换了门把手。2005 年 9 月 24

日，加利福尼亚州的大卫需要这个炉子，拿一个旧的1000瓦的发电机和麦克唐纳交换。

凯尔陆续把自己的故事发到博客和新建的"一枚红色曲别针"网站上去。随着交易的进展，凯尔和他的物物交换已经很有名气，一些知名媒体也来预约采访。《纽约时报》在一篇关于互联网技术的文章里以极小的篇幅提到了"红色曲别针"网站。他后来还接受了CNN的卫星采访。

2005年11月16日，一个纽约小伙子用"派对三件套"（啤酒桶、百威啤酒的霓虹灯牌和一整桶啤酒的借据）换了凯尔的发电机。2005年12月8日，加拿大蒙特利尔的一名电台主持人用一辆1991年的雪地车和凯尔交换了"派对三件套"。很快，一家雪地车杂志以免费的雅克之旅交换了那辆雪地车。然后，这趟免费旅程换来了一辆1995年的货车，接着是一份唱片合约。2006年4月11日，麦克唐纳把唱片合约交给了凤凰城的一个歌手兼写手，她很想灌制发行唱片，她让凯尔免费租用一年自己在凤凰城的复式公寓。2006年4月26日，凯尔用公寓的免费租赁合同换来与摇滚歌手艾利斯·库柏（Alice Cooper）共度一个下午的机会，接着又交换了一个"Kiss"雪球。凯尔很快收到了一个疯狂的雪球爱好者——公众媒体影业公司董事长柯宾·伯恩森的来信。6月凯尔拿雪球和柯宾交换了一个电影角色。

2006年7月12日，凯尔用这个电影角色换来了他的终极目标——一栋房子。基普林镇（Kipling）主管社区发展的官员伯特·罗奇打来电话，愿意以一栋建于20世纪20年代，但已经翻修一新的1100平方英尺的二层房子交换这个电影角色。基普林是一个人口日渐流失的小镇，正在极力争取观光机会，当伯特得知麦克唐纳的故事，便建议议会吸引麦克唐纳进驻。基普林还打算在通往该镇的一处公路休息站竖立红色曲别针的标志，并举办"美国偶像"式比赛让大家都有机会争取伯恩森新片的角色，不过参加者都必须捐钱帮助该镇发展。

凯尔用了一年的时间和14次物物交换，从一枚红色曲别针最终换得了他梦寐以求的这栋房子的所有权。

思考以下问题：

（1）在案例中，哪个交易环节的两个交易物品最不等价？为什么交易还能达成？

（2）历史上以物易物的难点何在？互联网给凯尔的物物交换带来哪些好处？

（3）为什么凯尔最终能换到一栋房子？

1.1　信息社会与信息技术

　　人类与信息遭遇的历史由来已久。詹姆斯·格雷克(James Gleick)在其书《信息简史》(*The Information*：*A History*，*a Theory*，*a Flood*)中描述了信息的历史，或者说人类使用信息的历史，这个历史远比人类研究信息的历史要悠久得多。从远古的人类将信息对应成几种信号进行传递开始，信息便随着人类活动而逐渐越来越多产生出来，文字和数字应运而生。近代，电和编码的出现以及广泛使用导致信息数字化快速发展，这也正是计算机和信息论诞生的背景。现如今，信息如洪流般淹没了我们，我们的生活、工作、娱乐无不深深地依赖着各种信息技术和他们带来的信息，甚至我们也会陷入信息过载、信息疲劳等问题的困扰。

　　信息一直纵贯人类社会发展，而如今更成为这个社会中最基础、最重要的资源之一。那么，为什么信息如此重要？我们现在的信息如此丰富，是否意味着我们已经进入了信息社会？信息社会中的主要动力工具——信息技术的发展如何呢？

1.1.1　信息社会

1."一枚红色曲别针"带来的思考

　　导入案例中的故事发生在 2005 年至 2006 年，主人公凯尔在 Craigslist 网站上发布交换信息，经过 14 次物物交换，最终从一枚红色曲别针换到了一栋房子(图 1-1)。正是这样一个看似荒诞的故事引起了我们对信息价值的思考。

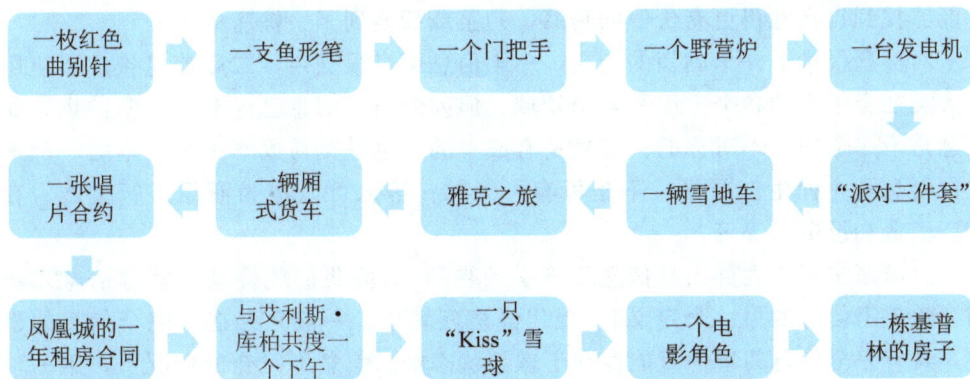

一枚红色曲别针 →	一支鱼形笔 →	一个门把手 →	一个野营炉 →	一台发电机 ↓
一张唱片合约 ←	一辆厢式货车 ←	雅克之旅 ←	一辆雪地车 ←	"派对三件套"
凤凰城的一年租房合同 →	与艾利斯·库柏共度一个下午 →	一只"Kiss"雪球 →	一个电影角色 →	一栋基普林的房子

图 1-1　"一枚红色曲别针"到"一栋房子"的交换过程

在这 14 次交易过程中，有些交易我们看起来并不等价，比如拿雅克之旅换到了一辆厢式货车，拿一个电影角色却交换了一个雪球，但这只是我们的评价，并不是实际交易者的评价。事实上，以物易物的交易之所以能够达成，正是因为交易双方对被交易物品的评价不同，物品的流向总是向着对它评价更高的一方。至于这里的"评价"会承载很多的信息，如出于解决某些问题的实际需要，某些特殊的喜好，甚或是为了博取眼球，赢得更多的关注等。

以物易物在原始社会就已经出现，产品所有者用自己的剩余产品去交换自己所需的其他产品，没有中间媒介。但交易双方要想找到彼此都满意的产品，这种匹配过程十分困难，要花费很多的时间精力去寻找可能的买家信息。如果要想实现更多人的交换目的，可能还需要多次交换才能实现，十分复杂，大大增加了交易成本。因此，以物易物逐渐被基于一般等价物和货币的交易所取代。

这个故事中，凯尔在互联网平台 Craigslist 上发布交易需求和更新交易的进度，首先，互联网面向全球用户提供 7×24 小时的信息服务，大大加速了信息在时间和空间上的流动和共享，信息搜寻成本从而大幅下降，让以物易物的交易双方更容易找到彼此。其次，Craigslist 作为北美最受欢迎的分类信息平台，汇聚了大量各种用户。大家在关注凯尔的交易事件的同时，也会抱着各种需求来提供自己认为可以交换的物品，如有人是真的想要给微波炉找一个具有艺术造型的门把手，有人是想把闲置的东西拿出来，有人是希望参与到这个热门事件中吸引更多人的注意，等等。可见，本来单纯的以物易物过程，在互联网的支持下物质商品中所承载信息成分比重越来越大。最后，凯尔不仅选择了一个在北美地区最受欢迎的网站，而且不断更新维护筛选各种信息，和有交互意愿的人交流了解各种想法和需求，接受媒体采访，把以物易物的事情宣传得更加火热，这一系列的行为和投入使得凯尔在交易过程中相对于另一方占据了更充分的信息，从而使得凯尔能够找到自己觉得更有价值的物品，乃至最后换到了一栋房子。

对信息很难下一个确切的定义，一则信息本身很复杂，二则信息被广泛应用于人类社会生活的各个方面和各个领域。但人们对于信息已经有了一些共识，如信息是不完全的、不对称的；信息是有成本的，也是交易成本中最基本的一种形式；信息是一种生产要素，不是可有可无的；信息可以作为商品进行生产、存储、消费和投资；等等。

上面诸多观点大都出自信息经济学的视角（后面我们还会基于管理信息系统的视角提出信息的另一个定义）。现代经济环境中，一般只存在不完全信息的事件，具有完全信息的事件只能存在于理想状态中。信息不完全的情况下，第一种情况，市场参与者对价格分布的信息了解是不完全的，如消费者不可能知道市场上全部的价格，也不能完全知道哪个商店卖哪个产品的价格。这样，消费者就需要通过搜索来获取信息，搜索所花费的时间、精力和费用，就构成了一种信息成本。第二种情况，信息在市场交易双方间的分布是不对称的。因为市场交易双方在信息教育方面的投入成本、信息在存储处理过程中购置软硬件和上网支付的成本，乃至为了应对信息丰富带来的注意力贫乏问题所需要支付的注意力购买成本等方面花费的信息成本不同，市场的一方比另一方掌握更多的信息。在交易中那些掌握信息比较充分的人员，往往处于比较有利的地位，而信息贫乏的人员，则处于比较不利的地位。因此，那些具有（某方面）信息优势的人或者平台就会呈现出（某方面）更高的价值，如咨询顾问可以凭借在专业领域的信息优势而收取咨询费用，阿里巴巴也因为网站上汇聚了海量的市场供给和需求信息而拥有千亿美元的市值。本章"业界新兴科技公司的市值"中，新经济时代全球上市公司的市值排名发生了很大变化，科技板块取代金融板块成为第一大板块，富含信息的公司凸显更大的价值优势。

随着信息在现代经济中发挥的作用日益重要，信息成为生产要素逐渐得到认可。在工业时代人口膨胀、物资短缺、能源枯竭、环境污染等问题日益严重的形势下，信息这种新的生产要素，在现代经济中发挥着特殊的作用。信息为传统生产要素带来不可限量的附加价值。作为生产要素的土地、劳动力、资本、能源和原材料都是有限的，但是信息不仅具有共享性，还可以多次使用，而且在使用之后会产生新的知识和信息，促进创新和形成新的生产力。信息应用于工业化大生产，不仅可以节约其他资源的耗费，还可以提高经营、管理和生产的水平和效率，大大缓解传统工业生产的瓶颈问题，甚至创造出新的经济产业。

信息商品化是社会发展的必然趋势。当人类活动还主要集中在满足生存所需要的物质层面的时候，物质资料的生产和商品化是主要活动。随着社会分工的细化，物质商品中的信息成分逐渐增加，信息商品可以脱离物质商品而独立存在，变成一种全新的商品形态。信息和信息服务可以作为商品进行生产、分配、交换和消费，市场规模越来越大，在经济中发挥的作用日益增大，而且影响深远。围绕信息的生产、加工处理和传递所形成的产业，就是信息产业。信息产业的形成，充分反映了信息和信息活动在经济发展中的重大作用。

通过 1.1 节案例分析，我们看到了信息在互联网的帮助下对于一个以物易物活动的影响，也折射出信息在社会经济中的重要价值和重大作用。时至今日，信息和信息技术的发展和应用又和十多年前故事发生时不可同日而语，信息社会赫然呈现在我们面前。

2. 信息社会的到来

进入 21 世纪，以信息与知识的生产、分配、交换和消费为主要特征的信息经济形态日益突出，信息、资本、技术、人才在世界范围内加速流动，互联网更是成为创新驱动发展的先导力量。就像 18 世纪 60 年代开始的工业革命，一系列的技术革新引起了从手工劳动向机器生产转变的重大飞跃，人类社会逐渐进入到工业社会。信息技术与其他各种新兴技术的交叉融合，也引发了以绿色、智能、泛在为特征的群体性技术突破，大大促进了传统工业经济向一种新的经济形态转型。为了描述目前工业社会发展到一定阶段后人类正在或者即将步入的社会阶段和形态，出现了"信息社会""后工业社会""超工业社会""知识社会"等不同概念。目前较为流行也被国际社会广为接受的概念是"信息社会"。

由于信息社会存在复杂、多维度、正在变革中等各种特性，关于信息社会定义还存在很大的差异，也没有形成公认、系统、完整的理论体系。但不容否认的是，有关信息社会的很多思想和理念也已开始广泛影响人们的思维模式和行为方式，并逐渐引起各国政府、联合国以及各种国际组织的高度关注。2003 年日内瓦信息社会世界峰会(World Summit of Information Society，WSIS)认为，在信息社会中，人人可以创造、获取、使用和分享信息和知识，使个人、社区和各国人民均能充分发挥各自的潜力，促进实现可持续发展并提高生活质量。本书认为，所谓信息社会，是指以信息活动为基础的新型社会形态和新的社会发展阶段。这里的信息活动包括与信息的生产、加工、处理、传输、服务相关的所有活动，这些活动渗透进人类的政治、经济、社会、生活、文化等各个领域，并逐步成为人类活动的主要形式。

2016 年 5 月，中国国家信息中心发布《全球信息社会发展报告 2016》，报告测评了全球及五大洲 126 个国家的信息社会发展水平。报告显示，2016 年全球信息社会指数(Information Society Index，ISI)为 0.5601，比 2011 年提升 13.78%，尚处于从工业社会向信息社会过渡的转型期①。2016 年全球 126 个样本国家中有 53 个国家进入信息社会，有 73 个国家尚未进入信息社会。中国 2016 年信息社会指数 0.4523，位列第 84 位。在这份报告中，信息社会的评价从信息经济、网络社会、在线政府和数字化生活四个维度进行衡量的，如图 1-2 所示。

---

① 报告将信息社会的发展过程划分为两大阶段，即信息社会的准备阶段($0<\text{ISI}<0.6$)和信息社会的发展阶段($0.6\leqslant\text{ISI}<1$)。准备阶段又可分为两个时期，分别为起步期($0<\text{ISI}<0.3$)和转型期($0.3\leqslant\text{ISI}<0.6$)。发展阶段是进入信息社会之后的历史进程，又可分为初级阶段($0.6\leqslant\text{ISI}<0.8$)、中级阶段($0.8\leqslant\text{ISI}<0.9$)和高级阶段($0.9\leqslant\text{ISI}<1$)。

关于信息社会的主要指标，下面从发展实践的角度进行简单列举说明。

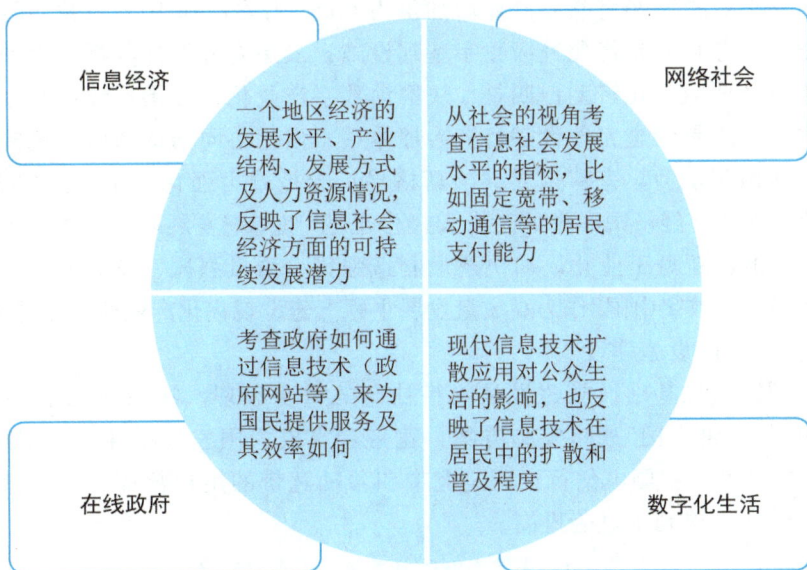

信息经济

一个地区经济的
发展水平、产业
结构、发展方式
及人力资源情况，
反映了信息社会
经济方面的可持
续发展潜力

网络社会

从社会的视角考
查信息社会发展
水平的指标，比
如固定宽带、移
动通信等的居民
支付能力

在线政府

考查政府如何通
过信息技术（政
府网站等）来为
国民提供服务及
其效率如何

数字化生活

现代信息技术扩
散应用对公众生
活的影响，也反
映了信息技术在
居民中的扩散和
普及程度

图 1-2　信息社会的评价指标

（1）产业结构的调整

信息经济的发展中，产业结构的优化产生的推动作用日益突出。在全球经济增速放缓的背景下，世界各国纷纷出台发展战略，在信息技术、先进制造、新能源、生物医药和节能环保等领域加快战略布局。美国政府在"2015美国国家创新战略"中确定了九大优先发展领域：精密医疗、卫生保健、大脑计划、先进汽车、智慧城市、清洁能源和节能技术、教育技术、太空探索和高性能计算。德国在2013年德国汉诺威工业博览会上提出了"工业4.0战略"，是德国"国家高科技战略"的一部分，旨在提高制造业的智能化水平，"案例　西门子的数字化工厂"正是"工业4.0战略"中的一个缩影。中国于2015年提出制订"互联网＋"行动计划，把互联网的创新成果和经济社会各领域深度融合，提升实体经济创新力和生产力，形成更广泛的以互联网为基础设施和创新要素的经济社会发展形态。2017年又发布了《新一代人工智能发展规划》，要大力发展人工智能新兴产业，以及推动人工智能与各行业的融合创新。

2022年初，《"十四五"数字经济发展规划》（以下简称"规划"）发布。《规划》中明确提出"以数据为关键要素，以数字技术与实体经济深度融合为主线，加强数字基础设施建设，完善数字经济治理体系，协同推进数字产业化和产业数字化，赋能传统产业转型升级，培育新产业新业态新模式，不断做强做优做大我国数字经济,为构建数字中国提供有力支撑"。《规划》提出到 2025 年,数字经济迈向全面扩展期,数字经济核心产业增加值占 GDP 比重达到 10%,并部署了八个方面的重点任务:一是优化升级数字基础设施;二是充分发挥数据要素作用;三是大力推进产业数字化转型;四是加快推动数字产业化;五是持续提升公共服务数字化水平;六是健全完善数字经济治理体系,强化协同治理和监管机制,增强政府数字化治理能力,完善多元共治新格局;七是着力强化数字经济安全体系;八是有效拓展数字经济国际党的二十大报告也把"坚持把发展经济的着力点放在实体经济上,推进新型工业化,加快建设制造强国、质量强国、航天强国、交通强国、网络强国、数字中国"作为高质量发展主题下建设现代化产业体系的首要任务。

(2)信息基础设施建设

一个国家信息基础设施建设是网络社会的重要表现。2013 年 8 月,中国国务院发布了"宽带中国"战略实施方案,宽带首次成为国家战略性公共基础设施。从表 1-1 中可见,中国电信行业固定宽带和移动宽带的用户数都有大幅增长,而且宽带的带宽也得到了显著提高。

表 1-1　中国电信行业电信服务用户数量

项　目	截至 2014 年 9 月底	截至 2017 年 9 月底	增　长
电话用户数量	15.26 亿户	15.92 亿户	4.33%
其中:移动电话	12.73 亿户	13.95 亿户	9.58%
固定宽带用户数量	2 亿户 其中 8Mbps 带宽用户占 35%	3.37 亿户 其中 20Mbps 带宽用户占 89%,50Mbps 带宽用户占 61.5%	68.5%
移动宽带用户数量	5.25 亿,其中 4G 上网用户占 8.2%	10.9 亿,其中 4G 上网用户占 67.9%	107.62%

数据来源:引自《工业和信息化部关于电信服务质量的通告》(2014 年第 4 号和 2017 年第 4 号)。

(3)电子政务

《联合国电子政务调查报告》是世界上唯一一份评价联合国所有成员国电子政务发展状况的报告。2020 年该报告显示,世界各国电子政务发展持续推进,越来越多的国家正在大力推进数字政府战略,以数据为中心,强化电子参与,整合线上和线下渠道,提升以人为本的数字政务服务能力。联合国 193 个成员国中,中国电子政务发展指数提升至全球第 45 位(2018 年中国排名第 65 位),作为衡量国家电子政务发展水平核心指标的在线服务指数跃升至全球第 9 位。中国政府在电子政务方面有很多努力和尝试。北京、上海、重庆、广东等直辖市和省已经建立"data. gov. cn"网站来帮助人们自由获取政务数据。北京的公共数据开放平台(data. beijing. gov. cn)囊括的数据集涉及经济建设、教育科研、社会保障、劳动就业、环境与资源保护等二十个主题。

图1-3 北京市政务数据资源网首页(2022年1月18日)

(4)数字生活

人们的生活模式和生存方式正日益数字化和网络化。在全球范围内,Amazon、淘宝、京东等电子商务网站和在线支付平台让消费者跨越时间、空间的限制购买到丰富多样的商品;Google、百度等搜索引擎帮助为人们在海量互联网网页中寻找有价值信息;改为以网约车、共享住宿、共享单车等为代表的共享经济模式让人们低廉便捷地分享旅游出行资源;Facebook、微信、QQ、微博等社交平台改变了人们传统的社交方式,人们一方面维护了各种人际关系,也获得了丰富多样的信息。

在中国,最近几年互联网应用的发展可以用"超速"来形容。中国的腾讯、阿里巴巴、百度、京东等互联网公司虽然利用的是世界上通用的互联网技术,而且很多公司在起步阶段都是在模仿美国公司,但在多年的模仿、探索过程中,找到了适合中国国情和消费者需要的很多应用和创新,甚至超过了欧美。比如,在电子商务方面,据波士顿咨询公司的分析报告[1],中国在2010—2015年网络购物爆发,发展超过西方国家,如图1-4所示。根据市场研究机构eMarKeter的数

---

① Chris Biggs, Amee Chande, Erica Matthews, Pierre Mercier, Angela Wang, and Linda Zou. What China Reveals About the Future of Shopping. BCG website, 2017-05-04.

据，2021 年中国零售电商规模占全球总量的 52％，规模超过前十大电子商务市场名单中第 2—10 名的市场规模之和①。根据商务部《中国电子商务报告(2021)》，2021 年中国网络零售额 13.09 万亿元，其中实物商品网上零售额 10.8 万亿元，占社会消费品零售总额的 24.5％。

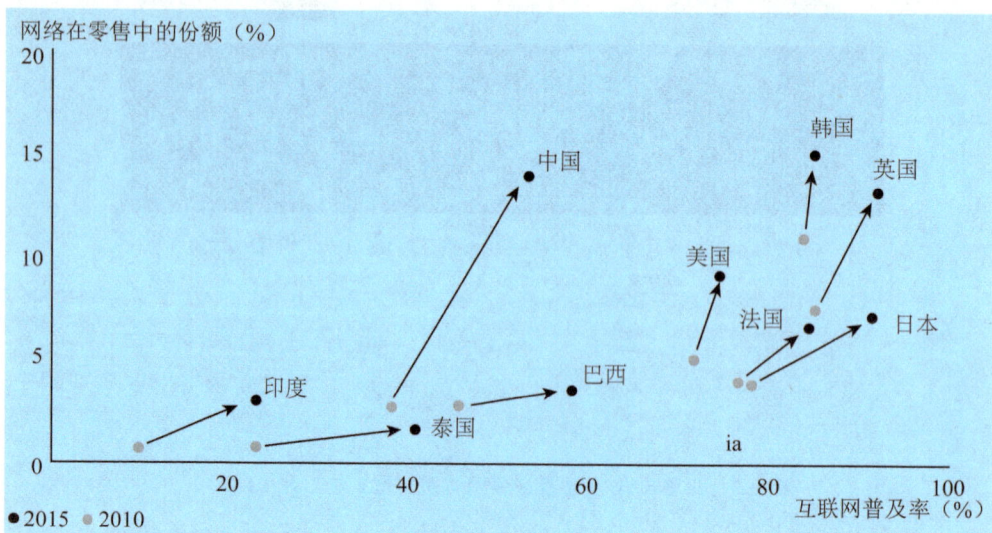

图 1-4　2010—2015 年各个国家电子商务的发展速度

　该咨询公司还认为，中国是移动电商的先驱，不少消费者完全跳过 PC 时代，直接进入智能手机时代。到 2020 年，手机端进行的网购在中国电商中的占比将达到 74％，相比之下美国的这一比例将只有 46％。同时，移动支付在中国发展也是突飞猛进，大部分支付场合都可以采用移动支付，大有取代现金支付的趋势，如图 1-5 所示。

　中国的互联网应用创新在最近几年的集中爆发，一定程度上得益于中国互联网公司对于中国情境下的实际需求的理解和摸索实现。比如，共享单车几乎一夜之间成为市民出行的新宠。它很好满足了城市"最后一公里"的出行需要，尤其是堵车的大城市，更是出行的快捷选择。加上骑行前的手续简便、停车位置灵活等

---

① Emarketer. Top 10 Countries，Ranked by Retail Ecommerce Sales Share，2021. https：//www. insiderintelligence. com/chart/247783/top-10-countries-ranked-by-retail-ecommerce-sales-share-2021-of-total-worldwide-retail-ecommerce. 2021 年 5 月（发布），2022 年 9 月（采集数据）

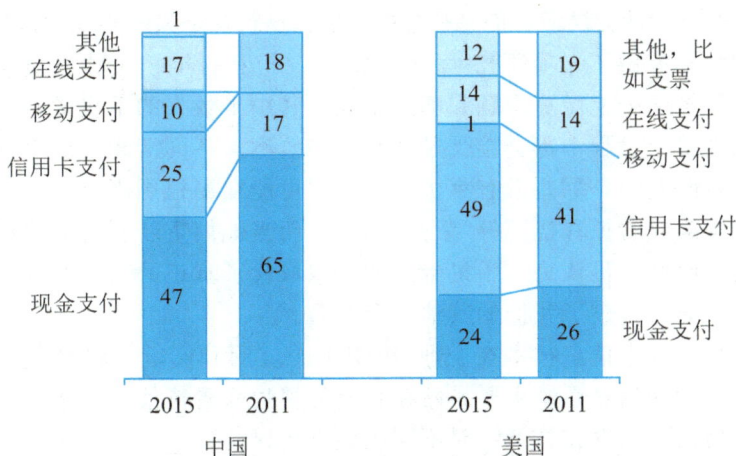

图 1-5　2011 年和 2015 年中、美各种支付方式所占比重的比较①

优点，共享单车在全国部分大城市迅速崛起。再比如，"案例　你愿意为知识付费吗?"中，知识付费应用在 2016 年爆发。中国消费市场正在经历消费升级的大潮，互联网用户的精神消费需求愈发增强。加上互联网发展带来了信息大爆炸，但真正有价值的信息却是最稀缺的资源。各方面的竞争越来越激烈，工作中压力越来越大，中国年轻一代的知识焦虑就这样和知识付费"撞"到了一起。

　　信息技术的不断创新和深入应用无疑为中国经济和社会的发展增加了更多的动力。在过去两百多年间，西方国家进行了充分的工业革命及发展，到了 21 世纪，西方社会无论从经济、法律、文化、环境等各个方面已经相对比较成熟，可以说他们是在发展比较健全的工业时代逐渐向后工业时代或者说是信息时代自然而然地进化。而中国的工业发展不仅起步晚，而且发展过程中也有很多波折。改革开放后，虽然整体中国经济发展速度较快，但经济结构、技术水平、管理模式、法律法规都存在非常多的问题。尤其近几年以传统行业驱动的中国经济正面临着经济下行的压力，结构转型、提质增效成为中国致力发展的方向。这个时候，以互联网为代表的信息技术应用的爆发恰逢其时地成了重要的战略抓手。而中国相对不成熟的工业社会基础也为向信息社会迈进提供了很多的"试验田"——基于中国目前的发展阶段以及特色需要进行信息化的发展和演进，这必然和美国等发达国家的信息社会的发展是不同的。像移动支付在中国的爆发，在一定程度上和中国支付方式不成熟、信用机制不健全有很大的关系。

---

① 　BCG，AliResearch，and Baidu．Decoding the Chinese Internet．搜狐网，2017-10-29．

除了在经济和社会层面，信息社会的发展也反映在个人的心理和行为变化上。

匈牙利科学家做了一项研究①，87名18～26岁的年轻人独自坐在房间里按照要求在笔记本电脑上做算术题和解谜游戏，其中半数人的手机被拿走并放进橱柜里。他们在整个过程中都会接受录像和心率监测。不同活动之间有3.5分钟的休息时间，在此期间，那些没有手机的人更有可能在橱柜周围徘徊，并且表现出心率加快、烦躁或者抓耳挠腮等"紧张行为"。而当他们重新获得手机时，压力程度则会减轻。研究人员认为，手机带来的安慰取代了真正的人际互动。因为它不仅非常重要，而且代表了我们的其他社会关系。

关于信息社会中信息技术在企业/组织中的应用和影响，将是我们这本教材的主要内容。管理信息系统主要是站在企业的视角来看待信息技术和信息系统的使用情况，后面我们会在各章针对不同主题进行讨论。

整体来看，全球信息社会稳健发展的主要原因：一方面，因为全球经济复苏和信心的恢复，各国都把信息技术看作当下塑造国际竞争优势的重要因素，先后出台了一系列的战略和政策，促进了新兴产业的发展和传统产业的改造升级。另一方面，信息技术本身的进步发展，以及和能源、生物、材料等各种新兴技术之间融合产生的群体性技术突破，大大促进信息技术革命的加快推进，而且应用效果逐步显现。那么什么是信息技术？信息技术的发展如何？

1.1.2 信息技术

1. 信息技术的概念

信息技术(Information Technology)的出现和不断创新是社会信息化的主要动力之一。来自维基百科的解释，信息技术是指20世纪40年代之后用于管理和处理信息所采用的各种技术总称，主要是基于计算机科学和通信技术来设计、开发、安装和实施信息系统和应用软件等，它也常被称为信息和通信技术(Information and Communications Technology，ICT)。但随着信息技术的发展，新技术不断涌现，这个概念有一定的局限性。随着传感器和自动识别技术的出现和深入应用，对于信息采集的自动化提供了强大支持，是信息技术近些年发展的一个重要领域。

———————————————

① V. Konok，Á. Pogány，and Á. Miklósi. Mobile attachment：Separation from mobile phone induces physiological and behavioural stress and attentional bias to separation-related stimuli. Computers in Human Behavior，2017，71：228-239.

因此本书作者认为，现代信息技术是支持信息的采集、传输和处理三大基本功能所采用技术的总称，信息的采集传输和处理这三项信息工作对应着三大类信息技术，即自动识别技术与感测技术、网络通信技术，以及计算机技术，它们就像是信息技术这个大系统的"感官""神经"和"大脑"。

（1）自动识别技术与感测技术

自动识别技术像是人体的 DNA 系统，它能标识和识别唯一代表某个事物的信息，从而实现更进一步的处理。比如智能手机可以应用人脸识别或者指纹识别来采集使用者的身份，从而进一步判断使用权限。感测技术像是人体感受外界事物刺激的器官，比如耳、鼻、眼、皮肤等，他们可以高精度、高效率、高可靠性地采集各种形式的信息，比如智能家居利用各种传感器检测室内温度、湿度、亮度和空气质量等。

感测技术和自动识别技术是从物理世界通向信息世界的桥梁，也是物联网实现的关键技术。

（2）网络与通信技术

网络与通信技术像人体的神经系统，把各个感官采集来的信息传递到处理系统进行进一步的处理。处理后的信息也要通过网络与通信系统向相关使用者或者装置进行反馈，从而能进一步调整决策。比如，利用各种有线或者无线的网络，可以把传感器采集到的室内亮度信息传输给后台服务器去处理，根据程序判断是否需要进一步的处理。如果判断亮度不足，这时计算机程序会发出"开灯"的指令，通过网络再次传输给可以开灯的自动控制装置。

（3）计算机技术

计算机技术就是信息的处理系统，就像人的大脑会记忆、学习、分析各种收到的信息一样，计算机也可以利用计算机的逻辑计算能力、存储能力、控制能力等，进行信息的处理，比如利用数据库管理软件在服务器上进行数据存储，利用人工智能机器学习的算法程序对大量已有数据（训练集）进行学习建模，像人类一样处理一些智能复杂的问题等。

计算机技术和网络通信技术自"二战"后诞生以来，尤其最近三十多年的发展应用，以及与生物技术、新能源技术、新材料技术等交叉融合创新，新兴信息技术如雨后春笋不断涌现。信息技术的概念，应该以发展的眼光来看待。

2. 新兴技术

全球最具权威的 IT 研究与顾问咨询公司 Gartner 公司自 1995 年起每年定期发布新兴技术成熟度曲线（Hype cycle for emerging technologies），图 1-6 是 2017

年的新兴技术成熟度曲线。Gartner 根据分析预测来推论各种新科技的成熟演变速度及要达到成熟所需的时间，图中曲线分成 5 个阶段。

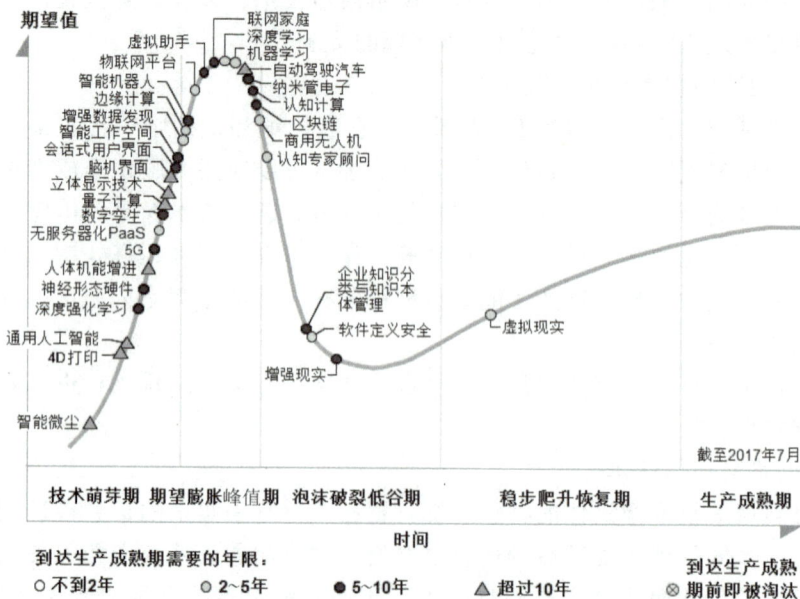

图 1-6　Gartner 公司 2017 年新兴技术成熟度曲线

资料来源：Gartner. Hype Cycle for Emerging Technologies 2017. Gartner website，2017-07-21.

创新的触发期（Innovation Trigger）——这一阶段，媒体过度曝光等因素导致技术在没有成熟前就被大肆渲染。

期望膨胀的峰值期（Peak of Inflated Expectations）——受到高度关注的技术被推到了发展的顶峰，大量投资进入。

泡沫破裂的低谷期（Trough of Disillusionment）——由于技术发展等方面导致产品无法迅速普及，关注度下降。

稳步爬升的复苏期（Slope of Enlightenment）——随着技术方面的提升和应用场景的成熟，再次引起公众的兴趣，并开始真正走向普及。

实质生产的高原期（Plateau of Productivity）——新科技产生的利益与潜力被市场接受，进入商业化的成熟阶段。

近两年 Gartner 公司在分析报告中认为新兴技术的发展呈现如下三种突出的趋势。

（1）无处不在的人工智能

由于强大的计算能力、海量数据以及深度神经网络前所未有的进步，人工智能将会帮助企业充分利用数据，调整适应新环境，解决前人从未遇到的问题。智能机器技术将是未来10年最具有破坏性的一类技术。报告把很多技术都划到了人工智能的范畴，比如深度学习（Deep Learning）、深度加强学习（Deep Reinforcement Learning）、智能机器人（Smart Robot）、机器学习（Machine Learning）、自动驾驶汽车（Autonomous Vehicles）、商业无人机（Commercial UAVs）、智能微尘（Smart Dust）和虚拟助理（Virtual Assistant）等。

自动驾驶汽车依靠人工智能、视觉计算、激光雷达、监控装置和全球定位系统等软硬件的协同合作，让电脑可以在没有任何人类主动的操作下，自动安全地操作机动车辆。人工智能对于自动驾驶来说非常关键，这导致机器学习算法得到了快速提高。自动驾驶目前的主要挑战是成本和复杂性。Gartner认为，无人驾驶技术距离成熟和普及还需要10年以上的时间，在全球和中国都是如此。但在全球的报告中，无人驾驶已经进入到期望膨胀期，而在中国则处于技术的促动期①。

机器学习也是人工智能中最热门的技术。传统技术可能很快就不能处理越来越多的可用数据，但机器学习研究计算机如何模拟或者实现人类的学习行为，提供了从一系列观察中提取某些知识和模式的能力，能够重新组织已有的知识结构使之不断改善自身的性能。

虚拟助理是目前人工智能中最接近能被普通人使用的智能应用，谷歌、亚马逊、苹果、微软、Facebook等都加入了虚拟助理的角逐。百度公司也有类似产品，但整体来讲，中国在虚拟助理的应用方面和全球的差距还很大，这与中文的特殊性以及中国消费者的使用习惯有关。

（2）透明的沉浸式体验

沉浸式体验（Immersive Experience）是指让人把认知、感知和精神等都投入到当前的活动情境下，而忘记真实世界的情境。目前以人为中心的技术理念，使得技术的创新不断提高人、企业和事物之间的透明度，技术变得更具有适应能力、更加情境化，也更加流畅，从而进一步加强以人为中心的理念。这种技术包括4D打印（4D Printing）、脑机接口（Brain-Computer Interface）、增强现实（Augmented Reality）、虚拟现实（Virtual Reality）、互联家庭（Connected Home）、立体面显示技术（Volumetric Display）等。

虚拟现实是利用计算机模拟完全独立于现实世界的三维虚拟世界，不仅能够提供视觉的虚拟，还能够提供听觉触觉上的感受。增强现实是在虚拟现实的基础

① Gartner. Hype Cycle for ICT in China，2017. Gartner website，2017-07-21.

上发展起来的。它将计算机生成的虚拟物体、场景或系统提示信息叠加到真实场景中，把虚拟世界套在现实世界中并实现互动。在增强现实中，体验者既能看到真实世界，又能看到虚拟事物，并能将两者区分开来。虚拟现实和增强现实不仅可以为娱乐、培训等提供更加身临其境的体验，而且在工业领域中也有很大的应用潜力。

（3）数字化平台

随着数字化业务从孤立的商业尝试转向互联的生态系统，技术正在从分散的技术基础设施向能支持生态系统的平台方向发展。企业必须考虑如何创建基于平台的商业模式，以及支持这一举措需要哪些技术。这种数字化平台技术包括 5G 技术、量子计算（Quantum Computing）、区块链（Blockchain）、物联网平台（IoT Platform）等。

无论在中国还是全球，5G 技术都尚处于科技诞生触发期，需要 5～10 年的发展才能进入成熟期。根据 Gartner 全球的报告，该机构预计，到 2020 年，3％的基于网络的移动通信服务提供商（CSP）将推出 5G 商业化网络。从 2018 年到 2022 年，国际上将主要利用 5G 来支持物联网通信、高清视频和固定无线接入。

区块链是分布式数据存储、点对点传输、共识机制、加密算法等计算机技术的新型应用模式。很多专家认为，未来区块链会长期导致各行业的革命性变化。因为区块链可以帮助实现机器信任、价值传递和智能合约。目前，由于这种技术平台缺乏经过验证的使用案例，以及比特币波动剧烈，人们比较担心技术的可行性。企业也仍然在思考该如何使用这种技术。

信息技术是管理信息系统的基础，是管理信息系统中信息管理的工具。管理信息系统要将各种信息技术有机地组合在一起，才能有效管理信息实现系统的功能和目的。因此，信息技术的创新和进步为管理信息系统的发展提供了充足动力。

1.2　管理信息系统

假如你感冒了，想想你来到医院是怎么看病的呢？一般来说，如果你第一次来都到某家医院，先要建卡，这张卡代表你在医院的身份，看病过程中各种诊断、检查结果、药方、缴费情况等内容都可以通过这张卡看到。然后去挂号，工作人员会在电脑上查看相关科室、医生的挂号情况，并为你挂号。看病的时候，要先去护士站划卡，等待叫号系统呼叫你的名字。进入诊室，医生从相关系统中调出来你的信息，包括以前在这家医院的看病记录（如果有的话），并在系统中记录你此次的病况，开出处方或者进一步检查的单据，当然这些也都会保存在系统中，这样后续交费时收费人员能够读取信息并收费。交过费后，你就可以去系统已经自动安排好的某个窗口取药了。药房里，自动分拣系统已经按照处方把药品准备好，医务人员只要一扫码或者刷卡，药品就会自动递送到他面前（图 1-7）。不同的医院在某些环节上可能会有不同，如有些医院还可以通过自助机器或者手机进行挂号、交费、打印检验报告等很多操作，减少排队，提高效率。现代医院的信息化程度不禁让人担心，如果医院的信息系统崩溃，我们还能看病吗？的确，医院信息系统（Hospital Information System，HIS）和临床医疗系统（Clinical Information System，CIS）等在医院的运作过程中发挥了基础而关键的作用。

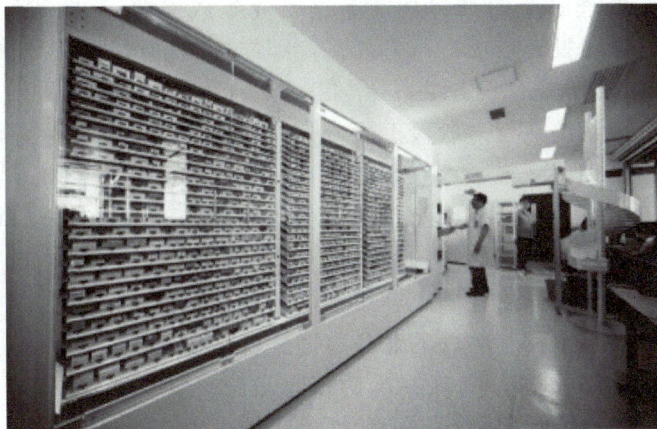

图 1-7　医院的自动发药机

管理信息系统如此重要，在很多行业领域，如银行、民航、通信等都是如此。企业使用并不断改善管理信息系统，可以帮助企业提高运行效率，改善决策，促进企业开发新的产品、服务或者商业模式，增进和客户之间的关系，从而获得竞争优势。就像内科医生都要有听诊器一样，管理信息系统对于很多行业成为最基本的工具，成为"必需品"。下面我们先从管理信息系统在企业应用中的发展阶段，来看看它是如何一步一步发展到如今的角色和地位的。

1.2.1　管理信息系统的诞生和发展

必须要说明的是，在没有计算机的年代，组织利用口头语言、纸等不同介质存储、传递信息，也可以认为是早期的管理信息系统。但我们这里讨论的管理信息系统主要是基于计算机的管理信息系统。

1. 电子数据处理系统

自从 20 世纪 40 年代第一台计算机诞生，早期的计算机主要应用在科学计算领域。直到 1954 年，美国通用电气首次利用计算机计算职工工资，成为企业信息系统应用的开端，电子数据处理系统（Electronic Data Processing Systems，EDPS）出现。

电子数据处理系统是管理信息系统的初级形式，是实现数据处理计算机化，以提高数据处理的效率为主要目标的系统。它处理的问题高度结构化、功能单一、涉及范围小、业务数据密集，如员工工资计算、库存物资统计、会计成本核算等。电子数据处理系统的具体功能是进行业务数据的记录、汇总、综合和分类。它支持的是业务处理层面的日常操作，即支持基层作业，因此也叫业务处理系统（Transaction Processing Systems，TPS）。

电子数据处理系统从发展阶段上看，分为单项数据处理和综合数据处理两个阶段。单项数据处理大概在 20 世纪 50 年代中期到 60 年代中期，主要用计算机部分地代替手工劳动，进行一些简单的单项数据处理工作如工资计算、统计产量等。综合数据处理阶段大概在 20 世纪 60 年代中期到 70 年代初期，这一时期计算机技术有了很大发展，出现了大容量存取的外存储器，具备了带有多台终端的联机系统，可以对多个相互关联的业务数据进行综合处理。计算机还可以按照惯例要求提供各类状态报告，实现一定的信息反馈。如 IBM 公司生产计算机时，使用生产状态报告系统，监视每一个元件生产的进度。

2. 管理信息系统

20 世纪 70 年代初，随着数据库技术、网络技术和科学管理方法的发展，在电子数据处理系统的基础上，计算机在管理上的应用日益广泛深入，管理信息系统逐渐成熟，已从单一的业务数据处理发展成为功能比较完善的综合性的管理信息系统。

管理信息系统一方面仍支持日常业务的数据处理，另一方面又能将组织中，哪怕分散在不同地区的数据、信息集中起来，进行综合处理，为管理者提供职能活动及决策所需要的信息。这一时期的管理信息系统，在技术上主要处理方式是通过中心数据库和计算机网络进行分布式处理；在管理方法上，开始初步利用一些科学管理方法来支持决策。

3. 决策支持系统

20 世纪 70 年代初期，美国麻省理工学院的斯科特（Michael Scott）在《管理决策系统》一书中首次提出了"决策支持系统"一词。很多实际的决策支持系统被研发出来，决策支持系统得到迅猛发展。

决策支持系统不同于早期传统的管理信息系统，早期的管理信息系统主要为管理者提供预订的报告，而决策支持系统在人和计算机交互过程中帮助决策者探索可能的方案，为管理者提供决策所需的信息。但严格来讲，决策支持系统是管理信息系统向更高一层的扩展，它综合运用数据库、模型库、知识库、方法库等新技术，在原有管理信息系统支持下，以交互的方式为高层领导提供决策支持，主要辅助解决半结构化的决策问题。

20 世纪 90 年代以来，管理信息系统、决策支持系统与人工智能、网络技术、数据仓库和数据挖掘等新技术不断融合，形成了这一领域众多的发展分支，如专家系统（Expert System）、群体决策支持系统（Group Decision System）、商务智能（Business Intelligence）等。进入 2000 年之后，随着互联网的深入扩展应用以及各种信息技术不断涌现成熟，大数据、人工智能和云计算等模式日趋成熟，决策支持系统也因此得到更大提升。

综合来看自 20 世纪 50 年代至今管理信息系统的发展，电子数据处理系统面向业务数据处理，传统管理信息系统面向综合管理职能，决策支持系统面向半结构化决策支持，虽然它们各自代表了管理信息系统领域发展过程中的某一阶段，但因为各自信息处理的侧重点和价值不同，它们之间并不是取代的关系，而是互相支持、互相补充、共同发展。

4. 各种业务特色的信息系统

不同于前面的三个发展阶段的思路，管理信息系统在企业中的应用实践根据行业/企业的业务特色，也产生了很多种类的信息系统。比如，电子数据处理系统、管理信息系统和办公自动化系统（Office Automation，OA）技术在商贸中的应用发展成了电子商贸系统（Electronic Business Processing System，EBPS），这种系统以通信网络上的电子数据交换（Electronic Data Interchange，EDI）标准为基础，实现了订货、发货、运输、报关、保险、商检和银行结算为一体的商贸业务支持。其他的，如电子商务（Electronic Commerce，EC）、企业资源计划系统（Enterprise Resource Planning，ERP）、供应链管理系统（Supply Chain Management，SCM）、客户关系管理系统（Customer Relationship Management，CRM）、现代集成制造系统（Contemporary Integrated Manufacturing System，CIMS）、知识管理系统（Knowledge Management System，KMS）等我们在后面还有详细的介绍。

到目前为止，管理信息系统在实践上经历了将近七十年的发展，其概念和理论也日趋成熟和完善。

1.2.2　管理信息系统的基本概念

我国很多教材认为最早提出管理信息系统概念的是瓦尔特·肯尼万（Walter Kennevan），他在1970年给出管理信息系统定义：以书面或口头的形式，在合适的时间向经理、职员以及外界人员提供过去的、现在的、预测未来的有关企业内部及其环境的信息，以帮助他们进行决策。但这个定义并没有涉及计算机等现代信息技术。

随着计算机等信息技术广泛深入的使用，一直到20世纪80年代，管理信息系统创始人，明尼苏达大学卡尔森管理学院的教授高登·戴维斯（Gordon B. Davis）[①]给出了一个采用现代信息技术的定义——管理信息系统是一个利用计算机软硬件资源、手工作业，分析、计划、控制和决策模型，以及数据库的人机系统。它能提供信息支持企业或组织的运行、管理和决策功能。这个定义在当时全面地说明了管理信息系统的目标、功能和组成，而且反映了管理信息系统在当时达到的水平。

管理信息系统的实践随着信息技术的进步也在不断发展，甚至这个领域该用什么样的概念来界定也曾经受到挑战。决策支持系统、信息技术、信息管理、商业信息系统等概念都曾经被提议取代管理信息系统[②]。但目前，管理信息系统依然是最主流的表达方式。

现在，很多学者和经典教材都对管理信息系统（Management Information Systems，MIS）的具体概念进行了定义。

美国学者肯尼斯·劳顿（Kenneth C. Laudon）等认为，信息系统从技术角度定义为若干相互连接的部件组成的，收集（或检索）、处理、存储和发布组织中的

[①]　高登·戴维斯目前是明尼苏达大学卡尔森管理学院名誉退休教授。他参与和帮助成立了世界上大多数信息系统领域的相关学会。他被认为是管理信息系统学科的奠基人。1967年，他和明尼苏达大学的两位同事开启了管理信息系统第一个正式博士学位项目。

[②]　薛华成. 管理信息系统[M]. 6版. 北京：清华大学出版社，2016.

信息的系统，用以支持组织制定决策和管理控制[1]。

斯蒂芬·哈格等认为，管理信息系统处理信息技术工具的规划、开发、管理和使用，以帮助人们执行与信息处理和信息管理相关的一切任务[2]。

黄梯云等认为，信息系统是一个人造系统，它由人、硬件、软件和数据资源组成，目的是及时、正确地收集、加工、存储、传递和提供信息，实现组织中各项活动的管理、调节和控制[3]。

薛华成认为，管理信息系统是用系统的方式，通过信息媒介控制，达到服务于管理的目的的系统[4]。

管理信息系统的概念不断发展，本书给出如下定义：管理信息系统，即综合利用各种信息技术，对信息进行收集、存储、加工、传输和发布，支持组织中的管理和决策的人机系统。

此概念给出了管理信息系统的实质、工具、功能和目的。管理信息系统的工具是各种信息技术，关于信息技术的概念的界定我们在 1.1.2 节中已经进行了介绍。虽然信息技术，如计算机，在管理信息系统中承担了重要角色，但管理信息系统区别于信息技术，其实质就在于它是一个人机系统。这个系统的主要功能是收集、存储、加工、传输和发布信息，其目的是支持组织中的管理和决策。下面对于信息、系统、管理和决策的概念将进行进一步的解释说明。

1. 信息

前面我们讨论过在信息经济学视角下人们对信息形成的一些共识。在管理信息系统的范畴内，信息是指经过加工处理、对决策有指导意义的数据。比较而言，数据（Data）是未经过处理的、对现实世界的对象进行记录的抽象表示。数据可以是数字、符号、文字、语音、图像、视频等形式。

比如，一杯水的温度是 100℃，这个数据是对现实世界对象的记录。当一个正常的成年人看到这样一个数据，通过大脑的加工处理，就能够把这个 100℃的数据转变成信息，从而指导他不去喝 100℃的水。但是如果对于一个 1 岁的婴儿，即使他看到这个数据，他也无法对这个数据进行加工，从而也无法把这个数据转

---

[1]　肯尼斯·劳顿，简·劳顿. 管理信息系统[M]. 黄丽华，等译. 13 版. 北京：机械工业出版社，2016.

[2]　斯蒂芬·哈格，梅芙·卡明斯. 信息时代的管理信息系统[M]. 颜志军，等译. 9 版. 北京：机械工业出版社，2017.

[3]　黄梯云，李一军. 管理信息系统[M]. 北京：高等教育出版社，2016.

[4]　薛华成. 管理信息系统[M]. 6 版. 北京：清华大学出版社，2016.

变成有用的信息来指导他的行动。同理，在基于计算机的信息系统里，企业会把某月中产品的销售单价、销售量等数据记录下来，并通过一定的计算得出这个月的销售额，并与上个月的销售额进行对比，经过这一系列对数据的加工处理得出某些信息，以便企业调整经营策略。

可见，数据与信息既有联系又有区别。数据是信息的表现形式和载体，信息依赖生动具体的数据来表达；信息是数据的内涵，它加载于数据之上，对数据作出具有含义的解释。因此，数据是一种对现实世界对象记录的符号或者抽象的表示，是物理性的，而信息是经过加工处理后的、对决策有指导意义的数据，是逻辑性的。

还有一个也许比信息更难界定的概念，那就是知识。尽管"什么是知识"这个问题激发了世界上众多伟大思想家的兴趣，至今也没有一个统一而明确的界定。我们也不妄图为知识下一个定义，只是讨论一下知识与信息之间的区别联系。知识管理大师野中郁次郎（Ikujiro Nonaka）认为知识是一种被确认的信念，通过知识持有者和接收者的信念模式和约束来创造、组织和传递，在传递知识的同时也传递着一套文化系统。知识是从不相关或相关的信息中变化、重构、创造而得到的，其内涵比数据、信息要更广、更深、更丰富。因此，我们认为知识是以某种方式把一个或多个信息关联在一起的信息结构，是客观世界规律性的总结。信息经过加工，可用于指导实践，转变为知识。

管理信息系统在企业中对于信息进行的管理，一般在信息的收集、传输和处理这三大信息技术基本功能的基础上，按照系统从输入到输出的结构性，可以进一步细化成信息的收集、存储、加工、传输和发布五个环节，即采用各种信息技术或者手工操作收集信息，然后把数据传输、存储到相应的数据库或者文件中，通过计算机系统或者人的数据加工、分析的步骤和方法，把加工后的信息传输给相应的业务功能或者发布给相应的管理者。

2. 系统

系统是由一些相互联系、相互制约的若干组成部分结合而成的、具有特定功能的一个有机整体（集合）。

第一，系统是由若干要素（部分）组成的。这些要素可能是一些个体、元件、零件，也可能其本身就是一个系统（或称之为子系统）。比如，信息系统中，运算器、控制器、存储器、输入/输出设备组成了计算机的硬件系统，而硬件系统又是信息系统的一个子系统。同时必须指出的是，人们一提到信息系统，第一反应往往是软件和硬件这些要素。其实还有一个很关键的要素，就是人。信息系统的工作必须由人和机器协同完成。而且越来越多的实际经验表明，人的因素在设计、使用和实施信息系统的过程中具有更主导的地位。所以我们说管理信息系统是一个人机系统。

第二，系统有一定的功能，或者说系统要有一定的目的性。系统的功能是指系统与外部环境相互联系和相互作用中表现出来的性质、能力和功能。一般来说，信息系统的功能就是进行信息的收集、存储、加工、传输和发布，支持组织中的管理和决策。

第三，系统有一定的结构。一个系统是其构成要素的集合，这些要素相互联系、相互制约。系统内部各要素之间相对稳定的联系方式、组织秩序及作用关系的内在表现形式，就是系统的结构。比如，信息系统的硬件子系统、软件子系统、网络子系统之间相互合作，共同完成整个信息系统的功能。再比如，信息系统的信息功能的实现，一般都需要通过输入、处理和输出三个步骤将原始数据转换成有用的信息，如图 1-8 所示。同时，信息系统通常还需要反馈（Feedback）的过程。其中，反馈最能体现人在信息系统中的作用，但在信息系统的设计、开发和使用过程中，反馈也最容易被忽视。

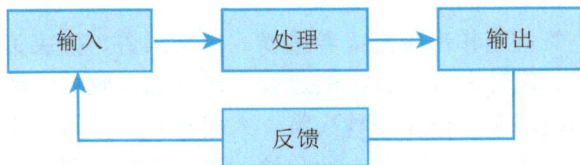

图 1-8　信息系统的基本处理过程

从系统的视角出发，我们也很容易理解，信息技术和信息系统并不一样。信息技术是工具，而信息系统强调系统性，它是包括人、技术、组织、管理等各种要素有机结合在一起、共同作用的一个整体。

3. 管理

管理是为了某种目标，应用一切思想、理论和方法去合理地计划、组织、指挥和控制他人，调度各种资源，如人、财、物、设备、技术和信息等，以求最小的投入去获得最好或最大的产出目标。管理的基本职能——计划、组织、领导和控制，任一方面都离不开信息系统的支持。

计划职能是为组织及其下属部门确定目标，为达到此目标制订行动方案，并制订各种计划，使各项工作都能按照预定的目标、计划指导进行，以达到预期的效果。为了做好计划，需要对历史数据和期望值进行科学分析，选定较好的方案。由于计划对未来的安排带有明显的不确定性，管理信息系统可以提供大量信息和信息加工处理方式、方法来支持计划职能的实现。

组织职能包括人的组织和工作的组织，具体包括：确定管理层次，建立各级组织结构，配备人员，规定职责和权限，并明确组织机构中各部门之间的相互关系、协调原则和方法。领导职能的作用在于引导、影响个人和组织按照计划去实现目标。这是一个行为过程。控制职能是对管理业务进行计量和纠正，确保计划得以实现。计划是为了控制，是控制的开始。执行过程中需要不断检测、控制，通常是把实际的执行结果和计划的阶段目标相比较，发现实施过程中偏离计划的缺点和错误。管理信息系统通过企业运作过程中收集上来的各种生产、库存、成本等方面的数据，保证控制职能能够正常开展。另外，管理信息系统还可以把企业的组织职能、领导职能和控制职能固定在系统的业务流程和信息处理过程中去，从而保证管理能有效开展，企业能正常运作。

决策理论的创始人西蒙说，管理就是决策。而决策的质量则取决于信息的质和量。信息系统对管理职能的支持，归根到底是对决策的支持。

4. 决策

一般来说，决策就是作出决定或者选择，广义来讲，把决策看作一个包括提出问题、确立目标、设计和选择方案的过程。国家的大政方针政策的制订固然是一种决策，企业的战略制定也是一种决策，人们对日常问题作出的决定也是一种决策。在组织中，决策是一种最基本的活动。决策贯穿管理的全过程，管理工作的成败，首先取决于决策的正确。

决策一般可以分为结构化决策、半结构化决策和非结构化决策。结构化决策是重复的、常规的、决策者可以遵循一个明确的步骤去处理他们，以实现高效率。比如，顾客订单的采集就是一个结构化的决策。基层员工面对较多的是结构化决策。非结构化决策，决策者必须对问题的定义提供判断、评价和洞察。非结构化决策没有规则可循，需要决策者根据各项信息和个人经验去判断，比如决定公司未来的发展方向就是一个非结构化的决策。非结构化决策一般在企业的高层中较为常见。半结构化决策介于两者之间。中层管理者面对较多的是结构化决策问题，也可能会出现半结构化决策。比如，对于消费者意见投诉的处理就是一个半结构化决策。

1.3 管理信息系统领域的研究方法

前文中，我们看到管理信息系统的发展过程中融合了管理学、计算机科学、系统科学等学科的知识理论和技术，是一个边缘学科①。

早期的管理信息系统研究更关注在技术层面的问题，可以称之为技术学派。技术学派侧重信息系统的实体技术以及理论功能的研究，强调对于数学模型的应用。所以，这个学派主要是利用计算机科学、管理科学、运筹学等学科的知识理论来研究问题。比如，某些个性化推荐系统的研究关注的是算法和优化的问题，有些信息系统的研究侧重系统的架构设计，这些都是技术层面的问题。

实际上，技术学派面临的问题有时不是技术的难题，而往往是技术以外的难题，即由使用人员的行为、态度和心理等引起的问题，由此便产生了另一个学派——行为学派。行为学派侧重于研究信息技术和信息系统对人、群体、组织和社会行为的影响，以及人的行为、心理对于信息系统开发、实施、使用的影响等。因此，行为学派主要采用组织行为学、心理学、社会学等领域的理论和研究方法。比如，管理信息系统研究中一个经典的问题，技术接受模型（Technology Acceptance Model，TAM）的研究，主要就是从行为层面来进行研究（图 1-9）。

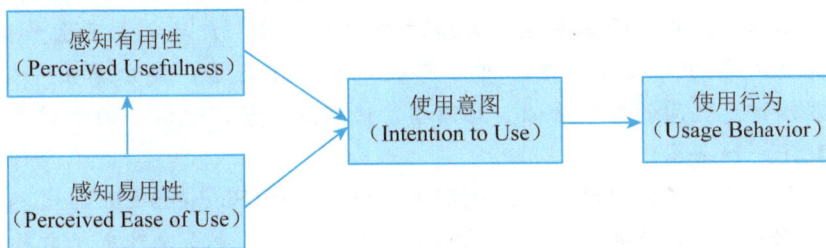

图 1-9　技术接受模型②

当然，行为方法与技术方法并不矛盾，事实上，信息系统的技术经常能够促进企业行为问题的解决，而行为的研究对解决信息系统某些方面的问题又有独到的功效。

经过管理信息系统 70 来年的发展，研究者越来越发现管理信息系统既不仅是技术问题，也不仅是行为问题，而是还可能涉及社会、行为、心理、经济、技

---

① 在美国，信息系统（Information Systems）和中国的管理信息系统往往指的是同一个概念。在中国，我们所谓的"管理信息系统"，有别于电子信息专业的"信息系统"，也不同于图书情报专业中的"信息管理"。

② Davis F D. Perceived usefulness，perceived ease of use，and user acceptance of information technology. MIS Quarterly，1989，13(3)：319-340.
Venkatesh V，Davis F D. A Theoretical Extension of the Technology Acceptance Model：Four Longitudinal Field Studies. Management Science，2000，46(2)：186-204.

术等诸多因素的庞大的系统问题。这就出现了社会技术学派。社会技术学派强调必须使信息系统的技术部件和行为部件相互匹配，一方面强调任何信息系统都是为组织或个人服务的，必须从实际需求出发进行技术的设计和应用；另一方面组织和个人又必须不断学习和接受培训，以充分发挥新技术的作用和优势。

案例

西门子的"数字化工厂"①

坐落于成都高新西区的一座看起来并"不起眼"的工厂，内部却令人叹为观止——举目望去，车间里非常干净、明亮，大量吊臂、机器人、布满传感器的流水线、计算机、电子屏幕等机器设备有序地安放在一定的位置并进行通力合作。当贴有无线射频识别技术（Radio Frequency Identification，RFID）标签的物料通过轨道自动进场之后，传感器读取标签中的信息并指挥它进入到下一道工序。当来到组装环节后，机器人会通过读取标签中的信息进行相应的组装操作。物料带着数字信息通过无线信号来和生产环境进行信息交换，自动完成了生产全过程。车间内为数不多的工人只是在盯着计算机旁的电子屏幕，偶尔单击一下鼠标。人、机器、信息之间的互动看似如此简单、透明且智慧，这似乎为中国未来的制造业绘就了一幅蓝图。

这就是西门子工业自动化产品成都生产研发基地（Siemens Electronics Works Chengdu，SEWC），它是全球最先进的电子工厂之一，也是全球电子电气巨头西门子继德国安贝格电子工厂之后在全球建立的第二家"数字化企业"。它实现了从产品研发到生产制造整个价值链的高度数字化和互联。

在工业自动化产品的制造研发方面，成都工厂遵循西门子全球统一的研发、生产和质量标准，采用 Siemens PLM（Product Lifecycle Management）虚拟化产品研发系统，以及制造执行系统（Manufacturing Execution System，MES）和全集成自动化解决方案（Totally Integrated Automation，TIA）等，将产品全生命周期进行集成，实现了信息在不同环节间的无缝连接，使工厂运作全面透明，可以缩短产品上市时间高达 50%。成都工厂的前瞻性设计还给了工厂极高的灵活性，可以满足不同产品的混合生产，并可为未来的产能调整作出合理规划。

1. 研发，数字化旅程的起点

成都工厂也是西门子全球第三个工业自动化产品研发中心，也就是说研发是

---

① 参考《计算机世界》2013 年 11 月 25 日的"西门子数字化工厂诠释未来制造"，以及《IT 经理世界》2014 年 2 月"未来的工厂"进行撰写。

成都工厂的一项重要任务。因此，研发对于这样一座数字化工厂非常重要，是其数字化旅程的起点。

在成都工厂，西门子产品研发阶段采用的主要工具是包括 NX 和 Teamcenter 在内的 Siemens PLM 解决方案，这些数字化设计工具大大缩短了产品从设计到分析的迭代周期，缩短产品开发周期。产品设计完成后，承载着专有的产品数据信息，通过 CAM 系统进入生产线。同时，产品的数据信息也会进入到 Teamcenter 软件中，以供之后的制造、质量、采购和物流等部门共享并实时更新，各部门都可以在第一时间拿到最新的数据，这也避免了企业由于沟通不畅而产生的差错，使效率大大提升。

2. 数字化生产和物流

在成都工厂，一层是进行原材料存放的高位货架立体仓库，仓库中有近 3 万个物料存放盒，布局紧凑有序。仓库中物料的存取都是通过堆取料机用数字化定位模式进行抓取，而不是用传统的叉车搬运。每当新的物料需要进入仓库时，进料检验人员采用 Teamcenter 中的同步数据进行物料检验，然后由物流管理系统将物料送入仓库，并通过自动化方式准确地将原材料放入高位货架上的正确位置。

一层物料仓库通过两座升降电梯与二层生产车间相连。每天生产时，制造执行系统生成生产任务单，向物料系统发出指令。物料系统将原材料从一层的自动化高位货架出库，经过传输系统传送至升降梯，经过升降梯将物料送到二层的生产车间。如果某些物料无法通过自动化方式运至指定目的地，那么制造执行系统会把电子任务单发送给相应的工人，由工人将提升上来的物料送到它应该去的地方。

在生产线上，传感器会扫描产品信息，以判断下一个程序。每当产品进入下一道工序前都要通过严格的检验，整个生产过程中质量控制点多达数十个。比如，视觉检测是数字化工厂特有的质量检测方法，它用相机拍下产品的图像，与 Teamcenter 数据平台中存储的正确图像进行比对，不会放过任何瑕疵。

最后，产品经过多次装配和多道检验后将到达包装工位，经过人工包装和装箱，自动化产品就会通过升降梯和传送带被运送到物流中心或立体仓库。

在整个生产过程中，制造执行系统对整个过程起到了高度协同控制作用。西门子的制造执行系统 SIMATIC IT 集成了工单管理、物料管理、人员管理、产品定义管理、工作日历、实验室质量管理、工厂数据分析、报表管理、数据集成管理等多种功能。

3. 人与机器协作

如上描述，传统制造企业一般要通过数十上百人密集在流水线旁来完成的生产工作，就这样在西门子的"数字化工厂"里自动完成了，车间里的工人人数屈指可数。

比如，在装配环节，一名普通的装配工人，如上所述不需要手抄任务单，只要从工作台前方的电脑屏幕中获取实时任务单即可。生产订单自动下达，生产计划、物料管理等数据也会实时传达。在他们的工作台上，有几个不同的零件盒，每个零件盒上都配有指示灯。当自动引导小车送来一款待装配的产品时，传感器都会扫描产品条码信息并显示在电脑显示屏上，然后相应需要安装的零件盒上的指示灯就会亮起，装配工人就知道该安装什么零件。确认装配好产品之后，装配工人只需按下工作台上的一个按钮，流水线上的传感器就会扫描产品的条码信息，记录它在这个工位的数据信息。制造执行系统会以这些数据作为判断依据，向控制系统下达指令，自动引导车会将它送去下一个目的地。

4. 布局工业 4.0

出于对实现"工业 4.0"的战略考量，西门子过去几年每次收购软件公司希望能借此来整合和进一步开发实现"工业 4.0"所需技术专长。比如，2007 年西门子通过收购并更名建立了 Siemens PLM 软件，借此西门子宣布了新的软件战略。2012 年 9 月德国 Perfect Costing Solution 公司加入西门子，其技术能够早在新产品规划阶段就估算出其制造成本。2013 年年底西门子收购 TESIS PLMware 公司，该公司在业界被公认是将 PLM 软件与其他企业应用进行集成的领先厂商。

"工业 4.0"是德国政府提出的一个高科技战略计划。该项目由德国联邦教育及研究部和联邦经济技术部联合资助，组织了 20 多家德国企业、机构、大学参与，西门子是两家牵头单位之一。该项目旨在提升制造业的智能化水平，建立具有适应性、资源效率及人因工程学的智慧工厂，在商业流程及价值流程中整合客户及商业伙伴。

2018 年，西门子成都工厂入选"灯塔工厂"。"灯塔工厂"是由世界经济论坛与麦肯锡咨询公司合作遴选的在第四次工业革命尖端技术应用整合工作方面卓有成效、堪为全球表率的领先企业。"灯塔工厂"从 2018 年开始评选，截至 2022 年 3 月 30 日，全球"灯塔工厂"数量达 103 家，而位于中国的"灯塔工厂"有 37 家，总数位居世界第一。

思考以下问题：

(1)西门子的未来工厂都应用了哪些信息技术？通过案例内容分析总结每种信息技术所处理的主要问题和作用。

(2)材料所描述的未来工厂案例中，人和机器的分工是什么？这种分工协作模式会给企业带来什么好处和问题？

（3）根据材料，数字化工厂要实现哪些方面的数字化？数字化工厂的实现到底应该人占主导还是机器占主导？为什么？

（4）什么是"工业 4.0"？中国和其他国家是否有类似的战略计划？查找各种资料，比较德国、美国和中国在信息革命上的特点。

（5）查找并阅读中国《"十四五"数字经济发展规划》，结合本章关于信息社会的学习及你对周围社会企业的了解，分析中国发展数字经济的重要性和必要性；理解中国发展数字经济的发展目标和八大重点任务。结合本章的学习，谈一谈什么是数据要素，什么是产业数字化和数字产业化。

业界

新兴科技公司的市值

2015 年 9 月 23 日，中美互联网论坛在美国华盛顿州西雅图市举行。美国的苹果、微软、亚马逊、Facebook、IBM 等公司以及中国的腾讯、阿里巴巴、百度、京东等公司的创办人或者首席执行官汇聚一堂。按照当时各大公司的股票市值，参加这场顶级峰会的公司的总市值超过了 2.5 万亿美元，相当于中美两国2014 年 GDP 总和的 1/10。

新经济时代到来，全球上市公司的市值排名发生了很大变化。根据Bloomber2016 年发布的报告，全球市值排名前 100 的公司中，科技板块的公司有 12 家，总体市值将近 3 万亿美元，首次取代金融板块成为第一大板块。排名前 20 位的公司发生了很大的变化，如表 1-2 所示。

表 1-2　全球前 20 名市值公司

公　司	国家	行业	排名 +/-	20160331		20090331	
				排名	市值（＄bn）	排名	市值（＄bn）
AppleInc（苹果）	美国	科技	32	1	604	33	94
AlphabetInc（前身为谷歌）	美国	科技	20	2	518	22	110
Microsoft Corp（微软）	美国	科技	3	3	437	6	163
Berkshire HathawayInc（伯克希尔·哈撒韦）	美国	金融	8	4	350	12	134
Exxon Mobil（埃克森美孚）	美国	能源	—4	5	347	1	337

续表

公　司	国家	行业	排名 +/−	20160331		20090331	
				排名	市值 ($ bn)	排名	市值 ($ bn)
FacebookInc(脸书)	美国	科技	—	6	325	—	—
Johnson & Johnson(强生)	美国	医疗	1	7	298	8	145
General Electric Co(通用电气)	美国	工业	16	8	295	24	107
Amazon. com(亚马逊)	美国	消费服务	—	9	280	—	31
Wells Fargo & Co(富国银行集团)	美国	金融	45	10	245	55	60
AT&TInc	美国	电信	−4	11	241	7	149
Nestle SA(雀巢)	瑞士	消费品	3	12	239	15	129
China Mobile Ltd(中国移动)	中国	电信	−8	13	228	5	175
ICBC Ltd(中国工商银行)	中国	金融	−10	14	228	4	188
Procter & Gamble Co(宝洁)	美国	消费品	−5	15	223	10	138
Verizon CommunicationsInc (威瑞森)	美国	电信	23	16	221	39	86
JPMorgan Chase & Co(摩根大通)	美国	金融	11	17	217	28	100
Wal-MartInc(沃尔玛)	美国	消费服务	−15	18	215	3	204
Roche Holding AG(罗氏)	瑞士	医疗	−1	19	214	18	119
Petro China(中国石油)	中国	能源	−18	20	205	2	287

　　到 2020 年年底，科技类公司市值和排名比 2016 年有了更大的提升，如表 1-3 所示。

表 1-3　全球前十大市值公司

排名	公　司	行业	总市值($ bn, 2020-12-31)
1	Apple Inc(苹果)	科技	2232
2	Microsoft Cor(微软)	科技	1678
3	Amazon. com(亚马逊)	消费服务	1638

续表

排名	公　司	行业	总市值（＄bn，2020-12-31）
4	Alphabet Inc（前身为谷歌）	科技	1183
5	Facebook Inc（脸书）	科技	778
6	腾讯控股	科技	697（5.41万亿港币）
7	Tesla Inc（特斯拉）	汽车制造	677
8	Alibaba Group Holding Ltd（阿里巴巴）	消费服务	650
9	Berkshire Hathaway Inc（伯克希尔·哈撒韦）	金融	537
10	VISA	金融	426

　　苹果公司创立于1976年，致力于设计、开发和销售消费电子、计算机软件、在线服务和个人计算机。苹果公司最著名的硬件是Mac电脑系列、iPod媒体播放器、iPhone智能手机和iPad平板电脑，在线服务包括iCloud、iTunes Store和App Store，软件包括Mac OS和iOS操作系统等。

　　微软公司创建于1975年，以Microsoft Windows操作系统和Microsoft Office系列软件著名，是全球最大的电脑软件提供商。纳德拉接任CEO后确认"移动为先，云为先"战略，组织架构和业务调整全面以"云"为核心，并加强生态合作，微软顺利转型。2020财年，公司实现智能云业务收入483.7亿美元，占营收比重34%，成为推动公司总体营收增长的主要动力，Azure日益迫近AWS在云市场中的地位，成为全球第二市场份额的云服务品牌。

　　亚马逊创建于1994年，目前以电子商务为平台不断地向其他领域延伸，包括Kindle电子阅读器、AWS等，都成为各自领域的领先者。亚马逊的市值在最近几年可以用飙涨来形容，2015年3月底亚马逊市值只有1730亿美元，但到2020年底已飙升了近10倍。

　　谷歌公司创立于1998年，2015年更名为Alphabet。谷歌公司起步于搜索引擎技术，而如今的Alphabet更接近于一家科技创新公司，包括Android移动操作系统、云服务、自动驾驶汽车技术、无人驾驶飞机技术、Google Glass、Google Home等项目的开发都在不断推进。但目前Alphabet的核心业务营收和利润来源依然是搜索业务。

　　Facebook目前是世界上最大的社交网络，月活跃用户和日活跃用户数据都是全球第一，基本上垄断了欧美的社交网络关系。

　　阿里巴巴集团创立于1999年，是一家提供电子商务在线交易平台的公司，业务包括B2B贸易、网上零售、第三方支付、云计算服务等。

腾讯1998年成立，即时通信工具腾讯QQ、手机端应用App使其成为中国最大的社交网络平台，同时其旗下还有腾讯网、游戏业务、第三方支付等业务。

当然，即使在新兴科技领域，因为把握"风口"的时机不同，各知名企业之间市值排名的涨落变化也比较频繁。

思考以下问题：

(1)获取全球上市公司的最新市值情况，关注新兴科技公司的表现，并与目前的情况相比较，试了解变化背后的原因。

(2)作为轻资产的公司，新兴科技公司如何能够在市值上战胜那些能源、制造类公司？

实验

你身边的信息化校园

现在很多大学都在建设数字化校园。数字化校园是以数字化信息和网络为基础，凭借计算机和网络技术建立起来的对教学、科研、管理、技术服务、生活服务等校园信息进行收集、处理、整合、存储、传输和应用，使数字资源得到充分优化利用的一种虚拟教育环境。通过实现从环境(包括设备、教室等)、资源(如图书、讲义、课件等)到应用(包括教、学、管理、服务、办公等)的全面数字化，在传统校园基础上构建一个数字空间，以拓展现实校园的时间和空间维度，提升传统校园的运行效率，扩展传统校园的业务功能，最终实现教育过程的全面信息化，从而达到提高管理水平和效率的目的。

数字化校园是我们体验和理解信息技术和信息系统应用最直接也是最近距离的途径。数字化校园并不是封闭的，它往往也会和社会上的信息系统或者其他企事业单位的信息系统相衔接，进行信息的处理和共享。请按照以下步骤操作并思考，细细体会每一个细节应用。以小组为单位，提交一份书面报告，并以口头形式报告，以便各小组之间交流实验成果和心得。

(1)列举你身边数字化校园中的信息技术和信息系统的应用，分析它们对学校各项业务管理的重要作用。登录相关网站或者联系学校相关管理部门，或者通过其他可行的方式，尽量获取更加全面、准确的学校信息系统的总体方案，核验与你所看到的、感受到的、使用过的信息系统应用是否相符。

(2)登录你所在学校的教务管理系统，并询问相关的教务管理人员，详细描述它实现了哪些功能？从层次的视角，分析这些功能如何支持学校管理层的管理控制和业务层的操作处理。

(3)教务管理系统中的网上选课功能为学生提供了简便快捷、公平合理的选课平台。认真体验学生网上选课的功能和过程，详细描述该过程的输入、处理和输出。

(4)你所在的学校是否有类似"校园一卡通"之类的学生卡，你的学生卡可以在学校的哪些领域使用？能否列举1～2个学生卡应用的具体情景？你觉得学生卡与学校的教务管理系统、后勤管理系统、财务管理系统等各种相关系统之间是什么关系？

(5)你们的数字化校园是否存在和外界的信息接口？都有哪些外部系统？

(6)你觉得你所在学校里还有哪些需要改善或者需要增加的IT应用？

(7)除了学校，还有哪些组织也正在构建数字化平台？列举它们的主要功能。

阅读

信息简史

《信息简史》(*The Information：A History，a Theory，a Flood*)2011年一经面世便登上了《纽约时报》畅销书榜，2012年荣膺久负盛名的英国皇家学会科普图书奖等一系列大奖。《信息简史》2013年在中国出版，2014年荣获第九届文津图书奖。

《信息简史》的作者詹姆斯·格雷克曾长期在《纽约时报》担任记者和编辑，并多年为《时代》周刊撰写技术专栏。1987年，他的首部作品《混沌：开创新科学》入围了美国国家图书奖和普利策奖的决赛，并成为畅销书，使得"混沌""蝴蝶效应"的说法家喻户晓。其后他又陆续出版了《费曼传：1000年才出一个的科学鬼才》(1992)、《越来越快：飞奔的时代飞奔的一切》(1999)、《牛顿传》(2003)等书。

人类与信息遭遇的历史由来已久。本书中，作者回顾了信息的历史，或者说是人类使用信息的历史。从远古的人类将信息对应成几种信号进行传递开始，信息便随着人类活动而逐渐越来越多产生出来，文字和数字应运而生。近代，电和编码的出现以及广泛使用导致信息数字化快速发展，这也正是计算机和信息论诞生的背景。1948年，香农创立了信息论，人类开始自觉地理解和利用信息。现如今，信息如洪流般淹没了我们，使我们深陷信息过载、信息疲劳的困扰。维基百科、Google又成为我们应对这些问题的有效手段和典型代表。可见，信息一直纵贯人类社会发展，而现今更成为这个社会中最基础、最重要的资源之一。

阅读此书，思考以下问题：

(1)综观全书中信息的发展和作用，到底什么是信息？信息的作用是什么？

(2)人类社会中信息的发展大致经历了几个阶段？每个阶段中的信息具有哪些特点？

阅读

IT doesn't matter

2003 年 5 月，*Harvard Business Review* 的编辑 Nicholas G. Carr 写了一篇文章，题目是 *IT doesn't matter*，一场质疑 IT 价值、触及整个 IT 业命运的论战由此开火，几乎所有的重要媒体、IT 业界巨头尤其是 CIO、商业界重量级人物和专家学者们都积极发表看法。

《纽约时报》这样评价这场论战："不论这场大论战最后的答案是什么，整个经济的风貌都将因此而改变……自 20 世纪 90 年代争论新经济是否存在后，另一场最重大的论战……过去 30 年中高科技领域最重要的一大事件……这是 IT 历史上最重大的一场论战"，其他如《华盛顿邮报》《财富》期刊等对此都进行了评论。

在微软 CEO 峰会上，比尔·盖茨说："听说哈佛商业评论有篇文章说 IT 不再重要了，他们一定是说，我们用所有的信息流已经达到了所能做到的最好的限度，每个人都得到了他们想要的，要么就是说我们达到了一个很难再提高的水平，但这些说法都是我们竭力反对的。"（原文如下：So when somebody says, to take the extreme quote from the Harvard Business Review article, they say IT doesn't matter, they must be saying that with all this information flow, we've either achieved a limit where it's just perfect, everybody sees exactly what they want, or we've gotten to a point where it simply can't be improved-and that's where we'd object very strenuously.）

通用电气董事会主席兼首席执行官说："IT 不再重要"的观点是非常愚蠢的。在市场生长缓慢并且风险不断增加的现实环境下，科技创新对企业来说是势在必行的选择。文章认为对信息技术的投资是浪费，这种观点是不正确的。信息技术对于不同的公司代表着不同的价值和意义。比如，在通用电气公司中，IT 所起的作用与在甲骨文或者戴尔或者其他公司是毫不相关的。信息技术使我们可以用不同的方式来运行公司。它使我们可以对众多纷杂的资源作出合理的调配决定，使之能够各尽其职，从长期来讲对公司的发展非常有利。目前 IT 业所面临的易变性和风险远远超过了过去 20 年。现在业内所存在的困难在未来相当一段时间内都会继续存在。对于大多数成长型公司来说，都十分缺少 IT 创新能力。具体体现在企业难以找到新的想法和途径来实现业绩的增长。对于成长型公司来说，创新不是锦上添花的事情，而是必须要做的事情。

Nicholas G. Carr 在 *IT doesn't matter* 中，区分了专有技术和基础性技术。专有技术如果能够被某一家公司实际拥有或有效控制，它就能成为长期战略优势的基础。而基础性技术则相反，它被分享时的价值要比某公司独自占有时的价值更大。他认为信息技术属于基础技术。

基础性技术在其扩张建设的最初阶段，可能会以专有技术的形式出现。当基础性技术的商业潜力开始受到广泛推崇时，就会吸引海量的资金投入，它的扩张建设将以超常的速度进行。一拥而上的投资会带来竞争的加剧、生产能力的扩大和价格的跌落，使得技术变得随处可得，经济上也更容易负担。此外，扩张建设迫使用户采用统一的技术标准，连使用方式都开始变得标准化。技术赋予公司差异性的潜力将会渐渐消退。

信息技术以互联性和互通性为特点，日趋标准化和功能同化，因此大多数专用应用软件注定将退出历史舞台，因为你可以用少量的钱买到现成的先进应用软件，何必苦费心机自己编写程序？此外，大多数商业活动和流程也都被嵌入软件，可以被广泛复制。牺牲独特性，换来的是成本节约和更强的互通性，因此完全值得。企业越来越倾向于向第三方购买"网络服务"，类似于购买电力和电信服务，而主要的商业技术供应商，从微软到 IBM，也正试图将自己定位成信息技术的公用事业服务商。这一切都说明信息技术正在日益成为无差异的大众化商品，以信息技术为基础获得优势的机会越来越少。

Nicholas G. Carr 认为信息技术管理应该采取守势，把重点放在降低风险而不是增加机会上。例如，公司需要更多地关注网络和数据安全。更重要的是，它们必须更积极地控制信息技术的成本。对企业信息技术开支的研究表明，高投入很少转化为优异的财务业绩。如果高层管理人员对信息技术的管理采取守势，开支更加节俭，考虑问题更加实际，那么他就走在了正确的轨道上。未来的挑战是在经济繁荣时仍然遵循以上准则。

阅读 *IT don't matter*，思考以下问题：

(1)登录 Nicholas G. Carr 的网站 http://www.nicholascarr.com/，详细了解他的各方面信息和作品，总结 Nicholas G. Carr 对 IT 的立场观点。

(2)结合最近 *IT doesn't matter* 这篇文章发表的时间以及最近 IT 的应用与发展趋势，针对文章中的观点，谈谈你的看法。

(3)详细描述你所在组织中 IT 应用的实际具体情况，认真思考 IT 对于你的单位、你的行业具有什么样的重要性？

(4)你觉得 IT 重要吗？为什么？

本章参考文献

[1]詹姆斯·格雷克. 信息简史[M]. 高博，译. 北京：人民邮电出版社，2013.

[2]凯尔·麦克唐纳. 一枚红色曲别针：一个天方夜谭神话的缔造者[M]. 北京：中国传媒大学出版社，2008.

[3]国家信息中心信息化研究部. 全球信息社会发展报告 2016[R]. 国家信息中心网站，2016-05-17.

[4]国务院. 国务院关于积极推进"互联网＋"行动的指导意见[EB/OL]. 中国政府网，2015-07-04.

[5]国务院. 国务院关于印发新一代人工智能发展规划的通知[EB/OL]. 中国政府网，2017-07-20.

[6]工业和信息化部电信管理局. 工业和信息化部关于电信服务质量的通告(2014年第 4 号)[EB/OL]. 工业和信息化部网站，2014-11-05.

[7]工业和信息化部. 工业和信息化部关于电信服务质量的通告(2017 年第 4 号)[EB/OL]. 工业和信息化部网站，2017-11-15.

[8]United Nations. United Nations E-Government Survey 2016[R]. UNPAN website，2016.

[9]Biggs C，Chande A，Matthews E，et al. What China Reveals About the Future of Shopping [EB/OL]. BCG website，2017-05-04.

[10]BCG，AliResearch，Baidu. Decoding the Chinese Internet [EB/OL]. 搜狐网，2017-10-29.

[11]Konok V，Pogány，Miklósi. Mobile Attachment：Separation from Mobile Phone Induces Physiological and Behavioural Stress and Attentional Bias to Separation-related Stimuli [J]. Computers in Human Behavior，2017，71：228-239.

[12]Gartner Group. Hype Cycle for Emerging Technologies 2017[EB/OL]. Gartner website，2017-07-21.

[13]Gartner. Hype Cycle for ICT in China 2017 [EB/OL]. Gartner website，2017-07-21.

[14]薛华成. 管理信息系统[M]. 6 版. 北京：清华大学出版社，2012.

[15]肯尼斯·劳顿，简·劳顿. 管理信息系统[M]. 黄丽华，等译. 13 版. 北

京：机械工业出版社，2016.

[16]哈格，卡明斯. 信息时代的管理信息系统[M]. 颜志军，等译. 9 版. 北京：机械工业出版社，2017.

[17]黄梯云，李一军. 管理信息系统[M]. 北京：高等教育出版社，2016.

[18]Davis F D. Perceived Usefulness，Perceived Ease of Use，and User Acceptance of Information Technology [J]. MIS Quarterly，1989，13(3)：319-340.

[19] Venkatesh V，Davis F D. A Theoretical Extension of the Technology Acceptance Model：Four Longitudinal Field Studies [J]. Management Science，2000，46(2)：186-204.

[20]刘燕. 未来的工厂 [J]. IT 经理世界，2014，2：32-33.

[21]郭平. 西门子数字化工厂诠释未来制造 [N]. 计算机世界，2013-11-25.

[22]国家信息中心信息化研究部. 中国分享经济发展报告 2016 [R]. 国家信息中心网站，2016-02-29.

[23]王传珍. 中国知识付费行业发展白皮书 2017 [R]. 易观网站，2017-12-06.

[24]Carr N G. IT Doesn't Matter [J]. Harvard Business Review，2003，81(5)：41-49.

扫描二维码，获取本章微课视频。

微课视频	本章小结
	_____ _____ _____ _____

第 2 章　信息化的组织

　　信息社会中，组织的信息化和信息化的组织是大势所趋。组织经过信息化变革，逐渐发展成信息化组织，不仅是把信息作为一种关键资源管理起来，更要把信息、信息技术和信息系统与组织的战略、结构、运营、文化完美结合在一起。本章进一步介绍管理信息系统如何与企业的战略、结构、运营、文化相结合，从而打造信息化的组织。

本章学习目标

1. 理解信息化组织的特征。
2. 理解组织在组织战略上如何与管理信息系统相互影响。
3. 理解信息技术和信息系统对组织结构的影响。
4. 理解信息技术和信息系统对组织业务流程的影响。
5. 掌握管理信息系统的各种类型。
6. 理解信息系统和信息系统在企业中所扮演的角色。

导入案例

信息化的海尔

　　2015 年海尔推出"会洗澡的空调"——自清洁空调，解决清除空调蒸发器污垢的用户痛点。自清洁空调是海尔空调产业平台的张鹏和他的团队创新运作的。他们联合科研院所实验上千次，利用冷膨胀等技术研发了自清洁空调，并获得了 4 项专利技术。2016 年 3 月，海尔设立自清洁空调小微。通过内部"抢单"竞聘，张鹏成为海尔自清洁小微的"小微主"。张鹏的小微里有 8 个人，包括 6 个专职员工，另 2 个是"接口人"，对接海尔的供应链体系、质量体系。在小微里，张鹏有决策权、用人权和分配权。在为企业创造更大价值的基础上，张鹏的收入也翻了两番，一方面是小微主的工资更高，另一方面来自超利分享，他与海尔签订了业绩"对赌"协议，超过目标的利润可以分享。小微主的职位是动态的。"抢单"竞聘时，如果业绩目标报低了，张鹏就当不了小微主。当上小微主后，如果制定的目标第一个季度完不成，张鹏就会进入"警示池"，第二个季度完不成就进入"还原池"，如果还是无法改善，就由别人来抢单。超利分享的动力和抢单竞聘的压力使小微形成"自驱动"模式。截至 2017 冷年①，海尔智能自清洁空调销量突破 600 万套，占据整个自清洁空调市场 7 成以上份额②。

张鹏的小微是海尔"人单合一"模式下众多小微中的一个缩影。

1984 年，张瑞敏接任当时已经资不抵债、濒临倒闭的青岛电冰箱总厂厂长，在改组基础上成立了青岛海尔股份有限公司。海尔从单一生产冰箱起步，拓展到家电、通信、IT 数码产品、家居、物流、金融、房地产、生物制药等多个领域。2016 年海尔全球营业额实现 2016 亿元，利润总额 203 亿元，同比增长 12.8%，线上交易额实现 2727 亿元，同比增长 73%。张瑞敏认为，没有成功的企业，只有时代的企业，所谓成功只不过是踏准了时代的节拍。从 1984 年至今，他以企业"组织设计师"的使命，引领海尔经历了五次发展战略变革——名牌战略发展阶段（1984—1991）、多元化战略发展阶段（1991—1998）、国际化战略发展阶段（1998—2005）、全球化品牌战略发展阶段（2005—2012）、网络化战略阶段（2012—2019）和生态品牌战略阶段（2019—）（图 2-1）。

"人单合一"模式是张瑞敏在 2005 年正式提出的概念。海尔认为，互联网时代就应该采用"互联网思维"，其中用户思维要满足用户个性化需求，去倒逼新生产模式的出现，工业时代典型的大规模生产要升级为大规模定制模式。大规模定制模式意味着商业模式和管理范式需要进行变革和创新。海尔的"人单合一"模式，就是一种典型的定制模式。"人"指的是员工，"单"指的是用户价值，"合一"指的是员工的价值变现与所创造的用户价值匹配。"人单合一"模式顺应了互联网时代"零距离""去中心化""去中介化"的要求。③

---

① 冷年是空调行业内的一种说法，因为空调的使用具有较强的季节性，一般来说是指从前一年的 8 月开始到当年的 7 月为止称为一个冷年，2017 年的冷年是指从 2016 年 8 月至 2017 年 7 月这段时间。

② 数据来源：《智能自清洁空调行业白皮书》，2017 年 6 月。

③ 来自周云杰 2016 年 8 月 16 日发表在《人民日报》的"推进互联网时代企业制度创新"一文。周云杰，海尔集团董事局副主席，总裁。

图 2-1　海尔集团五个战略发展阶段①

在"人单合一"管理模式下，海尔实现了"企业平台化、员工创客化、用户个性化"的巨大转变。海尔认为，内部层级越多，与用户距离就越远。为最大限度减少层级，海尔 2014 年大刀阔斧减掉了 1 万多名中层人员，整个集团从一个家电企业转型为创客孵化平台，所有员工组成一个个创业小微，即独立运营的创新团队。小微发挥"船小好调头"的优势，与个性化用户需求快速对接，谁能满足用户需求、创造更大价值，谁就受益更多，不能创造价值的人必须离开。员工的工作不是由上级来评价，而是由用户来评价；不是由企业付薪，而是由用户付薪。在这个过程中，企业转型成了网络化平台组织，员工转型成了用户价值驱动的创客，原来的顾客转型成了可以参与到企业中提出个性化需求的用户，把用户、员工以及利益相关方都汇聚在这一平台上，形成共创共赢共享的生态系统。

海尔向"人单合一"模式的转型至今经历了十多年的摸索，在"人单合一"的背后也打造了一个坚实匹配的信息技术基础架构。1995 年到 1998 年，海尔信息化建设起步，建立了售后服务系统、内部办公自动化系统、会计电算化及基础网络等，大幅提升企业内部管理效率和响应用户需求的速度；1998年到 2006 年，海尔进行企业基础管理的信息化建设，供应链管理、物流配送、资金流管理结算及客户关系管理等系统的建设使得企业逐步向零库存、零营运资本和与用户零距离的目标迈进；2007 年之后，海尔的信息化建设进入"人单合一"转型阶段，为了配合企业的战略目标和组织变革，真正实现企业和信息系统的"水乳交融"，海尔经历很长时间的摸索，其中也不乏波折。

---

① 图片来源：海尔官网。

2007 年 4 月 26 日，海尔启动了 1000 天信息化再造，要打通已有的 600 多个"信息孤岛"，完成 2000～2500 个流程构建，努力构建一个距离市场最近能够实现即时响应、内外信息一体化的流程和信息系统。但 2008 年海尔全球增值系统（HGVS）上线后，结果却发现有了流程却远离了市场和客户。海尔开始反思，不能孤立地建设 ERP 系统，更不能用固有的 ERP 程序来做市场。原有的流程再造更多地聚焦于企业内部效率的提升，以及各部门的协作，而忽略了用户价值，不能和海尔的"人单合一"的商业模式相匹配。

于是，海尔转向以"用户价值最大化"为起点，重新进行流程再造和信息平台的打造。2008 年 8 月 28 日起，海尔取消了"中心库"，按照零库存下的即需即供模式重新建立业务流程。即使在销售业绩下滑的冲击下，张瑞敏依然坚决地告诉相关负责人，"没问题，我相信客户价值最大化这条规律是对的，销售业绩下降是可以容忍的，你们去干"。正是由于对于目标的坚持，从客户价值出发倒逼了包括物流、营销、制造、研发设计和供应链等整个体系的改进。经过多年努力，海尔终于再造了端到端的全流程体系，并在此基础上建立了供应链信息化平台，对订单全流程进行管理和优化，让研发、营销、供应链三方协同，快速响应用户。

为了打造面向大规模定制的网络化开放性共创共赢共享的生态系统，海尔建设了"1＋7"平台架构，包括面向用户的物联网智慧生活平台（U＋）、用户个性化定制平台（众创汇）、零距离即时营销平台、开放创新平台（HOPE）、模块商资源平台（海达源）、智能制造平台（智能互联工厂）、智能物流平台（日日顺）、智能服务平台等。

海尔信息化实践除了为用户服务，还有为员工服务的目标。"人单合一"是一种组织变革和再设计，需要对企业转型后的各种经营体和创客进行信息支持。海尔在信息系统中建立了以"经营体为索引"的"人单合一"信息平台，来展示每个自主经营体的经营状况，每个自主经营体都有自己的独立账户和"电子损益表"。为了衡量每一个员工创造的价值，信息系统中开发了"以人为索引"的人单酬平台，每个人都可以实时在电子人单酬表中看到自己薪酬账户的信息。日清体系是"人单合一"模式中的执行核心，它向上承接战略目标，向下连接人单酬表，海尔开发了信息化日清平台，把预算内容分解到每天的工作预算中，对每个经营体、每名员工每天的工作进行日清，对市场变化、经营状况、个人业绩进行及时反馈。

海尔在建设信息系统平台的基础上，更着力对于数据的利用。比如，基于上面的人单合一信息系统、人单酬平台和日清平台，每天早上9点员工上班就能看到自己前一天的数据，包括年度目标、月度目标、当日目标，每个目标与现实的差距，自己创造的收入、利润、贡献度以及自己花费的成本等。员工对自己的业务情况一目了然，他们知道自己应该怎样及时调整，在哪里发力，从而保持在一个正确高效的轨道上。管理者在很大程度上减少了日常的管理负担，让"员工自己驱动自己工作"，而驱动力就来自数据分析。不同于传统报表，海尔通过数据可视化分析工具和互动的数据使用方式，让管理者可以更好地发现数据表象背后的问题和原因，让数据讲故事。再比如海尔给每台空调在生产中安装了一个智能模块，在用户授权下，空调的运转数据被实时传送到海尔数据中心。在数据中心的监测屏上能够展现各地用户的室内空气数据，根据空气的干燥潮湿污染与否等各方面数据，为海尔研发中心的新产品开发提供创意。同时，在海尔"热舒适研究中心"，通过数学方法，把海南、长白山最舒适的自然风的各项参数提炼出来，导入实验室中的仿生人。根据仿生人每次反馈数据揭示的人体代谢信息，海尔研发人员正在逐步开发舒适的自然风系统。把数据和信息作为海尔工作和决策的依据，不仅仅成为一种工作方式和习惯，更要内化成员工的信念以及海尔的文化，在更深层次上实现信息化的海尔。

在海尔，所有信息系统的搭建都是由流程系统创新部（Process System Innovation，PSI）来负责完成的，它是海尔集团流程系统变革的主推部门，其定位是成为海尔集团流程再造的推进器、业务部门的最佳协作伙伴以及高效的系统运行平台。

海尔信息化发展基于企业战略，变中求胜，从以企业为中心的"企业信息化"，转变成为以用户和员工为中心的"信息化的企业"。今天的海尔，已经具备了互联网精神的基本特征，用户、供应商、内部员工的深度参与交互已经成为海尔研发模式的特色和动力源泉，虚实网融合消除了企业与用户之间的距离，先进的信息技术也为海尔构筑了"全流程用户体验驱动"的虚实网融合竞争优势。

思考以下问题：

（1）什么是"人单合一"模式？"人单合一"模式和海尔的战略有什么关系？

（2）海尔是如何在实践中把握信息化建设与"人单合一"模式之间的关系的？

（3）海尔的信息化和信息化的海尔有什么不同吗？

（4）海尔中央空调互联工厂 2018 年第一批入选"灯塔工厂"，是当时唯一由中国本土企业建设的工厂。截至 2022 年 3 月 30 日，海尔已经有 4 家工厂入选"灯塔工厂"。请自行查找资料，了解一下在中国的"灯塔工厂"都有哪些。结合中国 2015 年提出《中国制造 2025》的政策背景，尝试分析中国制造目前在世界制造业中的位置和影响力，理解智能制造对于中国实现制造业升级、迈入制造强国行列所有具有的重要意义。

2.1　信息化的组织

导入案例讲述了海尔当下面向"人单合一"模式的企业转型，以及与转型相匹配的信息建设情况。海尔的"人单合一"模式起源于海尔的第四个战略阶段——全球化战略阶段。这一阶段，海尔抓住了互联网时代的机遇，观念上从原来的大规模制造转变为现在的满足用户个性化需求。而在第五个战略阶段——网络化阶段，海尔要继续坚持互联网思维，深入做网络化的企业。海尔"人单合一"模式的基础与运行就体现了互联网思维。海尔"人单合一"模式的基础与运行就体现了互联网思维，顺应了互联网时代"零距离""去中心化""去中介化"的要求。

在海尔"人单合一"模式转型的信息化推进过程中，张瑞敏用"油水分离"来形容早期的信息化建设，他认为做 ERP 不成功的原因是把 ERP 做成了"油水分离"的状态。"企业原来是水，把 ERP 当成'油'放在上面，两者永远结合不起来。只有做到两者水乳交融，才能够真正地利用信息化给企业带来竞争力。"[①]海尔为了支持"人单合一"模式的企业转型，坚决及时地把信息化过程中的业务流程再造的起点选定为"用户价值最大化"这一海尔长期坚持的战略意图，从"中心库"的取消开始倒逼其他流程的改进。为了支持打造海尔生态系统，海尔建设了"1＋7"平台架构；为了"人单合一"模式组织变革和再设计，海尔开发了"人单合一"信息系统、人单酬平台和日清平台，海尔的信息技术能够与企业的战略目标、组织结构、业务流程和决策文化如"水乳交融"一般完美结合在一起，真正实现了信息化的企业。

---

① 来自张瑞敏 2009 年 6 月 12 日在沃顿全球校友论坛上的主题演讲。

通过导入案例，我们看到，组织（Organization）是指人们为了实现一定的目标，相互协作结合而成的集体或者团体。组织一般具有明确的目标、精心设计的结构、协调的活动流程，以及同外部环境密切的联系。所谓信息化的组织，并非简单地在这些方面实现信息化支持，而应该是在组织目标的导引下，把信息系统完美融入组织结构、业务流程以及和外界联系之中，最终实现其组织价值。因此，组织的信息化只能算是信息系统与组织结合的初级阶段，而信息化的组织则强调从更有效的层面实现组织价值。

到底信息化的组织中，管理信息系统和组织战略、结构、业务流程以及决策文化如何更好地结合并产生水乳交融的效果呢？

2.1.1 管理信息系统与组织战略

组织战略是指组织对有关全局性、长远性、纲领性目标的谋划和决策。组织所采用的信息技术和信息系统依赖于组织战略目标，受组织战略的驱动，但同时技术因素也是组织战略分析制定过程中的重要影响因素。

1. 外部环境分析

企业进行外部因素分析时，一般包括经济、社会、文化、人口、自然环境、政治、政府、法律、技术、行业和竞争等方面的因素。其中，技术因素所带来的机会与威胁的辨识是目前企业战略管理外部分析最重要的环节。比如，互联网技术，它是一种通用平台和规则，因此任何企业和个人都可以使用。根据迈克尔·波特的五力模型（Five Forces Model）进行分析，我们认为他可以重构行业中各方面的竞争态势。

在购买者的议价能力方面、互联网使得顾客随时随地了解世界范围内类似产品和服务的各类信息包括报价，这让顾客对企业和产品有了更高的预期和更高的议价能力。

在供应商的议价能力方面：和上面相同的道理，互联网可以降低供应商进入市场的门槛，同时电子商务等模式，也可以减少甚至消除企业采购供应链上的中间环节，这都在一定程度上降低了供应商的议价能力。

在现有竞争对手方面：互联网使得企业不再受地理因素的限制，大大拓展了市场和顾客，但同时竞争对手也随之增加。

在替代产品方面：互联网可以更方便快捷智能地了解分析客户的需求和行为，可以更好促进新功能、新产品和新服务的研发和上市，也会改变产品的生命周期。

在新进入者方面：互联网使得新进入者更容易获得市场相关的各种信息，如销售人员、渠道、消费者偏好等，互联网也使得很多业务流程更加简单易用，这都降低了新进入者进入市场的门槛。

2. 内部环境分析

价值链表明了一个产品是如何从原材料阶段转移到最终客户手中的整个过程。价值链分析可以帮助企业理解运营环节中，有哪些能够创造价值，又有哪些无法创造价值。只有当企业经营过程中所创造的价值大于其耗费的成本，企业才可以获得超出平均水平的回报。

如图 2-2 所示，信息技术和信息系统在价值链的各个环节上，通过不同的方式能够实现价值创造，如通过使用电子订购系统、订购预测系统等供应链管理的软件来提高供应链运营的效率、降低成本，通过微信客户端、Call Center 等在线服务平台提高与客户之间沟通和交流的质量，通过采用先进的计算机辅助设计系统和知识管理平台，提升企业在研发设计方面的质量和独特性。

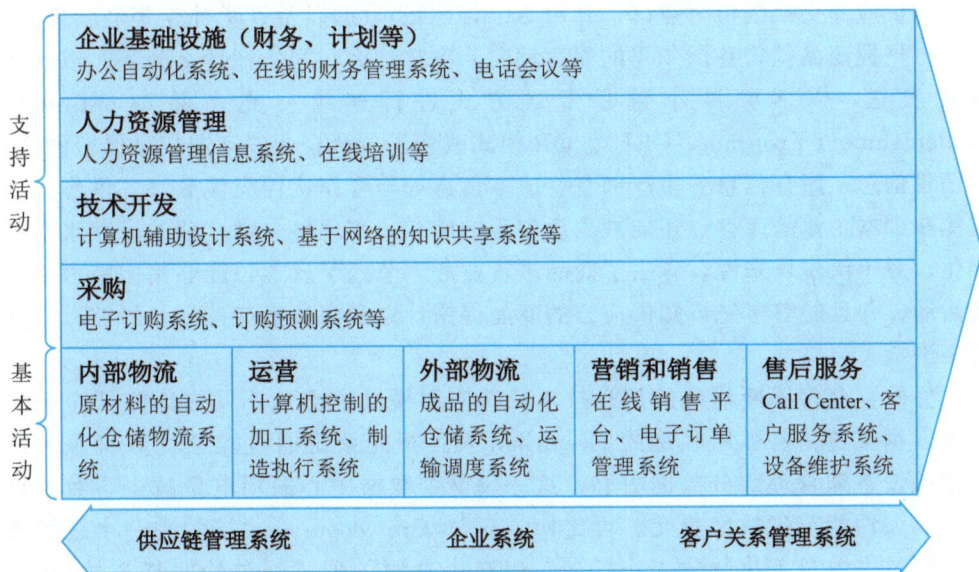

图 2-2　信息系统在企业价值链中的应用

通过对价值链各个环节的分析，可以系统地梳理清楚企业内部环境中信息技术和信息系统能给企业带来的价值创造和竞争优势的提升。

3. 三个基本战略

企业通过各种方式采用信息技术手段对价值链的一些环节的改造，与行业中的五种力量抗争，最后归纳下来，主要是通过三种基本战略来实现的：成本领先战略、产品差异化战略和聚焦战略。信息技术和信息系统在这三个方面都可以帮助企业赢得更大的竞争优势。

（1）成本领先战略

信息技术的合理使用可以帮助企业把运营成本降至更低，从而可以更低的价格为客户提供产品或者服务。这方面最典型的例子就是沃尔玛。虽然人们现在提及沃尔玛更多的是讨论与亚马逊之争，但沃尔玛从 20 世纪 80 年代就开始构建的供应链管理的一整套体系和配套技术，时至今日仍然被认为是当今世界上效率最高的。早在 80 年代初，沃尔玛便采用全电子化的快速反应系统（Quick Response，QR）这一现代化供应链管理模式，并不断将更新的技术融入这一管理模式中。沃尔玛利用电子数据交换（Electronic Data Interchange，EDI）等信息技术，与供应商交换销售时点（Point of Sale，POS）数据以及订货补充等经营信息。供应方把握商品销售和沃尔玛的库存动向，决定什么时间、把什么商品、以什么方式发送，以多频度小数量配送方式进行连续补充商品（Continuous Replenishment Program，CRP）。QR 模式改变了传统企业的商业信息保密做法，将销售信息、库存信息、生产信息、成本信息等与合作伙伴交流分享。供应方不仅能减少本企业的库存，还能减少沃尔玛的库存，实现整个供应链的库存水平最小化。对于沃尔玛来说，省去了商品进货业务，节约了成本，能够集中精力于销售活动，并且能够事先得知供应方的商品促销计划和商品生产计划，能够以较低价格进货。

另外，众多不断涌现的信息技术及其应用模式也会从不同方面降低企业的成本。据报道，谷歌所收购的 DeepMind 人工智能系统通过操控计算机服务器和相关设备来管理部分数据中心，这一举措令数据中心的用电量减少了数个百分点，大约能节省数亿美元。再比如，众包（Crowdsourcing）指的是一个公司或机构把过去由员工执行的工作任务，以自由自愿的形式外包给非特定的（而且通常是大型的）大众网络的做法。不同于外包（Outsourcing）把工作包给专业组织和人员，众包强调个体用户的积极参与和与用户共同创造价值的理念。Innocentive 网站上聚集了大量个体科研人才，他们大多出于兴趣和体现个人价值的初衷做一些研发工作，构成了 Innocentive 这个研发供求平台上的"解决者（Solver）"。而相对应的"寻求者"，包括像波音、杜邦、宝洁这样的世界著名公司，它们把很多研发难题抛到 Innocentive 上，等待隐藏在网络背后的高手来破译。众包的模式不仅改变了研发的模式，提高了研发能力，而且大大降低了研发成本。

（2）产品差异化战略

信息技术和信息系统可以帮助企业提供差异化的产品和服务，或者让顾客能够更好地使用现有的产品和享受现有服务。比如，亚马逊公司 2007 年推出了 Kindle，Kindle 大部分使用 E-Ink 十六级灰度电子纸显示技术，能在最小化电源消耗的情况下提供类似纸张的阅读体验。只要 Kindle 连接无线网络就可以随时随地下载图书，图书种类到 2012 年年底就超过了 120 万种。Kindle 以其便利性、内容丰富的资讯和舒适的阅读体验迅速占领了全球市场。亚马逊公司通过 Kindle 和互联网技术提供差异化电子书产品和服务赢得了竞争优势。

另外，信息技术和信息系统还可以帮助企业为客户提供定制产品和服务，满足客户的个性化需求。比如在每个厂商都在卖标准化电脑的年代，戴尔公司允许客户在网站上自行决定电脑的配置，比如 CPU、内存、硬盘等方面，以满足客户个性化的需求。戴尔公司的大规模定制（Mass Customization）的实现离不开信息技术和信息系统的支持。除了上面收集客户需求的网络平台，戴尔的供应链管理系统会把客户端的需求传递到供应商一方，戴尔有 90％以上的采购程序通过互联网完成。通过与供货商的紧密沟通，工厂只需要保持 2 小时的库存即可应付生产。信息系统的应用贯穿了从供应商管理、产品开发、物料采购一直到生产、销售乃至客户关系管理的全过程，成为戴尔面向大规模定制供应链管理的实施基础。

（3）聚焦战略

信息技术和信息系统还可以帮助企业设计相关方案来提供产品或服务，以满足某一特定细分市场的需求。百度公司在成立之初，作为一个刚起步的搜索引擎提供商，很多方面都与 Google 存在明显的差距。百度公司将产品开发与市场开拓重点集中在了中国市场，通过对中文语言特点的深入研究，提供全球最高效的中文搜索技术，并通过收集的各种用户数据，如用户的背景信息、消费方式、搜索行为等，分析中国市场用户的偏好和特征，强化百度各种产品的开发和客户体验，不断扩展国内的市场份额。有了互联网以及其他信息技术的支持，数据收集能力不断加强，企业能够获取的客户相关数据越来越全面，从而能够让企业更加准确深入地捕捉客户的特定需求，帮助企业采用聚焦战略。

4. 商业模式

互联网改变了交易场所、拓展了交易时间、丰富了交易品类、加快了交易速度、减少了中间环节。淘宝网和天猫在中国的诞生和崛起就充分利用了互联网提供的这些便利，成为中国网络购物的主要平台。其商业模式不仅提供了一种类似于市场的在线集市，向店家收取交易佣金、营销费和"旺铺"使用费之类，而且基于在线交易获取的用户数据和交易数据等大数据，阿里巴巴的"生意参谋"平台为店铺提供收费的数据服务和增值分析，另外阿里云等其他业务都成为阿里巴巴商业模式中的一环。

此外，互联网思维也成为颠覆企业商业模式的一把利器，驱动新商业模式的产生。小米公司一方面让用户参与到产品的研发与设计之中，为产品的不足和确定提供修改建议；另一方面是让用户参与到企业的品牌传播之中，也就是所谓的粉丝经济，可以进一步提升品牌影响力。海尔的"人单合一"模式以用户价值为导向，打造大规模定制的制造模式和企业组织结构的转型，也是互联网思维的体现。第 7 章会更具体介绍基于互联网的商业模式。

2.1.2 管理信息系统与组织结构

1. 组织结构

组织结构是一个组织内部的构成方式。比如，金融行业以缜密的程序和严格的控制系统而闻名，设计公司则恰恰相反，给予员工相当的自主权。大型的组织相互合并以达到规模效益，但有时也会拆分事业部以让其更加灵活。为什么组织之间如此不同？多样性的原因在于，组织结构会对组织的表现产生很大的影响。这就是为什么一些公司凭借严格的控制系统获得成功，而其他试图复制这种结构的公司却得到了惨痛的教训，这也是为什么初创公司必须在成长过程当中，在战略和环境的变化中不断调整其组织结构。成功的组织往往都掌握了整合和协调关键的内外部要素的最佳组织结构，并且理解在不断前行的道路上反复回顾和重新设计组织结构的重要性。但是在那么多要素的组合当中，如何确定特定情境下最好的组织结构应该是怎样的？

根据明茨伯格的理论，一个组织的结构从组织的战略出发，受外部环境影响，同时也在内部自我建构。明茨伯格定义了几种主要的、成功的组织结构，如表 2-1 所示。

表 2-1　明茨伯格定义的各种组织结构

组织结构	特　征	举　例
创业型组织（Entrepreneurial Organization）	简单的、扁平的结构，相对不正式，缺乏规范，但更灵活	由所有者全权控制的年轻公司
机械型组织（Machine Bureaucracy）	有标准的规范，有许多例行工作和流程及相对集中的决策权。机械型组织有严密的垂直结构，各个职能部门由顶层管理者控制。比较高效，它们的成功往往高度依赖于规模经济	大型工厂，政府部门
专业型组织（Professional Organization）	也是官僚化的，与机械型组织关键差别在于依赖受过高度训练的专业人士。决策过程相对机械性组织去中心化。但专业型组织依旧十分复杂，有很多的规则和章程，具有一定的效率优势	大学、律师事务所、会计师事务所、医院等
事业部组织（Diversified Organization）	由一个集中的指挥部和一些自治的分部组成，与机械型组织相比，它允许各事业部管理者保有更多的控制权，也承担更大的责任。日常的决策去中心化，使得公司中心团队能够专注于更长远的战略规划。显著劣势在于资源和活动的重复浪费，这种组织形式往往不灵活	大而成熟的组织
创新型组织（Innovative Organization）	引入各领域人才组建具有创造力和特定功能的团队，决策权分散，视项目需求而定。保有一个中心人才池，以高度灵活的方式进行工作，能对变化快速地作出反应。但权力分配模糊，易产生冲突，组织难以控制	电影制作、咨询项目、药物研发、互联网等行业组织

2. 信息技术促进组织结构扁平化

通过上面的组织结构的类型可见，当组织不断成长，业务、管理决策和员工也会越来越多，处于决策中心的领导者会负荷过大，作出一些不恰当的决策。这就是管理跨度的限制。管理跨度（Span of Management），指管理人员有效地监督、管理其直接下属的人数是有限的，当超过这个限度时，管理效率会随之下降，因此主管人员要想有效率地领导下属，就必须增加管理层次，如此下去，形成了有层次的管理结构。层级不断扩大，通常会导致效率低下，缺乏竞争力。

信息技术和信息系统可以促进组织结构的扁平化。一则信息技术可以增强管理者的监督管理的能力，通过电子邮件、即时通信、监视摄像头等不同的监管途径，实现对更多下属的监控；二则基层员工可以通过更多的信息发布渠道和共享平台获得更多信息(包括知识和技能)，他们能够据此作出更加有效的决策，从而可以减少一些中间管理层级。

3. 虚拟组织

虚拟组织(Virtual Organization)是一种依托信息技术而实现的组织模式。虚拟企业的成员一般是相互独立的企业(如供应商、顾客，甚至是竞争对手)，他们选用不同企业的资源，把具有不同优势的企业组合成靠信息技术联系起来的动态联盟，以达到共享技术、分摊费用以及满足市场需求的目的。一般情况下在项目完成后联盟便可以解散。虚拟组织没有固定的地理空间，也没有时间限制，也没有正式的组织图，更不像传统组织那样具有多层次的组织结构。虚拟企业是工业经济时代的全球化协作生产的延续，是信息时代的企业组织创新形式。目前人们对它的认识仍然处在不断探索的阶段。

4. CIO 和 CTO

越来越多企业设立了首席信息官(Chief Information Officer，CIO)和首席技术官(Chief Technology Officer，CTO)。CIO 和 CTO 都属于企业的高阶管理人员，又都和技术、信息等有各种关联，这些职位的出现说明企业对于技术的重视不再仅仅局限于某些部门中或者在局部业务中使用，也逐渐变成整个组织范围的应用，需要和公司战略层面的发展相匹配。

CIO 通常负责对企业内部信息系统和信息资源的规划和整合，CIO 属于公司最高决策层，不同于一般的信息技术部门或信息中心的负责人。鉴于此，CIO 需要站在企业的视角来审视自己的职责，需要在企业的商业策略和 IT 之间充当纽带，从战略、文化和规范等不同层面理解信息技术在企业内的应用，需要识别和审核各种信息技术尤其是新兴技术来平衡现有业务需求和未来业务发展。因此一般来说，CIO 一方面需要熟悉所属行业的商业流程，而且最好有相关从业经验和经历，另一方面要对技术具有敏锐的洞察力，对信息系统的规划设计具有整体把控能力，对相关业务流程上的关键信息具有准确的判断力。另外，CIO 还需要具有出色的协调能力。

CTO 通常是负责技术的最高负责人。这个职位最开始出现在一些具有较多研究工作的大公司，如 General Electric、AT&T、ALCOA 等，主要责任是科学研究成果转化为盈利产品。目前在不同领域的公司，CTO 工作性质不同；即使在同一领域，工作性质也可能大不相同。国外很多公司的 CTO 主要职责是设计公司的未来，意识到科学和技术未来趋势和发展的延续性，其工作更多的是前瞻性的，也就是下一代产品的策略和进行研究工作，属于技术战略的重要设计者和执行者。在微软这样的大型软件公司里，CTO 会带领一个精小的团队对下一代产品进行框架设计和试验性编码工作。谷歌公司的创始人谢尔盖·布林随着谷歌规模变大，聘请了施密特担任谷歌的董事长兼首席执行官（CEO），自己则担任 CTO 一职，脱离管理琐事，专心研究技术走向。他领导的 Google X 实验室，进行着众多前沿技术开发项目。

简单来说，CIO 关注的是企业使用的技术和信息，而 CTO 关注的是企业要卖的产品和服务所使用的科学技术，也就是企业要卖的技术。

2.1.3　管理信息系统与业务流程

业务流程是组织中一系列创造价值的活动的组合。这组活动有一个或多个输入，输出一个或多个结果，这些结果对客户来说是一种增值。业务流程对于组织来说不仅是对企业关键业务的一种描述，更对组织业务运营有指导意义，这种意义体现在对资源的优化、对企业组织机构的优化以及对管理制度的一系列改变。这种优化的目的实际也是企业所追求的目标：降低企业的运营成本，提高对市场需求的响应速度，争取企业利润的最大化。

业务流程中的活动一般来说有严格的先后顺序，而且活动的内容、方式、责任等也都必须有明确的安排和界定，以使不同活动在不同岗位角色之间进行转手交接成为可能。这种标准操作程序（Standard Operating Procedure，SOP）往往是组织经过一段时间的发展逐渐形成的，来应对几乎所有可以预见的状况。比如，当你来到银行，站在大厅入口处的大堂经理就会来向你询问办理什么业务，如果你所办理的业务在自助机器上能够实现，比如取款（人民币）、账户查询等，他就会指引你去自助机器那里。如果你所办理的业务无法在自助机器上实现，那么你就需要刷卡取号。这个时候，根据你的卡片的类别，如是 VIP 客户还是普通客户，你就会被分流到不同的服务窗口。上述业务过程就是银行的一个标准操作程序。这种 SOP 也是不断发展而来的，回想北京在 20 世纪末，几乎所有人来银行办理任何业务，都需要先排队。即使是非常简单的取款业务，有时也需要排很长时间的队，而且如果你所排的队伍里面有人办理相对复杂的业务，那么你需要等待的时间就更长。银行这种业务（服务）流程的变化，对客户来讲无疑是大大提升了客户体验，是一种增值；同时，现在自助机器能够提供的服务越来越强大，包括开户发卡、存取钱、查询、转账、缴费、打印流水、修改手机号码、查询金融服务等，银行通过把那些创造附加值较低的业务转移到自助机器上办理，一方面可以降低银行的运营成本，另一方面也可以让员工投入更多精力办理高附加值的业务，为企业创造更高的利润。

我们看到现在司空见惯的自助机器，对银行大堂业务的操作程序的影响。事实上，信息技术的不断进步以及信息系统更加深入的应用在不同程度上影响了不同组织的业务流程。它们不仅可以把很多手动业务变成自动化、电子化的实现方式，而且也会改变业务流程中活动的组合方式和操作顺序。因此，企业信息化的过程往往伴随着业务流程再造(Business Process Reengineering，BPR)。

2.2 组织中的各种信息系统

组织中所采用的各种信息系统是为了满足组织中不同的业务职能在不同层次上的管理决策需要，这些系统之间协同工作，实现组织价值链上业务活动的信息流转和价值传递。企业中所使用的管理信息系统往往名目繁多，很多企业会根据自己的目的和习惯给系统命名，但整体来看，管理信息系统的类型可以从决策的层次、业务领域等视角进行归类。图 2-3 所示金字塔结构展示了在决策层次和业务领域这两个视角下的一些典型的信息系统情况。

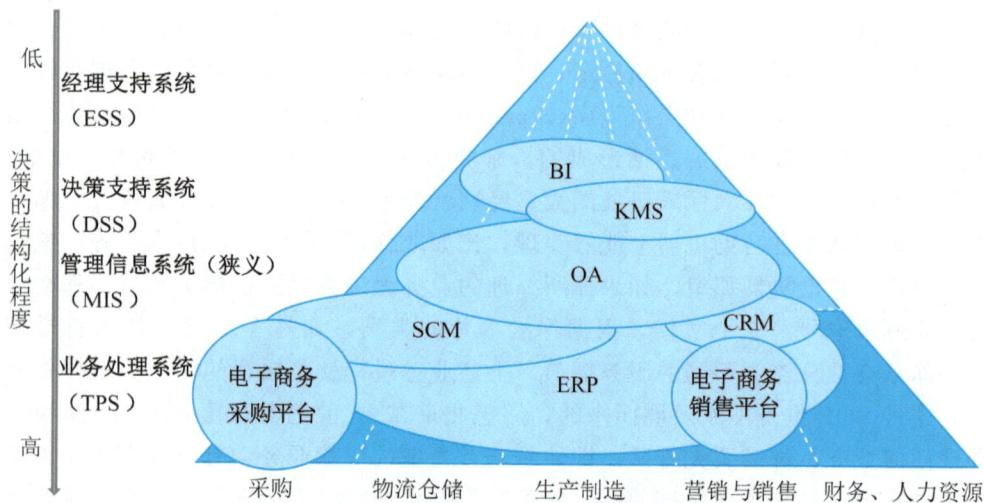

图 2-3 组织中的各种应用系统

2.2.1　基于决策层次视角的管理信息系统类型

根据 1.2.2 节分析，组织中各个层次的管理决策具有不同特点，信息系统对各个层次的支持方式也是不一样的。基于决策层次的不同，我们将组织中的信息系统分为以下四种类型：

1. 业务处理系统 (Transaction Processing Systems，TPS)

TPS 主要跟踪记录企业商务活动中必需的日常常规业务，它是企业基础核心系统，是企业下列信息系统运行的主要数据来源。

2. 管理信息系统 (Management Information Systems，MIS)

MIS 为中层管理者提供企业业绩的报告，监督业务运作，并预计未来业绩。它主要是根据 TPS 收集的数据，对企业基础运作进行总结和报告。因此，这里的 MIS 是一种狭义的概念。而管理信息系统还可以作为一个学科或者一门课程，那时它是一种广义的概念，泛指所有支持企业管理和决策的信息系统。

3. 决策支持系统 (Decision Support Systems，DSS)

DSS 主要服务于中高端管理者，主要向决策者提供信息，协助决策者发现和分析问题，探索决策方案，评价、预测和选择方案，以提高决策有效性。

4. 主管支持系统 (Executive Support Systems，ESS)

ESS 需要配合高端战略决策者的业务需要和工作习惯，提供更加有针对性、更加个性化的服务。为了提高决策者在处理非常规决策过程中的判断力和洞察力，ESS 需要提供及时准确的内外部数据给高层管理者，同时也需要支持决策者的工作日程、会议交流和比较简单的数据处理等方面的需求。

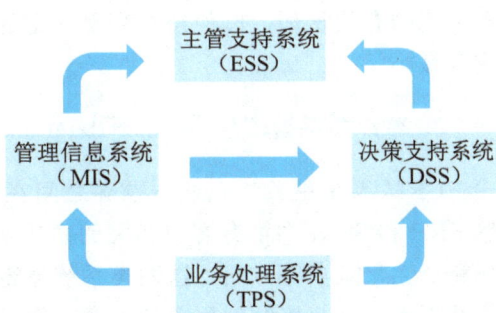

图 2-4　TPS、MIS、DSS、ESS 之间的关系

一般来说，业务处理系统、管理信息系统、决策支持系统和主管支持系统之间具有如图 2-4 所示的联系。

2.2.2 基于业务职能视角的管理信息系统类型

在组织结构的模式中，除了有不同层次构成的纵向通道，还有不同业务职能构成的横向联系。而几乎在组织的每一个业务职能上都会有相关的信息系统和信息技术进行支持。

从企业的业务职能角度来看，信息系统主要包括采购系统、仓储和物流系统、制造和生产系统、销售和市场系统、财务和会计系统、人力资源系统等。这些职能系统虽然分别处理各自的业务，但彼此是相互联系的，从而形成了企业运作的整体流程。从业务职能的视角出发，企业中最常见的信息系统有 ERP 系统、SCM 系统、CRM 系统、BI 系统、KMS 和 OA 系统等。

1. 企业资源计划(Enterprise Resource Planning, ERP)系统

ERP 系统是建立在信息技术基础上，以先进的管理思想为指导，为企业决策层及员工提供决策运行手段的管理平台。ERP 系统中的典型模块，包括销售与分销、财务管理、生产制造管理、库存管理、工厂与设备维护、人力资源等，不同的行业企业所使用的模块会不同。现在，很多场合下提起 ERP 简直就是企业信息系统的代名词，几乎用于企业的各类应用软件已经被纳入 ERP 的范畴。

2. 供应链管理(Supply Chain Management, SCM)系统

供应链往往是一个由供应商、制造商、仓库、配送中心和渠道商等组成的跨企业链条，SCM 系统比 ERP 系统更强调在这个链条上的物流以及相关信息流和资金流的有效管理，以使得在满足一定的客户服务水平的条件下整个供应链系统成本最小。

3. 客户关系管理(Customer Relationship Management, CRM)系统

CRM 系统更关注企业与顾客之间在销售、营销和服务上的交互和管理。虽然 ERP 和 SCM 中都有客户相关的模块或者处理，但在深入处理客户的多样化特征和个性化需求等方面，这两类系统显得不够聚焦和有效。尤其随着互联网应用普及深入，企业接触到用户的方式、渠道、数据都得到了前所未有的发展，客户信息处理相关技术，如数据仓库、商业智能等有了长足进步，CRM 系统这种独立的系统类型得到了市场的认可。

4. 商业智能(Business Intelligence，BI)系统

BI 系统主要提供使企业迅速分析数据的技术和方法。在 ERP 等系统收集上来企业基础运作数据的基础上，商业智能主要对数据进行分析处理，把数据提升成对决策制定有价值的信息。

5. 知识管理(Knowledge Management，KM)系统

因为知识的定义就有很多不同的理解，KM 系统的实现上也存在不同的形式。目前市面上比较常见的 KM 系统，是利用软件系统或其他工具对组织中有价值的方案、策划、成果、经验等知识进行分类存储和管理，积累知识资产避免流失，来促进知识的学习、共享、培训、再利用和创新。但知识的价值往往不在于被存储和管理起来，更重要的是知识的分享和使用，从这个视角看，KM 系统应该管理的主体不应该是知识本身，而应该是人。目前这方面的 KM 系统还比较少，实际使用效果也和企业的价值观、管理的精细化程度以及文化氛围等有很大关系。

6. 办公自动化(Office Automation，OA)系统

OA 系统是企业中各业务职能领域的员工及管理者使用频率最高的应用系统，也是企业中不可缺的核心应用系统。OA 系统的核心功能包括流程审批、协同工作、公文管理、沟通工具、文档管理、会议管理、通信录等。

7. 电子商务销售平台和采购平台

许多企业基于数字网络开展各种业务，我们一般称之为电子商务。在不同情境下，电子商务的概念可有广义和狭义之分。广义电子商务（Electronic Business)是指用数字技术和互联网执行企业中的主要业务活动，这些业务活动包括企业内部管理的主要活动，也包括与供应商和其他企业伙伴之间的各种活动，同时也包括狭义电子商务(Electronic Commerce)所涉及的通过互联网买卖产品和服务以及支持这些市场活动的广告、推销、客户支持与服务、支付等业务职能。由于互联网技术的使用，电子商务在与企业外部关系(如供应商和客户)进行买卖和服务活动时具有很多时间和空间上的便利，成为企业十分重要的采购和销售平台。

2.2.3 不同行业/企业视角下的管理信息系统

上述应用系统是目前企业信息化市场上比较常见的通用的系统类型。但具体到不同的行业、不同的组织、不同的业务，所使用的信息系统会有很大差别。

比如，一家化工产品的制造企业和一家管理咨询公司所采用的应用系统会截然不同。制造企业一般来说可以采用制造执行系统（Manufacturing Executive System，MES）、ERP 系统、SCM 系统、CRM 系统等，而对于很多管理咨询公司来说，与人力资源管理、知识管理、财务管理、项目管理相关的信息系统会是公司比较普遍的需求。有些大型管理咨询公司也会使用 ERP 系统，但其 ERP 系统的功能和制造业中使用 ERP 系统截然不同。类似地，制造型企业和金融业都可以使用 ERP 系统，但制造型企业使用 ERP 系统，主要是基于物料管理对进、销、存等业务过程进行管理，而银行业使用的 ERP 系统主要是从企业管理的视角对银行的财务管理、人力资源管理、资产管理、风险管理等进行决策支持，所以制造业和银行业所采用的 ERP 系统会很不同。

随着信息技术的发展，尤其是基于互联网的各种应用不断涌现和创新，企业中信息系统的形式也有很大的扩展，即时通信、搜索引擎、社会化媒体、企业门户、E-Learning、维基百科、智能助理、人工智能等各种技术和应用都不断扩展着企业中的信息系统实现形式和功能。

2.2.4 互联网视角下的企业信息系统

随着互联网技术的深入使用和应用模式的不断创新，互联网视角下的信息系统不仅在当下是热点，对于未来也具有重要价值。互联网视角下的信息系统具有三个热点领域：创新性的商业模式、大数据与智能化利用、物联网。而且这三个热点领域交叉融合，共荣共生。

如 2.1.1 节中所述，互联网颠覆了企业传统商业模式，促进了新商业模式的诞生。网络购物、搜索引擎、社交网络、分享模式、知识付费等是近十几年基于互联网的商业模式中的典型代表和近期热点，也可以看作企业依托互联网进行信息化转型的重要模式。透彻理解互联网时代的一些规则和思维模式，如"长尾现象""网络效应""用户思维"等，对于商务模式的创新和理解十分重要，具体见第 7 章。

数据分析并不是有了互联网才有的，但大数据的出现却是因为互联网提供了非凡的数据记录能力。大数据和云计算又为人工智能的再一次爆发提供了必要保证。未来企业的信息系统必须整合大数据、基本数据分析、数据挖掘和人工智能等数据增值工具。

物联网是互联网的下一个阶段，即万事万物互联成网。万事万物的互联互通将是对现有信息系统认知的极大颠覆。如果说现在的企业信息系统还是为企业业务服务、为实体服务，那么到了物联网时代，万事万物本身就是信息系统，信息系统本身就是万事万物，实体世界和虚拟世界达到完美融合与统一。

2.3　信息系统在企业中扮演的角色

目前，信息系统在企业中的应用方式和深入程度不同，所扮演的角色也有所不同。比如在航空公司中，信息系统必须要分分秒秒完全可靠地无故障运作，才能保证业务的正常开展，保证旅客安全顺畅出行。2016 年 8 月 8 日，达美航空亚特兰大总部停电，导致定位与通信系统大宕机，一千多架次的航班被临时取消，虽然电脑系统在数小时之后恢复，但由于正值夏日旅游旺季，使得达美损失惨重。但在一些公司里，信息系统却并不是企业运行的必需保障，甚至有些公司，如传统行业里某些规模不大或者初创的企业，都没有正式的信息系统，仅仅通过一些即时通信和 Office 软件，就能实现对公司基本业务的简单支持。

我们可以从信息系统对企业战略支持程度以及日常运作的紧密结合程度出发，来描述信息系统在企业中扮演的角色，分别为全面型、战略型、运营型和支持型[①]（图 2-5）。

图 2-5　信息系统在企业中扮演的角色

---

① 此部分根据麦克法兰等 2003 年的《IT 战略与竞争优势》一书中的部分观点进行改编。

1. 全面型

这类企业的信息技术/信息系统与现有业务运作紧密结合，提供分分秒秒安全可靠的技术支持，而且在企业战略层面上也能够帮助企业的未来发展打造强有力的竞争优势，成为企业战略规划时需要重点考虑的关键环节。比如，银行基础业务的开展和办理，都是在信息系统所提供的工作平台中完成的，银行日常业务的运营强烈依赖信息系统的支持。同时，一些银行在进行未来战略规划时，结合信息技术的发展和应用来考虑未来战略和服务创新，如在风险防控、客户服务等方面就必须要考虑大数据分析技术的支持，在降低运营成本等方面也可以考虑基于人工智能的智能客服等平台和技术。

2. 战略型

这类企业应用信息技术/信息系统，主要是帮助企业实现战略性的目标，但对无中断的、快速响应的信息系统的需求没有那么强烈。比如，"案例　数字化的宝洁"中，宝洁公司在制造、供应链等环节的业务开展都需要依赖信息系统的支持，但其依赖程度比银行、电信、航空等业务直接面向消费者的公司来说要弱一些，也就是说即使短时间中断 IT 服务，也不会像上述行业影响那么重大。而且宝洁对于信息技术的应用更重要地体现在其对未来战略性竞争优势的获取上，比如通过电子商务等方式拓展销售渠道和接触用户，应用数字建模和模拟技术来支持产品的创新和研发等。我们认为，战略型的信息系统的应用并不一定要向全面型进行转变，原因主要在于其业务的特点并不一定要强烈依赖无中断的信息系统的支持。

3. 运营型

这类企业的信息技术/信息系统的应用主要是为了给企业顺利运营提供支持，系统停工会导致主要部门运营的停顿，从而失去顾客或者造成资金的严重损失。虽然运营型的 IT 使用保证了企业运作准时、顺利地进行，但这类企业尚未把信息技术的使用上升到战略的层面，也就是在进行战略规划时，并没有把信息技术/信息系统作为未来发展的重要因素加以考虑，信息技术的应用尚未在成本领先、产品差异化和聚焦战略等方面为企业赢得竞争优势。比如，前面提到的银行业，虽然几乎所有银行都是实现了信息系统对日常运营的安全可靠的支持，但并不是所有银行都能够把信息技术的应用上升到战略高度。

可见，很多直接面对终端消费者的行业，如银行、电信、航空、医院、零售等，对于分分秒秒安全可靠的信息系统支持的依赖性很强。但这些行业中的企业能否把信息技术/信息系统上升到战略层面为企业赢得竞争优势，受各种因素的影响，不同企业的情况会有所不同。

4. 支持型

这种类型的信息技术/信息系统的应用对企业的运营和战略的影响都不大。企业会有一些业务需要信息系统的支持，但如果信息系统运行出现问题，公司还会继续维持下去。而且，信息系统对于企业的战略影响也非常有限。信息技术在这些企业的地位比较低，关键是企业高层还没有开始真正重视信息技术的作用。

为了判断信息技术在一个企业中所扮演的角色，要仔细分析它对企业每一条价值链的影响。同时，信息技术所扮演的角色也会随着企业的发展而发生转变。竞争者还必须时常关注 IT 动态以及 IT 新的发展情况，这样才不会在重大的机遇来临时错失良机。三十多年前信息技术在大多数零售业的公司中都是支持型模式，但随着信息技术的进步，沃尔玛充分开发各种信息系统和信息技术的使用，不仅在企业基础运营中实现了信息系统的支持，而且以极低的成本赢得了优势并彻底改变了竞争局面。

案 例

数字化的宝洁①

宝洁公司(Procter & Gamble)创立于 1837 年，是全球最大的日用消费品公司之一。宝洁曾经经营着包括帮宝适、吉列、汰渍、海飞丝、潘婷、玉兰油、佳洁士、SK II、护舒宝、舒肤佳等众多知名品牌在内的 300 多个品牌。2015 年营业额 787.56 亿美元。近年，宝洁在全球尤其中国的市场遭遇挫折，业绩下滑，市场占有率降低，宝洁采取了一系列自救措施，如四次更换 CEO、裁员、砍掉一百多个小品牌、缩减广告预算等。

宝洁公司，作为拥有十多个百亿级年销售额知名品牌的企业，我们不能武断地推测宝洁已经英雄迟暮，经历时代阵痛似乎更恰当。毕竟这家公司依然保持着世界一流企业的卓越管理水平和建设文化，它不仅重视日化产品的营销，也十分重视研发生产环节的技术含量，力图采用更好的技术提供更优质的产品。从世纪

---

① 参考《IT 经理世界》2012 年 1 月第 331—332 期"宝洁数字化革命"、2013 年 9 月第 372 期"宝洁的数字化革命"等文献进行撰写。

之交全世界的信息化逐渐进入快车轨道，宝洁也在业界率先推进其信息化的变革，试图通过各种技术手段，尤其是 IT 工具和平台，把自己打造"成为世界上拥有最强技术支持的公司，成为首家实现全面数字化的公司"。公司更是斩获各种信息化相关的奖项，如 PrIME 系统荣获 2016 年亚洲最佳 CIO 奖，荣登 Gartner 2015 年和 2016 年全球供应链精英名单，2012 年宝洁大中华区首席信息执行官及共享服务副总裁麦德霖荣获中国杰出 CIO 等。

下面，让我们看一看信息化数字化的宝洁是如何运作的。

1. 产品全生命周期的数字化

在宝洁这样一家拥有数百个品牌的全球公司里，产品全生命周期的数字化，就意味着产品生命周期中的各项业务，包括从研发、到生产制造、再到上市营销和客户服务等诸多层面和环节，都要进行数字化创新和改造。

这谈何容易！但对于宝洁这样一家有着良好的技术化、数字化传承的公司来讲，也许并没有想象中那么难。正如珍妮·罗斯等在 *You May Not Need the Big Data* 一文中所说，宝洁是一家具有"循证决策"传统的公司，早在 20 世纪 20 年代，宝洁就已经按照详细的市场研究数据进行产品和广告决策，这是世界上的第一家，而这些数据是通过上门拜访消费者辛苦收集来的。而现在，宝洁更是使用计算机建模，模拟分析多样的数据源（包括来自社交网站的评论、使用高度数字化流程的消费者）等多种技术手段，为产品全生命周期的业务决策提供数字化支持。

在新品研发过程中，宝洁的数字化实现方式因不同产品而不同，各有创新。比如，某款新型婴儿尿不湿的研发，通过数字建模和模拟，数千次婴儿在爬动和行走时尿不湿与身体的贴合覆盖情况在一秒之内就可以完成模拟。这相对于传统方法不仅在时间和成本上都有了很大节约，而且通过这些模拟动作的数据，研发人员研发设计出的尿不湿可以在最大程度上保护婴儿身体并利于其行动。同时，数字化的建模与模拟再结合宝洁通过全球顾客反馈的产品使用数据，可以为地球上不同地区不同特点的婴儿设计更适合他们的尿不湿。再如，在某款新型洗涤灵的研发中，研发人员可以使用数字模型来预测湿度如何刺激不同的香味分子，从而使得在洗碗过程中可以在合适的时间点获得合适的香味。

新产品研发出来到上市之前，宝洁还会通过虚拟产品和虚拟货架来获取更多的用户反馈。以前，宝洁都是在早期阶段创建实体模型，然后交给公司内部的客户专家小组，以及新品体验的消费者（根据性别、年龄、地理位置、文化、消费习惯等选择）进行评估。专家小组和消费者会提供新产品包装、价格、颜色、形状等方面的反馈信息。收到反馈信息后，产品开发小组根据建议修改设计，然后再回去重新评估——这个过程往往很长，有的时候会长达数周。IDS（Information & Decision Solutions）部门用数字工作流系统创建了"虚拟模型"来代替实体模型，这样研发部门就可以根据消费者的反馈，实时改动产品，从而节省了几周的开发时间。确立了新产品后，消费者还会被邀请到一个虚拟货架前，就像站在超市真实环境中购物一样，消费者会根据自己的习惯和喜好给出自己的各种感受和信息，如他们是否喜欢不同颜色产品的排列位置，不同类型产品的摆放搭配情况以及产品摆放的位置和高度等。宝洁再结合自己的商业分析，从而在新品上市时实现最理想的货架摆放效果。虚拟的产品和货架，大大缩减了宝洁新产品的开发成本和上市时间，还可以较快甚至实时地收到更高质量的消费者反馈，从而加速了新品上市过程，在商业市场上抢得先机。

在生产制造环节，宝洁的数字化方式不断创新和进化。比如说，在宝洁的生产体系里，正在设计一个系统，以期实现任何一件产品在生产线上的实时数据，甚至包括成本数据都能够随时出现在便携终端上，如 iPad。

在运输和后勤方面，宝洁设计了一个程序，叫作"控制塔"（Control Tower）。它能让相关负责人看到当前正在进行的运输情况：输入与输出，原材料和最终产品。宝洁对卡车的使用量在全美大概能排第二或第三，而通过这项技术宝洁可以减少大约 15% 的运输资源浪费，并且减少了成本和碳排放。

不仅如此，宝洁还和零售商建立基于网络的联系，如 GDSN（Global Data Synchronization Network，全球数据同步网络）。GDSN 是数据池系统和全球注册中心基于互联网组成的信息系统网络。通过部署在全球不同地区的数据池系统，分布在世界各地的公司能和供应链上的贸易伙伴使用统一的标准交换贸易数据，实现商品信息的同步。这些系统中有相同数据项目的属性，以保证这些属性的值一致，比如某种饮料的规格、颜色、包装等属性。GDSN 保证全球零售商、供货商、物流商等的系统中的数据都是和制造商公布的完全一致，并可以即时更新。研究发现，零售商和生产商有 70% 的订单存在错误。但是如果所有人都开始用 GSDN 那样的标准化数据库——数据将被准确无误地保存——那么这个数字将会降至零，并且能节省上千万元的合作成本。

在品牌营销方面，宝洁的行动一向被业界称道。而宝洁在数字化营销和消费者研究方面的投入也是最大的。

2. 数字化的消费者关系和品牌营销

准确深入的消费者分析以及卓越的品牌营销，一直是驱动宝洁业务快速稳健增长的两驾马车。这两驾马车，作为宝洁的核心优势来源，在大数据当道之时，可能会被赋予更多元化、更立体化的内涵。因此，消费者关系和品牌营销成为宝洁数字化革命中最重要的两个维度。麦睿博在定义宝洁的数字化革命时指出，应用数字化技术，可以让宝洁有机会与全球每位消费者建立一对一的关系——这种关系越是紧密，就越不可被替代，消费者对品牌的忠诚度就越高。为了实现这一目标，宝洁进行了一系列根本性的改变。

拥抱电商O2O是宝洁2013年来最重要的创新之一。2013年年底宝洁通过在广州新白云机场新年送"福"营销行动首次打通电商与传统零售渠道，针对高端消费者设计"机场概念店"，围绕"福"的主题设置丰富多样的线上线下联动活动，也可以说是零售渠道"O2O化"的一次典型尝试。通过宝洁与1号店合作的"机场概念店"，消费者在现场体验试用之后通过手机扫描二维码登录网站并最终完全支付，就能在到家的时候收到网上订购的商品。宝洁机场概念店运营第一天，一名消费者在亲自试用过博朗冰感剃须刀后，当即来到产品购物墙前用手机下单，直接购买了单价2499元的产品，成为首位在此次活动中下单的顾客。数据统计，广州机场每日进出港人流量能够达到40万～50万人次。据此预估，途经宝洁展示区域的人流量可以达到每天10万～12万人次。这样的话，在一个月的时间里，整个活动覆盖的人群将达到300万以上。

一个化妆产品的传统的售卖过程会分为捕捉、连接、购买等几个关键步骤，在电商O2O领域也是同样的。以帮宝适为例：首先要找到消费者通过哪些渠道和媒体来捕捉线上购物信息的，具体的途径包括通过网站、社交媒体、搜索引擎等方式去影响怀孕妈妈，同时宝洁会在医院通过给怀孕妈妈发送优惠券，吸引她们使用自己的产品；吸引这些人群之后，宝洁会在网站上进一步和消费者互动，利用社区资源提高了购买转化率；接下来所要做的就是了解潜在用户的消费需求和关键词，通过设置搜索关键词，让用户快速找到自己的产品，同时在这个过程中，最好要有连带购买，同时提高客单价，也提高毛利率；最后通过CRM软件接受用户的反馈信息，为用户提供使用知识等信息。

进入电商领域后，数据成了宝洁倾听消费者的重要方式之一。目前，宝洁与中国大部分电商平台都有深入的合作，而大数据的运用可以帮助宝洁在电商平台上精准地触达消费者，实现"千人千面"。以海飞丝为例。2015年上半年，海飞丝在微信朋友圈推出一个主题为"多数人在意的，可能是实力派不屑的"的H5广告，并设计了与"不屑"相关的不同宣言，如不屑抱怨、不屑嘲笑等，推送给不同的用户。该广告推出后，海飞丝电商平台的销量达到了平时日销量的3倍，海飞丝微信公众号的订阅数也翻了一番。

对宝洁而言，电商平台不仅是一个销售的渠道，也是一个塑造品牌形象、了解消费者、提升用户体验的平台。以"宝洁生活家"这个平台为例，这是一个集销售、提升用户体验和积累用户数据等多种功能为一体的平台，目前月活跃会员有几十万。在这里，会员可以与宝洁进行无缝沟通、产品体验以及享受各种会员特权。

大数据倾听不仅可以精准定位消费者，还有助于洞察消费者，影响决策。以前大家普遍认为，消费者在线上购物首先图的是方便快捷，其次只要商家保证是真货，就可以给他带来好的体验。其实这远远不够。消费者在线上购物，更多的是求新求异。就像海淘的流行，背后也正是消费者求新求异心理的驱动，除了追求知名大牌，对小众产品的热衷也逐渐成为一种现象。这就导致线下卖得好的产品或者品牌，在线上不一定受欢迎。针对这个发现，宝洁未来将为线上的消费者量身定制新的品牌和产品，并把电商平台作为首发平台甚至唯一的销售平台。

目前，宝洁各品牌在天猫的官方旗舰店已与宝洁生活家会员系统打通，在优惠消费者的同时，旗下多家店铺的会员等级、权益、卡面各不相同，各有各的风格与品牌个性，但积分全部为宝洁生活家的积分。

采用这种方法之后，会员注册数量相较之前直接提升超过 10 倍，绑卡会员的购买转化率提升 200％，复购率提升 100％，客单价提升 80％。更为重要的是，此机制下，宝洁可以清晰观察一个消费者在全集团所有品牌间的购买轨迹和成长路径。数据信息的打通使得宝洁对消费者和自身品牌矩阵产生新的理解，并成为推出新品牌和新产品的依凭之一。比如宝洁通过天猫发布新品 Whisper Infinity 卫生巾，并追踪了 18 个月的销售数据和消费者反馈，这些信息帮助宝洁定位产品并制定市场营销策略。最终，宝洁网上销售调研成果让该公司也开始线下分销。大量的电商数据所带来的 C2B 可能性，对于小而美的品牌而言，可能受限于成本而难以实现，而对于具备技术和生产能力的日化巨头来说，无疑是一个全新的机会。据知情人士透露，2017 年宝洁将会有大量新品通过天猫首发，其中集聚亮点的一款正是根据消费者个性化需求的定制商品，"这一次，消费者需要什么样的产品，通过电商收集数据，我们就将生产什么样的产品"。

此外，利用电商平台所提供的新兴技术，宝洁还试图给消费者提供全新的互动方式。2016 年 5 月 20 日，宝洁与阿里 VR 实验室（Gnome Magic Lab，GM Lab）联手推出创意微电影，以虚拟现实技术开展粉丝互动。此项技术还被运用到宝洁旗下的 SK II、吉列等品牌之中。

在分析数据方面，宝洁的品牌经理还可以使用一个虚拟的"驾驶舱"仪表板来汇聚互联网上的推文、博文、电子邮件，让他们随时了解最新的消费者的想法，并与之联系。为了分析这些评价数据，宝洁专门开发出一种"消费者脉搏"技术，利用贝叶斯原理对海量的反馈数据进行分析，根据不同品牌进行分类，把产品的评论发给公司内的研发、生产、销售等环节的相关负责人，连公司的最高领导人也可以直接看到来自消费者评论。这有助于宝洁对市场的动向作出快速反应，及早发现问题并解决。

同时，宝洁会竭尽全力保护所有的消费者数据。宝洁严格分隔不同零售商的数据，并且设立了严格的规定。比如当与不同零售商合作时，多长的"冷却期"比较合适，这些与宝洁成为最数字化的公司的战略相统一。宝洁认为，如果不在数据安全和隐私领域成为领导者，宝洁全面深入的数字化革命就会成为无根之木。

3. 数字化的沟通和会议管理

对于宝洁这样的跨国公司，会议是最常见的业务沟通方式。几乎每天会议室里都有不同品牌、不同部门的业务高管和专业分析师就每季度、每月，甚至每周的情况做沟通和分析。会议上一般先讨论过去一段时间经营情况如何，然后讨论究竟为什么"好"或者"坏"，最后是要如何做才能实现更好或者避免"坏"的结果——即所谓的"What-Why-How"。以往，因为数据共享上存在一些问题和障碍，与会人员总是把大量时间耗费在已经发生的事实数据的讨论上，而会议要解决的主要问题"如何做"却没有得到充分的分析和讨论。

如今，在宝洁的会议室的会议桌前有一面称作"Business Sphere"的"墙"，这是一个实时显示系统，每次开会时用到的各种数据都会在上面以图形或者表格的形式呈现出来。而这些数据都是IDS部门通过商业分析决策系统，从宝洁的近90个大的基础业务流程中实时收集、整理出来的。这些数据来自生产线、销售人员、销售渠道的超市和门店，都是对不同层级的业务运营情况的最真实反映。当大家在讨论已发生的经营情况时，只要在屏幕上点击相应的数据图或表格即可。如果还想看更进一步的数据情况，只需像剥洋葱一样，一级一级点下去，数据最多可以下沉到四级。有了这套系统，大家在讨论时只用少部分时间去讨论和追溯已发生的经营数据，而可以留出更多时间和精力讨论核心问题——未来该如何做。

4. 数字化的人才

卢卡斯·沃森从2008年开始在宝洁的数字营销部门工作，2011年被谷歌挖去做YouTube的销售和营销副总裁。其实像卢卡斯这样的宝洁"毕业生"，经常被挖到传统行业、公司里担任数字化方面要职，或者是到互联网公司中担任业务营销方面要职。宝洁全球市场营销及品牌建设执行官毕瑞哲认为："这是因为无论在宝洁还是其他公司，数字化都已经变得如此重要。"在宝洁内部，这些人被数字化驱动着找到更好的方法来工作。他们既懂得技术，也更懂如何把技术应用到合适的业务上去。

作为一家拥有 180 年历史的、超级大公司，宝洁最大的优势在于其一流的文化建设和先进的管理理念，以支撑其通过不断调整组织构架和战略重点去适应瞬息万变的市场环境。只是需要的时间可能会长一些，毕竟一艘航母与一只小船的掉头过程是不能同日而语的。

思考以下问题：

(1)宝洁产品全生命周期管理在哪些环节上如何实现了数字化创新？

(2)IT 的使用帮助宝洁会议室主要实现了什么变革？试分析宝洁会议室的业务变革可能需要哪些技术支持。

(3)互联网时代，宝洁的消费者关系和品牌营销可以通过哪些方式实现？通过这些方式，可以获取用户的哪些数据来进行什么分析？

(4)宝洁依托信息技术的发展和应用，一直不断地进行各种尝试和创新。除了案例中的数字化变革，查找其他各种资料，了解并介绍宝洁公司依托信息技术的应用进行过哪些尝试和变革，是如何做的？

(5)结合宝洁案例，尝试分析企业开展信息化建设和数字化转型对于节能环保、社会责任等方面的价值。

实验

提出一个基于互联网的创新性商业构想

信息技术，尤其是互联网的创新应用与日俱增，为现代商业带来了很多巨大的，甚至是颠覆性的变化。很多成功的商业模式，都来自大学时代的奇思妙想或者创新成果。不甘平庸的你也可以利用这个大好时机，依托互联网平台或者其他信息技术开展一个创新或者创业项目，打造一个基于互联网的企业或者商业模式。

但设计一个基本可行的互联网创新创业方案，需要做很多准备工作。本章(第 2 章)、第 3 章和第 8 章的实验，会从不同方面陆续引导你思考这个方案应该要考虑哪些问题，最后到课程结束完成一个比较完整的项目方案。

在本章的实验里，你需要提出一个初步的设想，为未来更详细的设计找到一个方向。一般来说任何设想都不凭空得来的，需要对相关领域有些思考和积累。比如你可以针对你身边的、你所知道的或者你所感觉到的问题，发掘采用信息技术进行解决和改善的可能；针对你在网上冲浪的经验，发现互联网上依然存在的空白和不足；针对你所感兴趣的商业/娱乐/生活等领域中存在的生态系统，仔细寻找其中的利基领域，等等。你可以从互联网上获取更多的相关信息，分析更多的案例，并结合你的资源优势来选择合适的业务领域。然后在此基础上，初步策划其商业模式。

1. 选择合适的业务领域

在互联网上建立企业的第一件事情，就是要确定企业的业务构想，如打算卖什么？是产品还是服务？你拥有什么专长或者能提供什么特别的东西？

利用搜索引擎，登录相关网站或者访问相关 App，搜索、收集相关信息，采用波特的竞争力模型，分析你所确定的业务构想所面对的外部威胁和机会，包括本市场的可能的新进入者、来自替代产品和服务的压力、顾客讨价还价的能力、供应商的讨价还价的能力、行业内已经存在的竞争者的竞争能力，重点回答以下问题以对你的业务构想进行反复的核查和论证。

(1)你能找到多少网站或者 App，它们所提供的产品和服务与你计划提供的产品或服务相同或者相似？详细列出这些网站或者 App 的名称、网址、国别(国内还是国外)、主要产品或者服务及其特色。

(2)你提供的产品或服务的目标客户是什么？具有哪些特点？客户群体的大小如何？每个购买者可能的购买量如何？可参照已有的相似网站进行推测。

(3)你所提供的产品或服务是否依赖于一个或者少数基石企业，是否能够成为由大公司建造的较大的生态系统中的有利可图的利基企业？

2. 初步设计商业模式

体验与你的设想有一定相似性的成功网站或者 App，看看他们提供的功能和特色活动，再查找资料并尝试分析他们的商业模式，包括价值定位、客户、客户关系、渠道、关键业务、核心资源和合作伙伴等，初步确定你的商业模式。

(1)这些网站或者 App 具有哪些通用的和特殊的功能？

(2)这些网站或者 App 具有哪些特色活动？

(3)它们的商业模式，包括客户、客户关系、渠道、价值定位、关键业务、核心资源和合作伙伴等是怎样的？对你的项目有哪些借鉴意义？

基于上述资料的查找，并充分挖掘你们的创新意识，初步撰写一个电子商务创新的构想方案。在撰写过程中，不断和你的伙伴进行交流，分享彼此的创新思路。

阅读

The Coming of the New Organization

2009 年 11 月 19 日是 Peter F. Drucker 的百年诞辰纪念日。Peter F. Drucker

被誉为"现代管理学之父"，也是第一个提出"管理学"概念的人，当今世界很难找到一个比 Drucker 更能引领时代的思考者。20 世纪 50 年代初，他指出计算机终将彻底改变商业；1961 年，他提醒美国应关注日本工业的崛起；1969 年，他预言将有一种新型的劳动者出现——知识员工；1981 年，又是他首先警告东亚国家可能陷入经济滞胀；20 世纪 90 年代，他率先对"知识经济"进行了阐释。如此准确的一系列预言让人惊叹！

早在 1988 年 1 月，Drucker 在 *Harvard Business Review* 发表的 *The Coming of the New Organization* 中就讨论了未来新型组织的出现和它们的特点。Drucker 认为未来的新型组织是一种基于信息的组织，相比于传统组织将发生很大的变化，也面临很多的挑战。他所预言的信息型组织的特征在三十年后的今天得到了印证。

在互联网上查找并阅读此文，思考以下问题：

（1）如何理解"Information is data endowed with relevance and purpose. Converting data into information requires knowledge"？

（2）文中举出的两个信息型组织的案例说明了什么？

（3）信息型组织到底具有哪些特征？它们又面临什么样的挑战？

本章参考文献

[1]王钦. 海尔新模式[M]. 北京：中信出版社，2015.

[2]曹仰锋. 海尔转型：人人都是 CEO[M]. 北京：中信出版社，2014.

[3]周云杰. 推进互联网时代企业制度创新[N]. 人民日报，2016-08-16.

[4]张瑞敏. 中国式管理的三个终极难题[EB/OL]. 中国企业家网，2012-10-01.

[5]戴维. 战略管理：概念部分[M]. 14 版. 北京：清华大学出版社，2016.

[6]亨利·明茨伯格. 卓有成效的组织[M]. 北京：中国人民大学出版社，2007.

[7]麦克法伦，诺兰，陈国青. IT 战略与竞争优势[M]. 北京：高等教育出版社，2003.

[8]赵建凯. 宝洁的数字化革命[J]. IT 经理世界，2013(18)：81-82.

[9]Drucker P F. The Coming of the New Organization [J]. Harvard Business Review，1988，66(1)：45-53.

扫描二维码，获取本章微课视频。

微课视频	本章小结

第 3 章　信息技术基础设施

信息技术是企业信息系统实现的工具。很多人一提到信息系统，就想到信息技术，认为它是一个很专业的技术领域。这种理解虽然有一定的问题，但也从一定程度上说明了信息技术基础设施在企业信息系统建设中的重要性。另外，在企业信息化建设中，信息技术基础设施的建设是投资重点。信息技术基础设施为企业信息系统应用提供了可共享的资源和基础平台。本章重点介绍了信息技术基础设施的发展、构成，以及计算机、通信网络、感测技术和信息安全几个方面的基础设施，数据的管理和分析将在第 4 章进行介绍。

本章学习目标

1. 理解信息技术基础设施的发展和构成。
2. 掌握云计算的特征，理解云计算的重要性。
3. 了解计算机的软硬件系统，掌握计算机中数据的表示形式和表示单位。
4. 了解网络通信技术的发展，掌握互联网、移动互联网和物联网的相关概念和理论。
5. 掌握感测技术的相关概念和应用。
6. 了解信息安全技术的相关概念。

导入案例

Netflix 的“云”架构[1]

2013 年，美国最大的流媒体服务商 Netflix 在美国、加拿大和南美一些地区发生服务中断。不过在一小时之后，Netflix 就排除了故障。Netflix 几乎在每年都会遭遇这样的情况。当万家团聚的时刻，家家户户都在播放电影、

---

[1] 参考《第一财经周刊》2014 年 1 月 29 日的“Netflix 的另一面：如何成为一家‘靠谱’的技术公司?”和《21 世界经济报道》2017 年 10 月 25 日的“云计算人工智能颠覆视频制作　科技巨头混战娱乐媒体业”进行撰写。

电视剧和娱乐节目。按照智能宽带网络解决方案供应商 Sandvine 的数据，Netflix 几乎占据了 1/3 的北美网络总流量。巨大的流量需求冲击着 Netflix 和它使用的云服务。对技术略知一二的人会很好奇，Netflix 的云端之旅是如何在这样的冲击下挺过来的。

Netflix 成立于 1997 年，一开始主要业务是通过网站提供大量 DVD 的目录，然后通过邮寄的方式提供给客户。2007 年，Netflix 已经有超过 630 万通过邮购服务获取 DVD 的用户。但当时，苹果、亚马逊、YouTube 等都已经开始在在线视频服务上布局，Netflix 深深感到即将天翻地覆的市场很快会将它们淹没。在巨大的危机感下，Netflix 决定开始向提供在线视频点播服务转型。

2008 年 8 月，Netflix 突然遭遇严重的数据库损坏事件，连续三天无法向成员用户寄送 DVD 光碟。Netflix 的 CEO Reed Hastings 对此触动颇大。他不断强调如果这些技术事故不是发生在邮寄业务上，而是发生在视频点播服务中，那 Netflix 会受到毁灭性的打击。

2009 年，经过审慎考虑和调研，Netflix 选择了将在线视频点播服务的基础架构建立在亚马逊的云服务 AWS 上，而不是自己设立数据中心。Netflix 在很多场合都解释过作出这个决策的原因：他们需要强大的运算能力，自建的数据中心很可能跟不上用户增长的步伐。

从 2009 年开始，Netflix 逐渐把 IT 系统迁移到亚马逊的 AWS 云平台。当时的亚马逊 AWS 部门刚刚成立 3 年。"我们相当于缴纳了'先锋税'。"在 Netflix 负责云平台的 Ruslan Menshenberg 说。在当时 Netflix 大概是最大胆的一家开始大规模使用公有云的公司。

由于自建数据库和使用第三方云服务差别巨大，Netflix 技术人员需要学习和创造尝试很多新技术。比如测试系统稳定性时，云服务中技术人员们显然无法像以前一样去"拔网线"，必须想其他的新办法。Netflix 将自己在 AWS 里的软件架构起名为"兰博"，希望借此强调每个单独系统都能具备独立成功运转的能力。他们在 AWS 上开发了一系列的工具，包括 Chaos Monkey、Chaos Kong 和 Latecy Monkey 等，形成声名远播的"猴子军团"，帮助他们实现 AWS 上系统的管理和维护。

历经七年之后，2016 年 1 月 Netflix 宣布完成了云端的迁移，关闭所有的自己的流媒体服务数据中心。Netflix 不仅仅在 AWS 云平台上提供了在线视频服务，同时还开发了自己的平台层服务和许多开源项目，大量程序员都是用他们发布的开源工具，意识到他们在技术领域的能力。Netflix 能在云计算的生态系统中变得更重要。

Netflix 认为云计算技术将使 IT 成为一种日用品类型的服务，公有云服务和开源的各种工具让 Netflix 在扩展能力和灵活性上受益匪浅。一方面，使用 AWS 让 Netflix 可以更加专注在更贴近业务的创新上，而不是把精力花费在底层数据中心的构建和运维上面；另一方面，AWS 云平台让他们能够快速推出新的产品和服务，加快创新速度，并从容应对各种访问量的变化，提升服务质量。

Netflix 的视频流量从 2009 年到 2013 年增长了约 100 倍，与传统模式相比，他们的视频流服务成本降低了 87%，充分利用了 AWS 云平台的弹性和规模效应。

思考以下问题：

(1)Netflix 是在什么背景下决定采用云服务作为其基础架构的？

(2)Netflix 为什么选择使用云服务而不是自建数据中心？

(3)根据案例分析 Netflix 需要在亚马逊 AWS 云计算平台上进一步做哪些方面的工作。

3.1 信息技术基础设施

Netflix 公司现在是美国最大的流媒体平台，作为如此地位的互联网科技公司，它不仅没有自己建设的数据中心，反而把所有业务都使用了竞争对手亚马逊的 AWS 云服务作为自己的基础技术架构平台。Netflix 在其 20 年的发展历程中，前 10 年的主要商业模式是租赁 DVD。2007 年之际，随着互联网的深入广泛应用，亚马逊等一些公司已经开始布局在线视频领域，Netflix 在危机感的驱动下也决定转型。在线视频对 IT 技术的要求远比 DVD 租赁严苛得多，尤其 2008 年一次严重的宕机事件更让他们意识到技术问题的严峻性。考虑到在线视频市场的未来成长性，视频娱乐需求在不同时段和节假日的波动性，以及自建数据中心的技术、时间、投资、维护等诸多方面高要求，他们最终决定采用亚马逊的云计算平台作为自己的 IT 基础平台。但这并不意味着简单地把视频文件复制到亚马逊云端就可以了，Netflix 在云平台上摒弃传统开发理念，研究设计出了专门针对云端模式的系统和软件工具，并把一些工具开源，供其他开发者使用，使得

Netflix 成为云生态中的一环，也加强了他们在人们心目中的科技地位。

企业信息技术基础设施（IT Infrastructure）不是孤立的技术，而是为企业整体的数据处理和信息管理提供公共服务的技术整合平台。按照肯尼斯·劳顿等在其第 13 版《管理信息系统》中的观点，这些技术资源既包括物理设备和应用软件，同时也包括相关服务。信息技术基础设施是企业进行信息系统建设的基础，也是企业信息资源能否长期持续稳定管理、应用并带来更好的增值效果的基础。信息技术基础设施的配置应该满足企业未来 3～5 年业务发展的需要。

3.1.1　信息技术基础设施的发展

企业信息技术基础设施作为一个整合平台，其发展与计算机技术、网络技术等各方面的发展息息相关。劳顿等提出了信息技术基础设施发展的五个阶段分别是为：通用主机和微机、个人计算机、客户机/服务器、企业互联网计算、云计算。但纵观整个计算机技术发展和应用过程，后面的阶段并不会完全抛弃前面阶段中的计算能力配置和构成模式。因此我们在劳顿划分的阶段基础上，在本书中通过另一种方式，即介绍其发展过程中的一些重要里程碑来描述其发展脉络和趋势。

1. 世界上第一台电子计算机——20 世纪 40 年代

世界上第一台电子计算机是由美国爱荷华州立大学的约翰·文森特·阿塔纳索夫（John Vincent Atanasoff）教授和他的研究生克利福特·贝瑞（Clifford Berry）在 1937 年至 1941 年开发的"阿塔纳索夫-贝瑞计算机（Atanasoff-Berry Computer，ABC）"[①]，它使用了真空电子管计算器，二进制数值，可复用内存。

第一台电子计算机的问世表明电子计算机时代的到来。这之后，计算机硬件在逻辑元件上经历了从电子管（1941—1958 年）到晶体管（1958—1964 年）到集成电路（1964—1970 年）再到大规模集成电路（1970 年至今）的发展过程。

2. 大型主机、小型机和 ARPA 网——20 世纪 60 年代

1964 年，美国 IBM 公司推出 IBM System/360（S/360），代表了大型主机的正式诞生。它首次实现了每秒百万次的指令运算，即使是 System/360 产品线上

---

① 关于世界上第一台计算机是有争论的。以前普遍认为是 1946 年在宾夕法尼亚大学设计制造的"ENIAC"，但 1973 年，美国明尼苏达地区法院给出正式宣判，推翻并吊销了"ENIAC"设计者莫克利的专利，从法律上认定了阿塔纳索夫才是真正的现代计算机的发明人。

的低端型号也能达到每秒 7.5 万次运算。大型主机(Mainframe Computer)，又称大型机、主机等，主要指从 IBM System/360(图 3-1)开始的一系列计算机及与其兼容或同等级的计算机，主要用于大量数据和关键项目的计算，例如银行金融交易及数据处理、人口普查、企业资源规划等。主机逐渐发展为可以支持多个远程终端的中央主机系统，它通过专用的通信协议和专用的数据线将多个远程终端连接在一起。多数大型企业能够承担得起这种大型主机的价格，它帮助银行和保险等行业进入了更加现代化阶段。

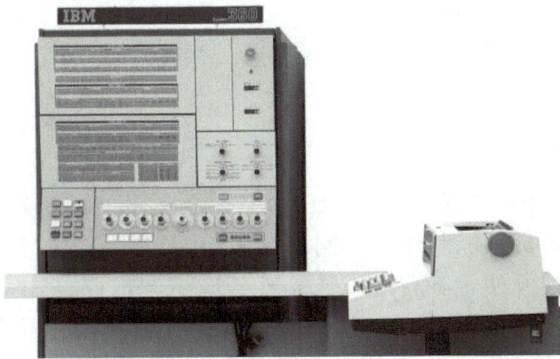

图 3-1　IBM 的 System/360 大型主机

1965 年，数据设备公司(DEC)推出了小型计算机(Minicomputer)。小型机功能强大，但价格远远低于大型主机。这使得非集中式计算成为可能，不必共享一台大型主机，满足了独立部门或者业务单位的定制需求。

1969 年，出于冷战军备角力的考虑，美国国防部高级研究计划署(Advanced Research Projects Agency)创建第一个分组交换网 ARPANET，开始时只有 4 个节点。到 1972 年，ARPANET 网上的网点数已经达到 40 个，这 40 个网点彼此之间可以实现电子邮件、FTP 文件传输和 Telnet 等服务。1990 年作为实验任务的 ARPANET 关闭。

3. 个人计算机——20 世纪 70—80 年代

1971 年，Kenbak Corporation 推出的 Kenbak-1，是世界公认的第一部个人计算机(Personal Computer，PC)。1975 年和 1977 年，苹果公司推出了 Apple Ⅰ和 Apple Ⅱ 产品(图 3-2)，成为当时最成功的 PC。1981 年，IBM 采用开放的架构，整合英特尔的 x86 的硬件架构和微软公司的 MS-DOS 操作系统推出了 IBM5150 个人计算机。之后，使用英特尔所推出的微处理器以及微软所推出的操作系统的个人计算机(Wintel PC)成为标准的台式个人计算机。个人计算机，又称个人电脑，是在大小、性能以及价位等多个方面适合于个人使用，并由最终用户直接操控的计算机的统称。

Apple II　　　　　　　IBM 5150

图 3-2　早期的个人计算机

4. TCP/IP 协议、客户端/服务器——20 世纪 80 年代

1983 年，TCP/IP 协议成为 ARPANET 上的标准协议，使得所有使用 TCP/IP 协议的计算机都能利用互联网进行通信。

20 世纪 80 年代开始，随着个人计算机的应用与推广，计算机联网的需求增大，各种基于 PC 互联的局域网纷纷出台。其中，最典型结构是为所有联网 PC 设置一台专用的可共享的网络文件服务器。用户通常在 PC 上操作、运行主要任务，而只有在需要访问共享文件或者服务时才通过网络访问服务器，体现了计算机网络中各个计算机之间的协同工作。这就是客户端/服务器（Client/Server）模式。C/S 结构的优点是能充分发挥客户端 PC 的处理能力，很多工作可以在客户端处理后再提交给服务器，因此客户端响应速度比较快。但 C/S 模式中，客户端一般需要安装专用的客户端软件，客户端的维护和管理需要高昂的投资和复杂的技术支持，维护成本很高。

B/S（Browser/Server）模式是伴随着 Internet 的兴起，对 C/S 结构的一种改进。在这种模式下，其客户端不需要安装专门的软件，只需要浏览器即可，浏览器通过 Web 服务器与数据库进行交互，可以方便地在不同平台下工作。服务器端可采用高性能计算机，并安装大型数据库。B/S 结构简化了客户端的工作，但该结构下服务器端的工作较重，对服务器的性能要求更高。

5. 云计算——21 世纪伊始

2006 年 3 月，亚马逊推出 AWS（Amazon Web Service）服务，这实际上就是一种云服务。2006 年 8 月，云计算（Cloud Computing）的概念由 Google 首席执行官埃里克·施密特在搜索引擎大会（SES San Jose 2006）上首次提出。云计算是继 20 世纪 80 年代大型计算机到客户端/服务器模式的大转变之后的又一种巨变。

美国国家标准与技术研究院（NIST）对云计算的定义是——云计算是一种模型，这种模型能够实现对可配置的计算资源共享池的便捷、按需的网络访问，这些资源（例如，网络，服务器，存储，应用程序服务）能够以最少的管理付出或是与服务供应商最少交互来被快速供应和释放①。

通俗来讲，云计算将大量服务器（有可能是几十万台）整合在一起，然后对这些硬件资源进行按需管理，为客户提供更多的服务和更好的体验。通过云计算，公司和个人不需要额外购买硬件和软件，而是通过互联网就能获得运算和软件。从 C/S 结构到云计算的发展，我们看到越来越多的文件、计算、应用、服务可以被放到云端服务器，而客户端的要求越来越简化，客户用笔记本电脑、普通 PC，乃至手机和平板电脑都可以登录到云端访问文件和应用。

云计算包括以下几个层次的服务——基础设施即服务（Infrastructure as a Service，IaaS）、平台即服务（Platform as a Service，PaaS）和软件即服务（Software as a Service，SaaS）。

通常的应用系统架构自下而上包括 Networking、Storage、Servers、Virtualization、OS、Middleware、Runtime、Data、Applications 9 大层次。如图 3-3 所示，云计算不同层次的服务从架构上分别提供了其中的部分架构服务组合，为企业用户的应用系统提供支持。

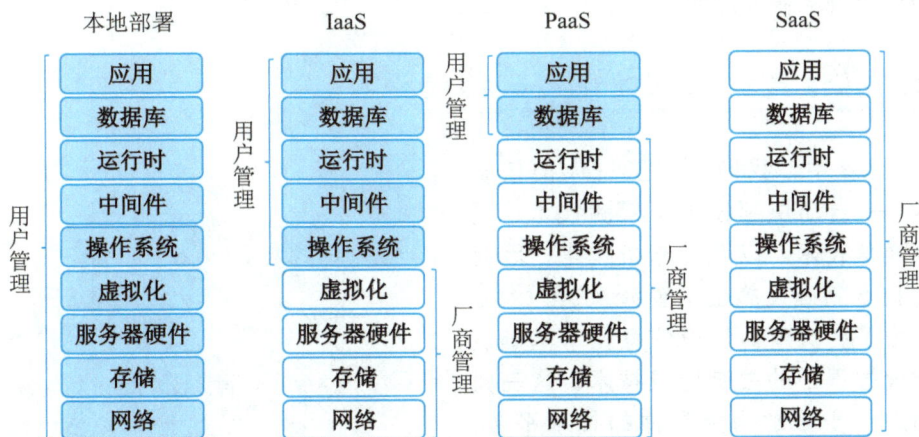

图 3-3　IaaS、PaaS 和 SaaS 提供的服务的区别

---

① 英文原文为：Cloud computing is a model for enabling convenient, on-demand network access to a shared pool of configurable computing resources（e. g., networks, servers, storage, applications, and services）that can be rapidly provisioned and released with minimal management effort or service provider interaction.

IaaS，基础设施即服务，提供给用户的服务是所有计算基础设施的利用，包括服务器硬件、存储、网络和其他基本的计算资源，用户能够部署和运行任何软件，包括操作系统和应用程序。用户节省了维护成本和办公场地，公司可以在任何时候利用这些硬件来运行其应用。一些大的 IaaS 公司包括 Amazon、Microsoft、VMWare、Rackspace 和 Red Hat 等。

PaaS，平台及服务，即将软件研发的平台作为一种服务，提供给用户的服务是把用户采用提供的开发语言与工具开发的或收购的应用程序部署到供应商的云计算基础设施上去。客户不需要管理或控制底层的云基础设施，包括网络、服务器硬件、操作系统、存储等，但用户能控制部署的应用程序，也可能控制运行应用程序的托管环境配置。一些大的 PaaS 提供者有 Google App Engine、Microsoft Azure、Force. com、Heroku、Engine Yard 等。

SaaS，软件及服务，提供给用户的服务是运营商运行在云计算基础设施上的应用程序，用户可以在各种设备上通过客户端界面（如浏览器）访问。用户不需要管理或控制任何云计算基础设施，包括网络、服务器硬件、操作系统、存储等。一些用作商务的 SaaS 应用包括 Citrix 的 Go To Meeting、Cisco 的 WebEx、Salesforce 的 CRM 等。

严格区分 IaaS、PaaS 和 SaaS 并没有那么重要，关键是要采用适当方式和技术为用户解决业务问题。

3.1.2　信息技术基础设施的构成

1.1.2 中，我们介绍了三大类信息技术——自动识别技术与感测技术、网络与通信技术，以及计算机技术。因此信息技术基础设施也主要涉及这三大方面。为了更清晰地认识信息技术基础设施建设过程中的关键构成技术，这三大方面进一步分解为更具体的技术平台，分别是计算机硬件、操作系统、应用软件、数据库管理系统、网络软件、网络硬件、自动识别技术、感测技术、信息网络安全技术，以及咨询与系统集成服务等几个方面，如图 3-4 所示。这些方

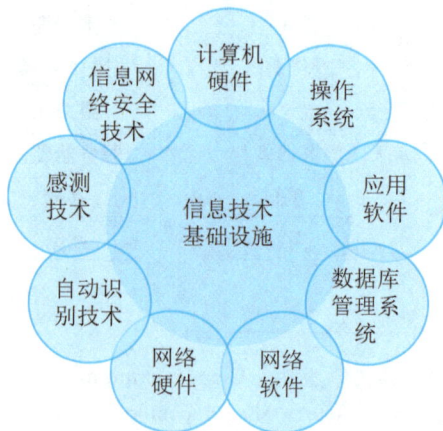

图 3-4　信息技术基础设施的构成

面在企业进行信息技术基础设施的建设的时候，几乎都是必须要考虑的关键环节。

下面各节针对各项技术进行介绍，而数据库技术是管理信息系统的关键组成部分，将在第 4 章进行单独介绍。需要说明的是，上述每一项技术都是一个专业领域，如果要详细、透彻地介绍清楚，都可以单独写成一本甚至几本书，我们在这里只是简单介绍这些技术领域中的一些基础、关键或者对未来影响比较重大的技术，只是为了便于对管理信息系统领域的全面理解。

3.2　计算机技术基础

3.2.1　计算机硬件系统

1. 计算机的组成部件

计算机是企业中最常见的信息技术基础设施。计算机有五大组成部件——运算器、控制器、存储器、输入设备和输出设备。运算器和控制器统称中央处理器（Central Processing Unit，CPU）。存储器分成内存储器（可简称为"内存"）和外存储器（可简称为"外存"，像软盘、光盘、硬盘、U 盘等）两大类。CPU、内存储器以及连接输入、输出设备的接口统称为主机，而外存储器、输入设备和输出设备统称为外部设备或者外围设备，简称"外设"。输出设备包括显示器、打印机等，输入设备包括键盘、鼠标、摄像头、扫描仪、手写输入板、游戏杆、语音输入装置等。

2. 摩尔定律

计算机硬件平台中，很多硬件设备，如芯片、硬盘等，都有巨大的发展，使得计算机的处理能力大幅上升，处理范畴也大大扩展。1965 年，英特尔创始人之一戈登·摩尔提出的摩尔定律（Moore's Law）认为集成电路上可容纳的电晶体（晶体管）数目，约每年便会增加一倍，也就意味着芯片的性能将提高一倍；1975 年，根据当时的实际情况，摩尔对摩尔定律进行了修正，把"每年增加一倍"改为"每两年①增加一倍"。这种指数级的增长，促使 20 世纪 70 年代的大型家

---

① 另一种说法是"每 18 个月增加一倍"。

庭计算机转化成八九十年代更先进的机器，然后又孕育出了高速度的互联网、智能手机和现在的车联网、智能冰箱等。实际上，这个看起来自然而然的进程很大程度是人类控制的结果，芯片制造商有意按照摩尔定律预测的轨迹发展——自从20世纪90年代以来，半导体行业每两年会发布一份行业研发规划蓝图，协调成百上千家芯片制造商、供应商跟着摩尔定律走。但现在，这种发展轨迹要告一段落了。因为同样小的空间里集成越来越多的硅电路，产生热量也越来越大，原本两年处理能力加倍的速度在慢慢下滑。此外，还有更多更大的问题也逐渐显现，顶级的芯片制造商的电路精度已经达到纳米级别，比大多数病毒还要小。如此小的晶体管将会变得不可靠。但目前人们还无法找到可以替代硅片技术的新材料或技术。*The Chips Are Down for Moore's Law* 是 *Nature* 2016 年的一篇文章，探讨了半导体行业要"超越摩尔（More Than Moore）"的原因以及未来发展（图 3-5）。

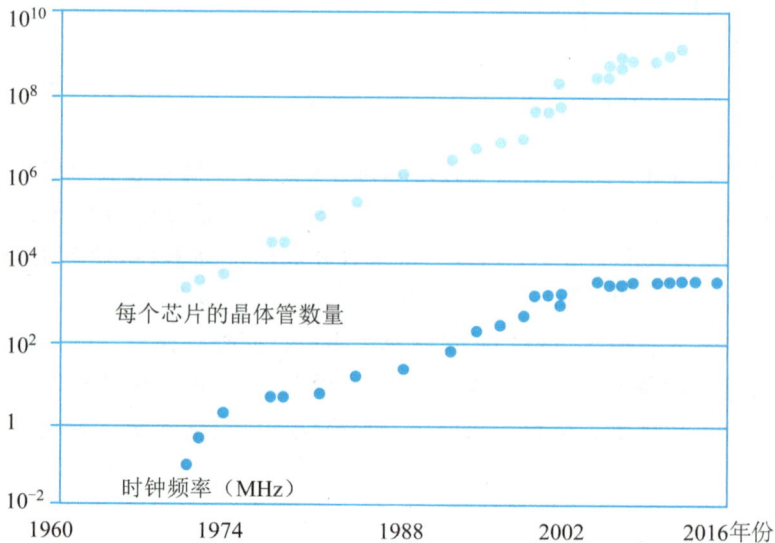

图 3-5　摩尔定律

3. 各种计算机类型

随着工业的发展，计算机产业经历了从电子管计算机（1941—1958 年）、晶体管计算机（1958—1964 年）、集成电路数字计算机（1965—1970 年）以及目前大规模集成电路数字计算机（1970 年至今），计算机的发展经历了四个阶段。这期间，出现了不同类型的计算机，主要有超级计算机、大中型计算机、小型计算机、工作站、微型计算机、移动计算机和嵌入式计算机，以及目前出现的生物计算机、光子计算机、量子计算机等。下面介绍几种主要的计算机类型。

（1）超级计算机

超级计算机（supercomputers）是计算机中功能最强、运算速度最快、存储容量最大的一类计算机，现有的超级计算机运算速度大都可以达到每秒数万亿次以上，比如中国的"天河一号"（图 3-6），其测试运算速度可以达到每秒 2570 万亿次。超级计算机由成百上千乃至更多的处理器（机）组成，能计算普通个人计算机和服务器不能完成的大型复杂课题。超级计算机拥有最强的并行计算能力，主要用于气象、军事、能源、航天、探矿等领域承担大规模、高速度的计算任务。党的二十大报告也肯定了超级计算机领域在过去十年取得的重大成果。

图 3-6　"天河一号"超级计算机

（2）网络计算机

网络计算机是在通信网络环境下承担不同角色的计算机，包括服务器、工作站、集线器、交换机和路由器等计算机形式。

（3）个人计算机（PC）

市场上的台式机、一体机、笔记本电脑、上网本、超级本及平板电脑等都属于个人计算机的范畴（表 3-1）。

表 3-1　个人计算机的种类

类　型	外　形	特　点
台式机		独立相分离的计算机，性能较笔记本好，尤其散热能力、扩展性方面

续表

类　型	外　形	特　点
一体机		它的芯片、主板与显示器集成在一起，显示器就是一台电脑
笔记本电脑		机身小巧，携带方便，功能比较全面。根据用途分化出上网本、商务本、游戏本等，具有不同的性能特色
超极本		Ultrabook，英特尔公司提出的新一代笔记本电脑概念，外观更轻薄，既具有笔记本电脑性能强劲、功能全面的优势，又具有平板电脑响应速度快、简单易用的特点
平板电脑		小型、方便携带，无须翻盖，没有键盘，以触摸屏作为基本的输入设备

目前，多点触控技术在苹果和微软的带动下，越来越多的应用在个人计算机上，除了平板电脑、部分笔记本电脑和一体机等也使用了多点触控技术。多点触控(Multi-Touch)采用人机交互技术与硬件设备共同实现的技术，能在没有传统输入设备(比如鼠标、键盘等)的情况下进行计算机的人机交互操作。这种技术的人机界面比较友好，操作性能很流畅，也节省空间，显示屏就是用户接口。

(4)工业控制计算机

工业控制计算机是一种对生产过程及其机电设备、工艺装备进行检测与控制的计算机系统总称，简称工控机。工控机的主要类别有 IPC(PC 总线工业电脑)、PLC(可编程控制系统)、DCS(分散型控制系统)、FCS(现场总线系统)及CNC(数控系统)五种。

(5)嵌入式系统

IEEE(Institute of Electrical and Electronics Engineers，美国电气和电子工程师协会)对嵌入式系统(Embedded Systems)的定义是：用于控制、监视或者辅助机器、设备或者工厂运作的装置[1]。它一般由嵌入式微处理器、外围硬件设

---

① 英文原文为：Devices used to control，monitor or assist the operation of equipment，machinery or plants.

备、嵌入式操作系统以及用户的应用程序四个部分组成。经过几十年的演变，以嵌入式系统为特征的智能终端产品随处可见，小到人们身边的 MP3，大到航天航空的卫星系统。随着物联网的发展，嵌入式系统就像是大脑一样控制着连入网络中的各种设备和物品。

3.2.2　计算机软件系统

1. 计算机软件的类型

计算机软件系统主要由系统软件和应用软件组成。系统软件紧靠硬件，是用户和计算机之间第一界面，它与具体的应用领域无关。应用软件是满足用户不同领域、不同问题的应用需求的软件。计算机软件是计算机的灵魂，是计算机应用的关键。如果没有适应不同应用的计算机软件，人们就不可能将计算机广泛地应用于人类社会的生产、生活、科研、教育等几乎所有领域，计算机也只能是一具没有灵魂的躯壳。

（1）操作系统

计算机的操作系统平台用于管理计算机的资源和活动。作为客户机的计算机大都采用 Windows 操作系统。而服务器方面多采用 Unix 或者 Linux 操作系统，也有部分采用 Windows Server 操作系统。

（2）数据库管理软件

数据库管理软件也是一类非常重要的系统软件，它可以操纵和管理数据库，按照一定的结构和模型来存储、组织和管理数据。IBM 的 DB2 数据库、ORACLE 数据库、微软的 SQL Server 数据库、Sybase 的 Adaptive Server Enterprise 数据库占据了数据库市场的绝大部分份额。第 4 章将会详细介绍数据库管理的基本原理。

（3）应用软件

应用软件是满足用户不同领域、不同问题的应用需求的软件。一般常见的办公软件、视频软件、音乐软件、聊天工具等都属于应用软件。而面向企业业务的应用软件主要是满足企业一定的业务需求，比如 CRM 软件主要处理企业销售、市场、客户服务等领域的业务需求的。目前世界上知名的企业应用软件提供商有 SAP 公司、甲骨文公司（ORACLE）等。

2. 计算机软件的发展

计算机软件是如何发展到现在这种程度的呢？

（1）早期语言和软件发展（1941—1970 年）

最早的软件是用机器语言编写的，机器语言是内置在计算机电路中的指令，由 0 和 1 组成。后来出现了汇编语言，它使用助记符（采用字母的缩写来表示指令）表示每条机器语言指令，如 ADD 表示加，SUB 表示减，MOV 表示移动数据。

IBM 公司从 1954 年开始研制高级语言，同年发明了第一个用于科学与工程计算的 FORTRAN 语言。1959 年，宾州大学的霍普（Grace Hopper）发明了第一个用于商业应用程序设计的 COBOL 语言。1964 年达特茅斯学院的凯梅尼（John Kemeny）和卡茨（Thomas Kurtz）发明了 BASIC 语言。这些都被称为高级程序设计语言，简称高级语言。相应地，机器语言和汇编语言被称为低级语言。高级语言的指令形式类似于自然语言和数学语言，容易学习，方便编程，提高了程序的可读性。

随着集成电路取代了晶体管，处理器的运算速度得到了大幅度的提高。操作系统被开发出来管理计算机资源。20 世纪 60 年代之后，计算机用于管理的数据规模更为庞大，应用越来越广泛，又出现了数据库管理系统 DBMS。

（2）近期语言和软件的发展（20 世纪 70 年代至今）

20 世纪 70 年代出现了结构化程序设计技术，Pascal 语言和 Modula-2 语言都是采用结构化程序设计规则制定的，Basic 语言也升级为具有结构化的版本，此外，还出现了灵活且功能强大的 C 语言。

面向对象的程序设计方法最早是在 20 世纪 70 年代开始使用的，当时主要是用在 Smalltalk 语言中。20 世纪 90 年代，面向对象的程序设计逐步代替了结构化程序设计，成为目前最流行的程序设计技术。面向对象程序设计尤其适用于规模较大、具有高度交互性、反映现实世界中动态内容的应用程序。Java、C++、C# 等都是面向对象程序设计语言。

20 世纪 70 年代的时候，IBM 个人计算机上使用的 PC-DOS 和适用于兼容机的 MS-DOS 成了微型计算机的标准操作系统，Macintosh（简称 Mac）机的操作系统引入了鼠标的概念和点击式的图形界面，彻底改变了人机交互的方式。

20 世纪 80 年代，在计算机应用程序中开始使用图像、声音等多媒体信息，出现了多媒体计算机。多媒体技术的发展使计算机的应用进入了一个新阶段。

这个时期出现了多用途的应用程序，这些应用程序面向没有任何计算机经验的用户。典型的应用程序是电子制表软件、文字处理软件和数据库管理软件。Lotus1－2－3 是第一个商用电子制表软件，WordPerfect 是第一个商用文字处理软件，dBase Ⅲ 是第一个实用的数据库管理软件。

20 世纪 80 年代末开始，Microsoft 公司的 Windows 操作系统在个人计算机市场中占有显著优势，其 Word 软件也成了最常用的文字处理软件。90 年代中期，Microsoft 公司将文字处理软件 Word、电子制表软件 Excel、数据库管理软件 Access 和其他应用程序绑定在一个程序包中，称为办公自动化软件。

1990 年，英国研究员提姆·柏纳李（Tim Berners-Lee）创建了一个全球 Internet 文档中心，并创建了一套技术规则和创建格式化文档的 HTML 语言，以及能让用户访问全世界站点上信息的浏览器，此时的浏览器还很不成熟，只能显示文本。

3.2.3　计算机中的数据表示形式

1. 数制

"结绳记事"是人类最早的对于数字的表达方式。人类对于数字的表达主要采用十进制，这可能跟人类有十根手指有关系。十进制就是由 0、1、2、3、4、5、6、7、8、9 十个基本数字组成，进位方式是逢十进一。十进制是数制的一种。计算机所采用是二进制，即由 0 和 1 两个基本数字组成，进位规则是逢二进一。

任何 R 进制数 N 均可表示为

$$(N)_R = K_{n-1} R^{n-1} + \cdots + K_1 R^1 + K_0 R^0 + \cdots + K_{-(m-1)} R^{-(m-1)} + K_{-m} R^{-m}$$
$$= \sum_{i=-m}^{n-1} K_i R^i$$

其中，m 是小数的总位数；n 是整数的总位数；R 是基值，表示系数可以取 0，1，$\cdots$，$R-1$ 共 R 个数字并且是逢 R 进一的；K_i 表示该位的数码；R^i 是该位的位权值；$K_i R^i$ 表示 K_i 在数列中所代表的实际数值。

比如，184.25 可以表示为，

$$(184.25)_{10} = 1 \times 10^2 + 8 \times 10^1 + 4 \times 10^0 + 2 \times 10^{-1} + 5 \times 10^{-2} = 184.25$$

2. 二进制数与十进制数的转换

计算机的二进制和常用的十进制之间如何转换呢？

（1）二进制数转换成十进制数

二进制数转换成十进制数，按权相加，即按位展开公式将系数与位权值相乘后求和。比如，将二进制数 1101.11 转换为十进制数。

$$(1101.11)_2 = 1 \times 2^3 + 1 \times 2^2 + 0 \times 2^1 + 1 \times 2^0 + 1 \times 2^{-1} + 1 \times 2^{-2}$$
$$= 8 + 4 + 1 + 0.5 + 0.25 = (13.75)_{10}$$

（2）十进制数转换成二进制数

整数部分采用除基取余的方法。具体步骤：第一步，把被转换的十进制整数除以基数 2，取其余数即为二进制整数的最低位的数字；第二步，用基数 2 去除前次所得的商，所得余数即为二进制整数相应位的数字；第三步，重复第二步，直到商为 0 为止。

小数部分采用乘基取整的方法。具体步骤：第一步，把被转换的十进制小数乘基数 2，取乘积的整数部分作为二进制小数的最高位的数字；第二步，用基数 2 乘前一步乘积的小数部分，取新的乘积的整数部分为二进制小数相应位的数字；第三步，重复第二步，直到乘积的小数部分为 0，或求得所要求的位数为止。

比如，把十进制数 $(13.75)_{10}$ 转换为二进制数，如图 3-7 所示。

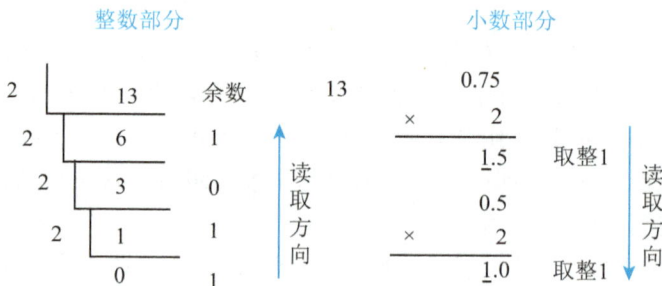

图 3-7 十进制转换成二进制示例

因此，$(13.75)_{10} = (1101.11)_2$。

3. 计算机中数据的二进制编码

当你要用计算机编写文章时，就需要将文章中的各种符号、英文字母、汉字等输入计算机，然后由计算机进行编辑排版。因此，计算机要对各种文字进行处理。通常，计算机中的数据可以分为数值型数据与非数值型数据。其中数值型数据就是常说的"数"（如整数、实数等），它们在计算机中是以二进制形式存放的。而非数值型数据与一般的"数"不同，通常不表示数值的大小，而只表示字符或图形等信息，但这些信息在计算机中也是以二进制形式来表示的。

目前，国际上通用的且使用最广泛的字符有：十进制数字符号 0～9，大小写的英文字母，各种运算符、标点符号等，这些字符的个数不超过 128 个。为了便于计算机识别与处理，这些字符在计算机中是用二进制形式来表示的，通常称为字符的二进制编码。

　　由于需要编码的字符不超过 128 个，因此，用七位二进制数就可以对这些字符进行编码。但为了方便，字符的二进制编码一般占八个二进制位，它正好占计算机存储器的一个字节。具体的编码方法，即确定每一个字符的七位二进制代码。但目前国际上通用的是美国标准信息交换码（American Standard Code for Information Interchange，ASCII 码）。用 ASCII 表示的字符称为 ASCII 码字符。表 3-2 是 ASCII 编码表。

表 3-2　ASCII 编码表

$D_3D_2D_1D_0$	$D_6D_5D_4$							
	000	001	010	011	100	101	110	111
0000	NUL	DLE	SP	0	@	P	`	p
0001	SOH	DC1	!	1	A	Q	a	q
0010	STX	DC2	"	2	B	R	b	r
0011	ETX	DC3	#	3	C	S	c	s
0100	EOT	DC4	$	4	D	T	d	t
0101	ENQ	NAK	%	5	E	U	e	u
0110	ACK	SYN	&	6	F	V	f	v
0111	BEL	ETB	‘	7	G	W	g	w
1000	BS	CAN	(	8	H	X	h	x
1001	HT	EM	)	9	I	Y	i	y
1010	LF	SUB	*	:	J	Z	g	z
1011	VT	ESC	+	;	K	[	k	{
1100	FF	FS	,	<	L	\	l	|
1101	CR	GS	-	=	M	]	m	}
1110	SO	RS	.	>	N	ˆ	n	~
1111	SI	US	/	?	O	_	o	DEL

　　比如，"MIS"在计算机中用 ASCII 编码表，"M"为 01001101，"I"为 01001001，"S"为 01010011。

　　国家标准 GB 2312－80 规定，全部国家标准汉字及符号组成 94×94 的矩阵，在这矩阵中，每一行称为一个"区"，每一列称为一个"位"。这样，就组成了 94 个区（01～94 区），每个区内有 94 个位（01～94）的汉字字符集。区码和位码简单地组合在一起（即两位区码居高位，两位位码居低位）就形成了"区位码"。区位码可唯一确定某一个汉字或汉字符号，反之，一个汉字或汉字符号都对应唯一的区位码，如汉字"玻"的区位码为"1803"（即在 18 区的第 3 位）。

3.2.4 计算机中的数据存储单位

位（bit）是计算机能处理的最小数据单位，一个二进制位称为"位"，只能取 0 或者 1。8 个二进制位成为一个字节（Byte），可表示一个字母、数字或者其他字符。

计算机存储单位一般用 B、KB、MB、GB、TB、PB、EB、ZB、YB、BB、NB、DB、CB、XB 等来表示（表 3-3）。

表 3-3 计算机中数据的存储单位

名　　称	缩　　写	换算关系	例　　子
Byte	B	1	一个字符
Kilobyte	KB	1KB＝1024B	一个小文字型文档大约几十 KB
Megabyte	MB	1MB＝1024KB	一张照片的大小大约几 MB
Gigabyte	GB	1GB＝1024MB	一部高清电影的大小大约几 GB
Terabyte	TB	1TB＝1024GB	移动硬盘的容量 1～2 TB
Petabyte	PB	1PB＝1024TB	腾讯数据中心存储总量超过 1000PB[①]
Exabyte	EB	1EB＝1024PB	每天全球互联网流量
Zettabyte	ZB	1ZB＝1024EB	
Yottabyte	YB	1YB＝1024ZB	
BrontoByte	BB	1BB＝1024YB	
NonaByte	NB	1NB＝1024BB	
DoggaByte	DB	1DB＝1024NB	
CorydonByte	CB	1CB＝1024DB	
XeroByte	XB	1XB＝1024CB	

根据思科公司近日发布的可视化网络指数报告，全球互联网协议（IP）流量到 2018 年将提升至 1.6ZB[②]。从数据上说，ZB 大约相当于 10^{21} 字节，更形象地说，从 Byte 到 Zettabyte 的扩大倍数就像一个原子的大小与地球到太阳的距离之间的对比。也有人比喻说，人的一生大约要说 10 亿句话，将这些话以文本格式存储

---

① 2016 年数博会上腾讯 CEO 提供的数据。

② 数据来源：姜奇平."泽字节时代"的繁荣与挑战. 人民日报，2014-07-02.

下来，在 10GB 左右，1ZB 相当于 1000 亿人一辈子说的话！互联网已经大大激发了全球数据量的暴涨，而将万物联结在一起的物联网将更加成为数据增长的主要推动力量。所有联网的东西，将可以自动产生和交换信息。例如，通过自动驾驶汽车与智能马路的"对话"，司机可以在车上睡觉，而不用担心车偏离路线。这些来自人、物和计算机的信息交流，会产生庞大的数据。

注意，此处的"B"指的是"字节（byte）"，而不是"位（bit）"。通常我们在缩写成"b"的时候，用大写和小写来区分 Byte 和 bit，即 B 代表 byte，b 代表 bit。比如，bps 是网络传输速度单位，指的是 bit per second，也就是每秒传输的位数，我们常说的 56K 拨号上网、100M 局域网都是以 bps 计量的。

3.3　互联网、移动互联网和物联网

3.3.1　计算机网络

如图 3-8 所示，计算机网络是将地理位置不同并具有独立功能的多个计算机系统通过通信线路连接起来，在网络操作系统、网络管理软件和网络通信协议的管理下实现网络资源共享和互相通信的整个系统。互联网是连接全球众多网络设备的最大的计算机网络，它拥有将近 40 亿的用户。通过互联网，我们在全球范围内共享包括文本、视频、语音、图像等形式的各种信息，也可以互相发送消息。

1. 计算机网络的分类

计算机网络有多种类别，根据作用范围不同，可以分为局域网、城域网和广域网。局域网（Local Area Network，LAN）通常地理上局限在较小范围，往往一个办公室就可以拥有一个局域网，一个学校或者企业可以拥有许多互联的局域网。城域网（Metropolitan Area Network，MAN）指地理覆盖范围大约为一个城市的网络，其通信距离一般在 5～50km。广域网（Wide Area Network，WAN）范围更广，可以覆盖一个省、一个国家甚至全球。局域网一般由使用它的组织所拥有和管理，而广域网一般由通信公司建设和运营，使用广域网的组织可以租用。

互联网更强调把局域网或者广域网相互连接起来。比如，一家公司在全球拥有五个分公司，每个分公司都有自己的局域网进行各自内部信息的共享和通信。但为了整个公司内实现办事处之间的互联互通，五个分公司的局域网之间可以通

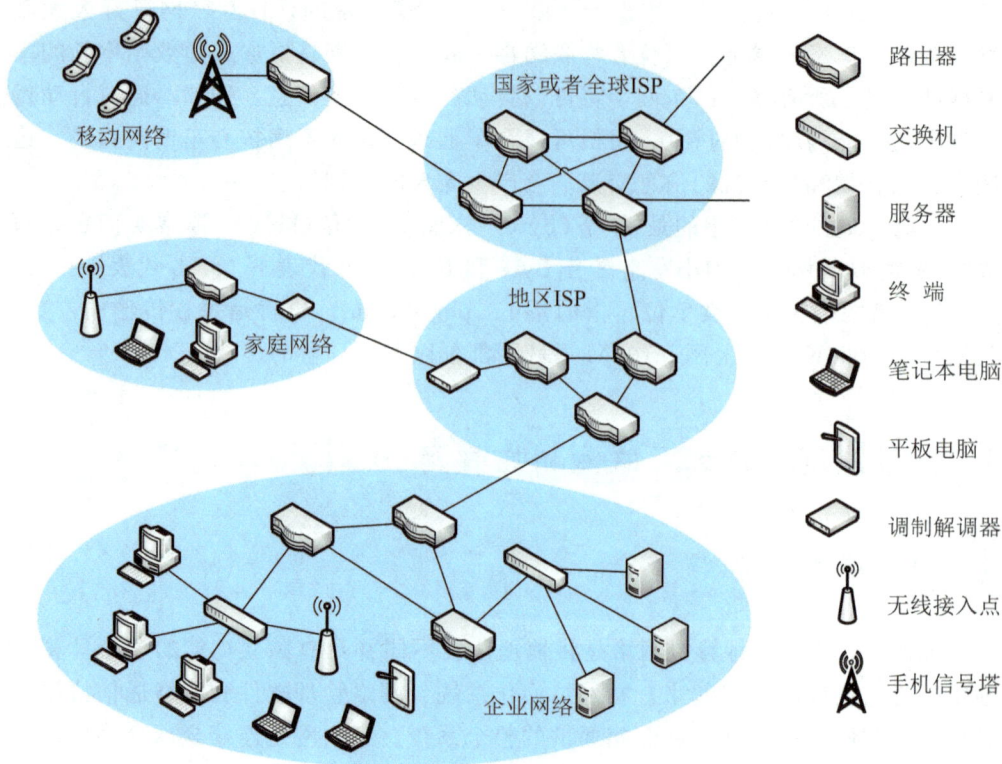

图 3-8　计算机网络的一些形式

过很多方式搭建网络连通的线路，这样公司就拥有了一个可以互联的网络系统。

2. 计算机网络的组成

一个完整的计算机网络由网络硬件和网络软件共同作用共同完成网络功能。网络两端需要进行资源共享的系统设备以及它们之间通信的网络连接设备和连接的传输介质，共同组成了网络的硬件。两端的设备一般是可以作为服务器或者客户端使用的各种计算机和网卡等。网络连接设备一般由中继器、集线器、路由器、交换机和调制解调器等。而传输介质，既有有线的同轴电缆、双绞线、光纤等，也有无线的卫星、微波等。网络软件一般包括网络通信协议、网络操作系统和网络应用软件。

（1）传输介质

传输介质是搭载通信信号的物理媒介。信号的基本传播途径可分为有线传播和无线传播。有线传播的介质主要是双绞线、同轴电缆、光纤等。无线传播是在自由空间中传输，通信形式主要有卫星通信、微波通信等。

（2）服务器与工作站

计算机是组成信息网络的核心成员。计算机网络出现的初期，网络中的计算机都具有平等地位，它们都被称为网络中的主机。后来随着网络的发展，计算机在网络中开始有了分工。一部分计算机主要承担为用户提供工作环境的功能，称为工作站，另一部分计算机主要担负提供共享资源的角色，称为服务器。

目前，服务器专指某些高性能计算机，通过网络为客户端计算机提供服务。服务器是网络的节点，存储、处理网络上大部分的数据、信息，在网络中起到举足轻重的作用，其高性能主要表现在高速度的运算能力、长时间的可靠运行、强大的外部数据吞吐能力等方面，因此在 CPU、芯片组、内存、磁盘系统、网络等硬件方面与普通电脑不同。而工作站也还是计算机，但它比普通 PC 的性能更强，主要面向专业应用领域，具备强大的数据运算与图形、图像处理能力，在计算机辅助设计领域，比如工程设计、动画制作、模拟仿真等专业工作，得到了广泛使用。

计算机与网络传输介质之间连接的接口是网卡。网卡，也叫网络接口卡（Network Interface Card）或者网络适配器（Network Adapter），是安装在计算机扩展槽中连接计算机与网络的常用设备。

（3）网络连接设备

信号在介质中传输时，随着距离的增加，幅度会逐渐衰减，波形将会产生失真。中继器用于同类网络介质之间的互联，起到信号再生、放大作用。集线器（HUB）是一种特殊的中继器，主要用于在星形结构的中央节点上连接多条无屏蔽双绞线。

网桥（Bridge）、路由器（Router）和交换机（Switch）是可以将两个或多个计算机网络或网段连接起来的中间设备。

另外调制解调器（Modem）可以把计算机或者局域网通过接入网（如公用电话、综合业务数字网、有线电视网以及 DDN 帧中继等）接入互联网中。

网络连接设备的知名供应商有 Cisco、Lucent、Nortel、华为等公司。

（4）网络通信协议

凡是两个以上的对象或者系统相互联系，都要建立联系的规则或者约定。这些为了通信或联系所制定的约定、规则和标准称为协议（Protocol）。因此，可以说人类的每一种语言都是一种协议，来方便人与人之间的沟通交流。网络协议是网络上所有设备（网络服务器、计算机、交换机、路由器、防火墙等）之间通信规则的集合，它规定了通信时信息必须采用的语法、语义和定时。

(5)网络操作系统

网络操作系统(Network Operating System，NOS)是网络用户与计算机网络之间的接口，是在网络环境下实现对网络资源的管理和控制的操作系统。最早的网络操作系统仅仅用于网络上的文件管理，随着网络的发展，网络操作系统的功能不断丰富和完善，为网上用户提供了便利的操作和管理平台。目前主要的NOS有 Windows Server、Windows NT、Unix、Linux。

(6)网络应用软件

网络应用软件是指能够为网络用户提供各种服务的软件，它用于提供或获取网络上的共享资源，包括浏览软件、传输软件、远程登录软件等，比如 IE 浏览器、QQ 聊天工具、Outlook 邮件管理软件等。

3. 计算机网络的发展

20 世纪 60—90 年代，互联网从一个专用网络逐渐演变成一个全球网络，其发展大体上经历了三个阶段的发展。

(1)第一阶段是 ARPANET 和 TCP/IP 协议的诞生，网络互联的初步达成

20 世纪 60 现代中期，不同厂家生产的计算机是不能互相通信的，美国国防部高级研究计划署(Advanced Research Projects Agency，ARPA)成立项目组资助研究者寻找连接计算机的方法。1969 年第一个分组交换网 ARPANET 诞生。加利福尼亚大学洛杉矶分校、加利福尼亚大学圣巴巴拉校区、斯坦福大学和犹他州立大学的 4 个节点连接在一起，形成了这个网络。

1972 年，ARPANET 项目组的核心成员 Vint Cerf 和 Bob Kahn 开始合作开展所谓的网络互联项目(Internetting Project)。他们希望连接不相同的网络使得一个网络上的主机能够与另一个网络上的主机进行通信。Cerf 和 Kahn 于 1973 年构建了 TCP 协议，并在之后几年不断将其完善和实验。1983 年，TCP/IP 协议成为 ARPANET 上的正式标准协议，使得所有使用 TCP/IP 协议的计算机都能利用互联网进行通信。1990 年作为实验任务的 ARPANET 关闭。

(2)第二阶段是 NSFNET 的诞生，三级网络提供全美范围网络连接

1983 年，ARPANET 分裂成两个网络：军队用户使用的军用网络(Military Network，MILNET)和非军队用户使用的 ARPANET。1981 年美国国家科学基金委(National Science Foundation，NSF)资助创建了 CSNET。该网络是为由于缺乏与国防部的联系而不能加入 ARPANET 的大学设计的。20 世纪 80 年代中期，美国大部分具有计算机科学系的大学成了 CSNET 的一部分。其他一些研究机构和公司也构建了他们自己的网络并利用 TCP/IP 进行互联。

NSF 在 1986 年开始资助国家科学基金网络（National Science Foundation Network，NSFNET）。NSFNET 是一个三级计算机网络，三级分别为主干网、地区网和校园网（或企业网），这个主干网可以在全美范围内提供网络连接。1990 年，ARPANET 正式退出历史舞台并被 NSFNET 代替。

（3）第三阶段是逐渐形成了多层 ISP 结构的互联网

从 1993 年开始，由美国政府资助的 NSFNET 逐渐被若干个商用的互联网主干网替代，而政府不再负责互联网的运营。因此出现了一个新概念——互联网服务提供商（Internet Service Provider，ISP）。ISP 拥有从互联网管理机构申请到的多个 IP 地址，同时拥有通信线路以及路由器等联网设备，因此任何机构和个人只需向 ISP 缴纳费用，就可以从 ISP 得到所需的 IP 地址，并通过该 ISP 连接到互联网。从 1994 年开始，美国陆续创建了十几个网络接入点（Network Access Point，NAP），NAP 算是最高等级的接入点，主要是向各 ISP 提供交换设施，使它们能够互相通信。因此，目前互联网逐渐演变成为基于 ISP 和 NAP 的多层次结构网络。

中国 1994 年正式加入互联网，由中国国家计算机和网络设施（The National Computing and Networking Facility of China，NCFC）代表中国正式向国际互联网络信息中心（InterNIC）的注册服务中心注册。注册标志着中国从此在互联网建立了代表中国的域名 CN，有了自己正式的行政代表与技术代表，意味着中国用户从此能全功能地访问互联网资源，并且能直接使用互联网的主干网。

在 NCFC 的基础上，我国很快建成了国家承认的对内具有互联网络服务功能、对外具有独立国际信息出口（连接国际互联网信息线路）的中国四大主干网。

①中国科技网（CSTNET），为非营利、公益性网络，主要为科技界、科技管理部门、政府部门和高新技术企业服务。

②中国教育与科研网（CERNET），是由政府资助的全国范围的教育与学术网络。

③金桥网（CHINAGBN），即国家公用经济信息通信网，它是中国国民经济信息化的基础设施，是建立金桥工程的业务网，支持金关、金税、金卡等"金"字头工程的应用。

④中国公众互联网（CHINANET），是邮电部门主建及经营管理的中国公用互联网主干网，1995 年 4 月开通，并向社会提供服务。

4. 计算机网络的体系结构

网络发展的早期，各个计算机网络商家都分别有自己的网络体系结构，如

IBM 的 SNA 网络体系，DEC 的 DNA 网络体系和 UNIVAC 的 DCA 分布式网络体系结构等。不同的网络体系结构给网络标准化和互联造成了很大困难。为此，国际标准化组织 ISO 提出了一个试图使各种计算机在世界范围内互联成网的标准框架，即开放系统互联参考模型（Open Systems Interconnection Reference Model, OSI/RM），定义了七层协议的体系结构，如图 3-9 所示。

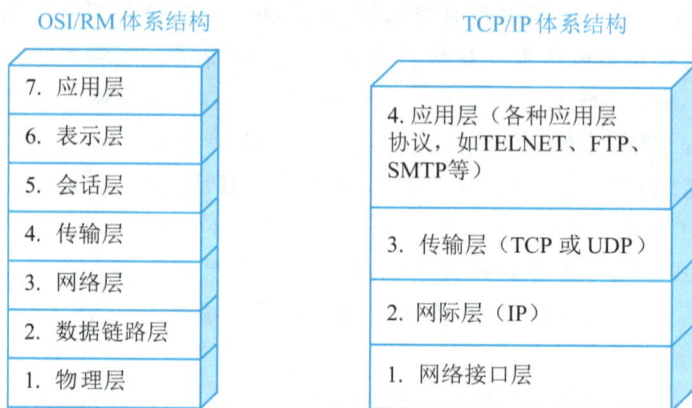

OSI/RM 体系结构　　　　　　　　TCP/IP 体系结构

OSI/RM 体系结构	TCP/IP 体系结构
7. 应用层	4. 应用层（各种应用层协议，如TELNET、FTP、SMTP等）
6. 表示层	
5. 会话层	
4. 传输层	3. 传输层（TCP 或 UDP）
3. 网络层	2. 网际层（IP）
2. 数据链路层	1. 网络接口层
1. 物理层	

图 3-9　计算机网络体系结构：OSI/RM 体系结构和 TCP/IP 体系结构

（1）物理层是 OSI/RM 的最底层，它为数据通信的介质提供规范和定义，确保原始的数据可在各种物理媒体上传输。集线器工作在物理层。

（2）数据链路层是解决如何将报文从一个结点可靠地传送到另一个结点，即从一条传输链路的角度来解决传输中的可靠性问题。普通交换机工作在数据链路层。

（3）网络层是从整个网络的角度来处理数据传输中的有关问题，处理问题过程中需要考虑通信双方的终端结点及中间结点间的关系。具体问题包括路由选择、流量和拥塞控制、差错及故障的恢复等。

（4）传输层在网络层的基础上，从主机间逻辑连接（或进程间通信）的角度来处理数据的传输问题。

（5）会话层是用户与网络间的接口，主要处理通信双方交互的建立和组织，并协调和控制会话过程的进行（会话服务）。

（6）表示层处理两个应用实体间数据交换的语法问题，解决数据交换中存在的数据格式不一致和数据表示方法不同等问题。

（7）应用层主要进行应用管理和系统管理，并直接为用户服务，在网络和用户之间形成一个交换信息的界面——用户应用程序。

但目前得到最广泛应用的不是 OSI/RM 体系结构，而是 TCP/IP 体系结构。TCP/IP（Transmission Control Protocol/Internet Protocol）体系结构的诞生在前

面计算机网络的发展部分有所介绍。随着互联网的广泛应用和被全世界承认，互联网所使用的 TCP/IP 体系结构在计算机网络领域也占据了特殊重要的地位，成为一种实际的标准。TCP/IP 体系结构有四层——网络接口层、网际层、传输层和应用层。网际层主要是 IP 协议（Internet Protocol）。传输层有两个互不相同的传输协议：TCP 协议（Transmission Control Protocol）和 UDP 协议（User Datagram Protocol）。应用层有 FTP 协议（File Transfer Protocol）、SMTP 协议（Simple Mail Transfer Protocol）、Telnet 协议、HTTP 协议（Hyper Text Transfer Protocol）等。

3.3.2　互联网

互联网（Internet）是全世界最大的计算机网络，它是网络与网络之间相连形成的庞大网络。

1. 互联网的地址体系

IP 协议提供整个互联网通用的地址格式。互联网协议地址，简称 IP 地址，是连入互联网的计算机的地址编号，具有唯一性。互联网上的每个主机和路由器都有一个 IP 地址。为了确保一个 IP 地址对应一台主机，网络地址由互联网注册管理机构网络信息中心 NIC 分配，主机地址由网络管理机构负责分配。

IPv6 是 IETF（互联网工程任务组，Internet Engineering Task Force）设计的用于替代现行版本 IPv4 的下一代 IP 协议，号称可以为全世界的每一粒沙子编上一个网址。IPv4 的地址长度是 32 位，也就是说最多有 2^{32} 台计算机可以连到互联网上。由于 IPv4 规则下网络地址资源有限，严重制约了互联网的应用和发展。IPv6 的使用，不仅能解决网络地址资源数量的问题，而且也解决了多种接入设备连入互联网的障碍。2012 年全球 IPv6 网络正式启动。目前乃至将来一段时间，互联网中将会出现 IPv4 和 IPv6 长期共存的局面。

2. 互联网服务

网络应用进程通信中最重要的交互方式是客户机/服务器（Client/Server，C/S）模式。应用程序分为客户端和服务器端两大部分。客户端部分为每个用户所专有，而服务器端部分则由多个用户共享其信息与功能。客户端部分通常负责执行前台功能，如管理用户接口、数据处理和报告请求等；而服务器端部分执行后台服务，如管理共享外设、控制对共享数据库的操作等。这种体系结构由多台计算机构成，它们有机地结合在一起，协同完成整个系统的应用，从而达到系统中软、硬件资源最大限度的利用。互联网提供的很多服务都采用 C/S 模式，如 DNS、万维网、Email、FTP、Telnet 等。

互联网中，可以使用 IP 地址来识别主机，然而这种以数字表示的 IP 地址并不方便记忆，用户更愿意利用方便读写、容易记忆的字符串为主机命名。为了便于网络地址的管理与分配，人们采用了域名系统(Domain Name System，DNS)，引入了域名(Domain Name，DN)的概念。主机名是一种比 IP 地址更高级的地址表达形式，主机名的管理、主机名与 IP 地址的映射等是域名系统要解决的重要问题。

万维网(World Wide Web，WWW)分为 Web 客户端和 Web 服务器程序，Web 客户端(常用浏览器)可以访问浏览 Web 服务器上的页面。WWW 是一个由许多互相链接的超文本组成的系统，通过互联网访问。在这个系统中，每个有用的事物，称为"资源"，并且由一个全局"统一资源标识符"(URI)标识，这些资源通过 HTTP 协议传送给用户，而后者通过点击链接来获得资源。

Email 服务是目前最常见、应用最广泛的一种互联网服务。电子邮件是一种用电子手段提供信息交换的通信方式，通过电子邮件，可以与互联网上的任何人交换信息。电子邮件可以是文字、图像、声音等多种形式。同时，用户可以得到大量免费的新闻、专题邮件，并实现轻松的信息搜索。电子邮件的存在极大地方便了人与人之间的沟通与交流，促进了社会的发展。

FTP 服务是在互联网上提供文件存储和访问的服务。Telnet 服务是一种远程登录服务，它为用户提供了在本地计算机上完成远程主机工作的能力。

3. 内部网与外部网

内部网(Intranet)是互联网技术在企业内部的应用，它通常建立在一个企业或组织的内部并为其成员提供信息的共享和交流等服务。使用者不仅可以在局域网内使用，也可以通过防火墙以及路由器从远程对企业内部网进行访问。

外部网(Extranet)应用互联网与内部网的技术去服务一些对外的企业，包括特定的客户、供应商或生意上的伙伴。外部网可以看作内部网的扩展和外延。使用者可以通过不同的技术对其进行访问，例如使用 IP 通道，VPN 或者专用拨号网络。

3.3.3 移动互联网

移动互联网是当人们更多地采用手机、平板等便携终端上网时，所形成的互联网模式。移动互联网，就是将移动通信和互联网二者结合起来成为一体。移动互联网比传统 PC 终端的互联网更能实现随时随地的互联互通，所以被人们认为是更彻底的互联网。而且因为移动终端在便携移动方面的优势，移动互联网下的应用系统和商务模式更具有特点，也更有生命力。

移动互联网的发展离不开智能手机、移动网络与无线网络、移动应用三个方面的发展。

1. 智能手机

智能手机可以通过移动通信网络来实现无线网络接入，而且它像个人电脑一样具有独立的操作系统、独立的运行空间，可以由用户自行安装软件。智能手机的操作系统一般有谷歌的 Android 系统、苹果的 iOS 系统，以及微软的 Windows Phone。谷歌推出安卓时采用开源形式，加上安卓在性能和其他各个方面上也非常优秀，所以世界大量手机生产商采用安卓系统生产智能手机，安卓一举成为全球第一大智能操作系统。

2. 移动网络与无线网络

第三代移动通信(一般称为 3G)，相比于第二代移动通信，在传输声音和数据的速度上有大幅提升，能够在全球范围内更好地实现无线漫游，并能处理图像、音乐、视频流等多种媒体形式，提供包括网页浏览、电话会议、电子商务等多种信息服务。因此从 3G 时代开始，手机上网才成为了主流。2008 年 4 月，中国发布 3G 牌照，三大运营商中国移动、中国联通和中国电信分别采用 TD-SCDMA、WCDMA 和 CDMA2000 通信标准。3G 数据传输速率可达到 2Mbps。

4G 传输速率可达到 20Mbps，甚至可以高达 100Mbps。2013 年 12 月，中国发布 4G 牌照。三大运营商均获得 TD-LTE 牌照，2015 年中国电信和中国联通获得 FDD-LTE 的经营许可。FDD-LTE 比 TD-LTE 研发更早，技术更成熟，终端更丰富，速度更快。

2017 年 12 月 21 日，在国际电信标准组织 3GPP RAN 第 78 次全体会议上，5G NR 首发版本正式冻结并发布。5G 标准的研究还在继续。5G 将为未来全球物联网的大规模使用打下坚实基础。

绝大部分手机都可以通过 Wi-Fi 上网。随着 Wi-Fi 布网越来越广泛，加之 Wi-Fi 的速度更快，免资费等优点，Wi-Fi 成了移动上网的重要方式。Wi-Fi 也是运营商创新运营的重要一环。依靠提供单一的无线宽带接入实现盈利的方式基本上都无法支撑 Wi-Fi 业务的发展。Wi-Fi 广告模式是当前比较成熟和可经营的模式，比如在 Wi-Fi 账号登录页面及登录后弹出页面上放置商家个性化广告或市场调研选项，或者基于热点的不同位置，Wi-Fi 用户会看到当前所在热点及其周围区域的电子地图，运营商可利用区域地图对热点周围商家进行广告宣传和标注（图 3-10）。

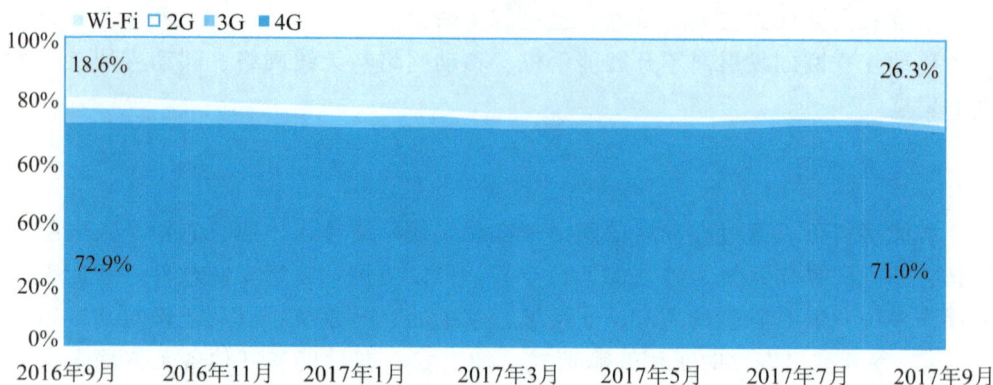

图 3-10　移动上网方式的变化①

3. 移动应用

　　智能手机和上网方式是移动互联网发展中的"硬"性条件，而移动应用，也称手机软件或者 App，是目前移动互联网发展的活力所在。不论你是要找家政、按摩、外卖、送药……只需下载并打开 App 点击几下，各类生活服务都能轻松实现。但从本质看，移动互联网的核心并不是 App，内容和服务才是根本。因此，不同国家手机用户的 App 使用情况会有很大差别。在中国，用户规模最大的 App 类型前三位是即时通信、视频、音乐。从增长趋势来看，共享单车、企业及服务、生鲜电商、兴趣社交、现金贷等在最近一年名列前茅（图 3-11）。

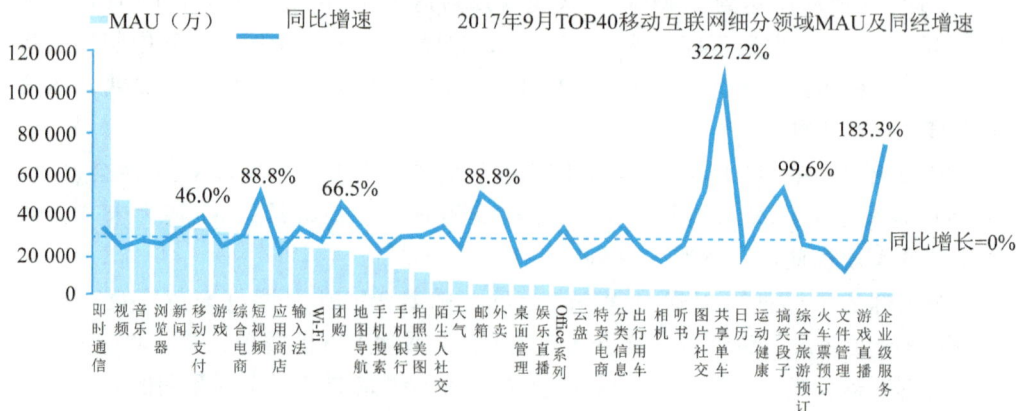

图 3-11　2017 年 9 月 Top40 移动应用细分领域情况

---

① 数据来源：Trustddata. 2017 年 Q3 中国移动互联网行业发展分析报告.

3.3.4　物联网

1. 物联网时代

Rosa 刚刚结束和男友的争吵，需要一段时间一个人静一静。她打算开自己的智能 Toyota 汽车到法国 Alps，并在一个滑雪胜地度过周末。但是好像她得在汽修厂停留一会儿了。她的爱车依法安装的 RFID 传感器在警告可能的轮胎故障。当她经过她喜爱的汽修厂入口处的时候，使用无线传感技术和无线传输技术的诊断工具对她的汽车进行了检查，并要求其驶向指定的维修台。这个维修台是由全自动的机器臂装备的。Rosa 离开自己的爱车去喝点咖啡。Orange Wall 饮料机知道 Rosa 对加冰咖啡的喜好，当她利用自己的 Internet 手表安全付款之后机器立刻倒出咖啡。等她喝完咖啡回来，一对新的轮胎已经安装完毕，并且集成了 RFID 标签以便检测压力、温度和形变。

这时机器向导要求 Rosa 注意轮胎的隐私相关选项。汽车控制系统里存储的信息本来是为汽车维护准备的，但是在有 RFID 阅读器的地方，旅程的线路也能被阅读。因为 Rosa 不希望任何人（尤其是男友）知道自己的动向，这样的信息太敏感了，不能不保护。所以她选择隐私保护来防止未授权的追踪。

然后 Rosa 去了最近的购物中心购物。她想买一款新的嵌入媒体播放器和具有气温校正功能的滑雪衫。那个滑雪胜地使用了无线传感器网络来监控雪崩的可能性，这样 Rosa 就能保证舒适安全。在法国—西班牙边境，Rosa 没有停车，因为她的汽车里包含了她的驾照信息和护照信息，已经自动传送到边检相关系统了。

忽然 Rosa 在自己的太阳镜上接到了一个视频电话请求。她选择了接听，看到她男友正在请求她的原谅，询问她是否愿意共度周末。她喜从中来，马上发布指令要求导航系统禁用隐私保护，这样男友就能找到她的位置直接过来了。

这是 2005 年国际电信联盟（International Telecommunication Union，ITU）在《ITU Internet Report 2005：The Internet of Things》报告中对 2020 年一位居住在西班牙的 23 岁学生 Rosa 一天生活的描述。报告中的场景需要借助物联网技术来实现。

2. 物联网的概念和关键技术

物联网（Internet of Things，IoT）是 1999 年由麻省理工学院的 Kevin Ashton

教授所提出，2005 年 ITU 报告对物联网进行了更规范的描述。物联网，顾名思义，就是连接物品的网络，其实质是以互联网作为载体，将物品的信息进行互联和分享传递。按照 ITU 的描述，互联网是任何人在任何时间任何地点的互联互通，而物联网的实现还要在此基础上加上任何物品的连接。物联网时代，物品之间的相互联系是基于互联网的基础上进行延伸，其用户端已经不再是局限于传统互联网人与物之间的联系，而是任何物品之间的信息交换和通信，物联网是将互联网技术与其他现代技术结合并进行应用扩展的时代产物。

物联网的关键技术包括 RFID 技术、传感器技术、嵌入式系统技术以及纳米技术。为了能够把日常用品和设备连接起来并导入至大型数据库和网络中，需要简单易用并能有效识别物体的系统，RFID 能够收集和处理物体的数据。传感器技术能够探测到物体物理状态的变化，而物体中的嵌入式系统像大脑一样控制着物体或者设备的操作，增强物联网的能力。最后，纳米技术的优势意味着体积越来越小的物体能够进行交互和连接。所有这些技术融合到一起，形成了物联网，将世界上的物体从感官上和智能上连接到一起。

3. 物联网架构

物联网本身的结构复杂，系统多样，一般将物联网的结构分为三个层次——感知层、网络层、应用层。感知层实现了物物网络，是实现物联网全面感知的基础，以 RFID、传感器、二维码等技术为主。网络层实现了泛在接入，是服务于物联网信息汇聚、传输和初步处理的网络设备和平台，通过互联网、广电网、移动通信网络等网络传输来自传感网中所采集的数据信息。应用层为用户提供丰富的服务功能，用户通过智能终端在应用层上定制需要的服务信息。随着物联网的发展，应用层会大大拓展到各行业，给我们的生活带来实实在在的方便（图 3-12）。

关于 RFID、传感器、二维码等物联网核心技术，将在下一节进行更详细的介绍。

3.4　自动识别技术和感测技术

自动识别技术和感测技术是企业信息技术基础设施中至关重要的组成部分，它们是现代信息系统中信息采集的重要手段和主要方式。

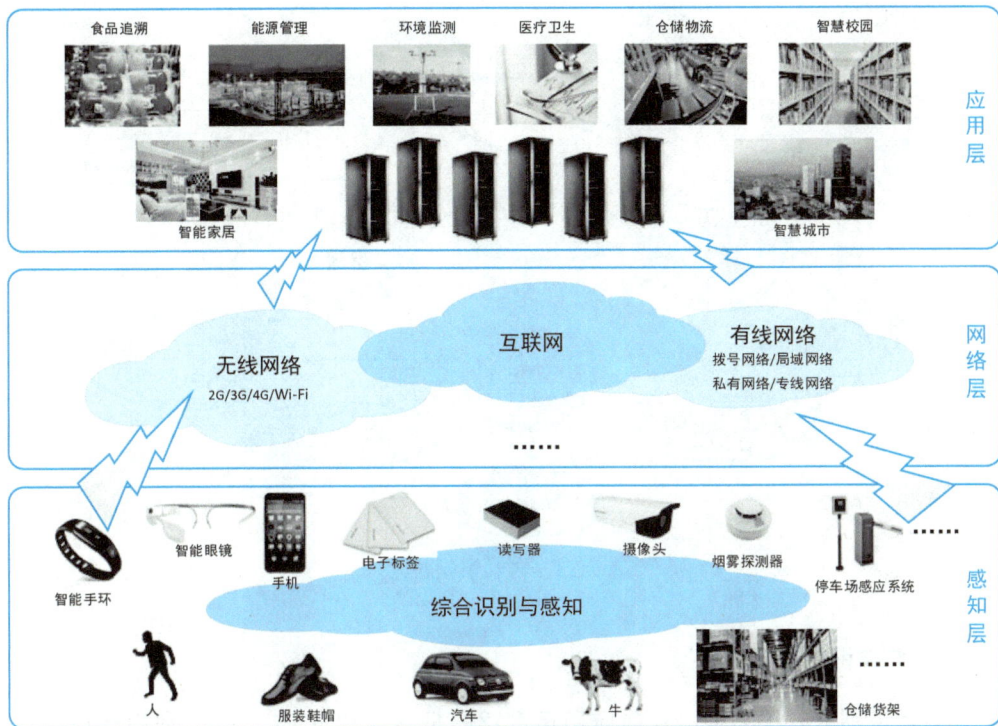

图 3-12　物联网的架构

3.4.1　自动识别技术

自动识别技术应用一定的识别装置，通过被识别物品和识别装置之间的接近活动，自动地获取被识别物品的相关信息，并提供给后台的计算机处理系统来完成相关后续处理。传统的人工数据输入一般速度慢、误码率较高，而且人工输入劳动强度大、工作简单且重复性高。而自动识别技术效率高、可以彻底消除人为错误，而且可与企业各种信息系统无缝衔接，解决了传统人工数据输入的上述问题，是现代企业信息系统在数据采集环节中的基础且重要方式之一。

自动识别技术包括卡类识别技术、条码技术、射频识别技术(RFID)、生物识别、图像识别等(图 3-13)。

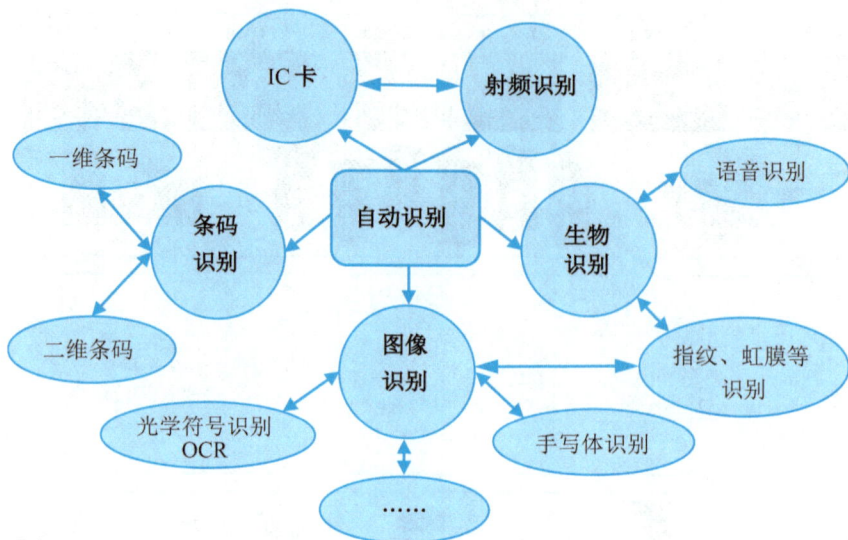

图 3-13　自动识别技术

1. 卡类识别技术

　　自动识别卡有很多种，目前应用最广泛的是磁卡和 IC 卡。磁卡利用磁性载体记录信息，数据存储量能够满足很多领域的需要，便于使用，成本价低，具有一定的安全性，像很多银行卡、会员卡、电话卡等都是磁卡形式的。IC 卡，即集成电路卡（Integrated Circuit Card，IC），在有些国家或地区也称为智能卡（Smart Card），它是将一个微电子芯片嵌入符合 ISO7816 标准的卡基中，做成卡片形式，利用集成电路的可存储特性，保存、读取和修改芯片上的信息。IC 卡可分为接触式 IC 卡、非接触式 IC 卡（射频卡）和双界面卡。IC 卡存储容量较大、体积小、重量轻、安全性高，与计算机系统结合在一起，十分方便地满足了对信息采集、传递、加密等管理需要，因此它在金融、交通、社保等领域使用很广泛。

2. 条码识别技术

　　条码（Bar Code）是利用光电扫描阅读设备识读并实现数据输入计算机的一种特殊代码，它"由一组规则排列的条、空及其对应字符组成的标记，用以表示一定的信息"[①]。一维条码目前在物流、零售等很多领域广泛使用，但一维条码信

----

① 　国家标准 GB/T 12905—2001《条码术语》定义。

息密度低、信息容量小，仅能识别商品，不能描述商品，必须依赖数据库。而且一维条码可靠性差，保密防伪性也较差。二维条码（2-dimensional bar code），简称二维码，是用某种特定的几何图形按一定规律在平面（二维方向上）分布的黑白相间的图形来记录数据符号信息的（图 3-14）。二维码能够在横向和纵向两个方位上同时表达信息，因此能在较小的面积内表达大量的信息，可以表示包括汉字、照片、指纹、签字在内的小型数据文件，可以对物品进行精确的描述，可在远离数据库和不便联网的地方实现数据采集。条码识别技术是目前全球应用最广泛的自动识别技术（表 3-4）。

图 3-14　一维条码和二维条码在信息标识上的区别

表 3-4　一维条码和二维条码的区别

比较项目	一维条码	二维条码
资料密度与容量	密度低，容量小	密度高，容量大
错误侦测及自我纠正能力	可以对条码进行错误侦测，但没有错误纠正能力	有错误检验及错误纠正能力，并可根据实际应用设置不同的安全等级
垂直方向的资料	不储存资料，垂直方向的高度是为了识读方便，并弥补印刷缺陷或局部损坏	携带资料，可对印刷缺陷或局部损坏等采用错误纠正机制恢复资料
主要用途	主要用于对物品的标识	用于对物品的描述
资料库与网络依赖性	多数场合须依赖资料库及通信网络的存在	可不依赖资料库及通信网络的存在而单独应用
识读设备	可用线性扫描器识读，如激光笔、线性 CCD、雷射枪	对于堆叠式可用线性扫描器多次扫描，或用图像扫描仪识读。矩阵式则仅能用图像扫描仪识读

3. 射频识别技术

RFID(Radio Frequency Identification)技术是 20 世纪 90 年代开始兴起的一种非接触自动识别技术。它利用射频信号，即发射可传播的电磁波，通过空间电磁耦合实现无接触信息传递并通过所传递的信息对物体进行识别。RFID 硬件系统一般由射频标签(Tag)、信号接收机(阅读器)和发射接收天线组成，其工作原理是：通常由阅读器在一个区域内发射射频能量形成电磁场，作用距离大小取决于发射功率。标签通过这一区域时被触发，发送存储在标签中的数据，或根据阅读器的指令改写存储在标签中的数据。阅读器可接收标签发送的数据或向标签发送数据，并能通过标准接口(中间件)与计算机网络进行通信(表 3-5)。

表 3-5　RFID 的不同工作频率

参数	低频(LF)	高频(HF)	超高频(UHF)	微波(uW)
频率	125～134 kHz	13.56 MHz	433 MHz，860～960 MHz	2.45 GHz，5.8 GHz
技术特点	穿透及绕射能力强(能穿透水及绕射金属物质)；但速度慢、距离近	性价比适中，适用于绝大多数环境；但抗冲突能力差	速度快、作用距离远；但穿透能力弱(不能穿透水，被金属物质全反射)，且全球标准不统一	一般为有源系统，作用距离远；但抗干扰力差
作用距离	<10 cm	1～20 cm	3～8 m	>10 m
主要应用	门禁、防盗系统、畜牧、宠物管理	智能卡、电子票务、图书管理、商品防伪	仓储管理、物流跟踪、航空包裹自动控制	道路收费、集装箱

RFID 技术识别速度快，识别距离远；体积小型化，形状多样化，易封装；可重复使用；穿透性和无屏障阅读较好；数据的记忆容量大，难以伪造，安全性较高。但它在价格、隐私和标准上还存在问题。RFID 目前的成本除了标签部分外，配套的周边与服务对一般企业来说仍然偏高，通常只有大企业负担得起。因此，虽然市场普遍看好 RFID，但需要各个领域的多数厂商加入，才可能如同条码与 POS 系统一样普及。在隐私方面，随着 RFID 技术普及到各层面，未来更可能使用在证照或身份证件等方面，数据曝光的危险性显得更高。随之而来如黑客或是政府的监视，也都影响到民众的权益。RFID 分为低频、高频、超高频和微波等标准，相对来说还比较复杂，也不利于 RFID 的普及。

4. 图像识别技术

图像识别是计算机对图像进行处理、分析和理解，以识别各种不同模式的目标和对象的技术。简单地说，图像识别就是计算机如何像人一样读懂图片的内容。图像识别过程包括图像预处理、图像分割、特征提取和判断匹配。借助图像识别技术，我们不仅可以通过图片搜索更快地获取信息，还可以产生一种新的与外部世界交互的方式，甚至会让外部世界更加智能地运行。

有一个很重要的细分领域——OCR(Optical Character Recognition)，即光学字符识别，是指光学设备检测纸上打印的字符，通过检测暗、亮的模式确定其形状，然后用字符识别方法将形状翻译成计算机文字的过程。具体到场景，就是通过扫描，将你手中的名片、身份证、驾驶证、银行卡等自动识别录入电脑或手机等终端，省去了手动输入的过程。

目前图像识别技术里比较高级的研究方向就是利用人工智能技术实现计算机视觉。计算机视觉是一门关于如何运用照相机和计算机来获取我们所需的、被拍摄对象的数据与信息的学问。形象地说，就是给计算机安装上眼睛(摄像头)和大脑(算法)，让计算机能够感知环境。

5. 生物识别技术

生物识别技术是指通过可测量的身体或行为等生物特征进行身份认证的一种技术；而生物特征是指唯一的可以测量或可自动识别和验证的生理特征或行为方式。生理特征包括指纹、掌纹、虹膜、脸、静脉、DNA 等，行为特征包括步态、声音、敲击键盘、签名笔迹等。

在当今众多的人体生物特征识别技术中，人脸识别技术以其实用性强、速度快、使用简单和识别精度高等特点，与其他人体生物特征识别技术相比较时占有明显的技术优势。人脸识别是通过计算机利用每人所固有的人脸特征来进行个人身份识别认证的技术。人的面部五官以及轮廓的分布因人而异，与生俱来。人脸识别还具有非侵扰性，无须干扰人们的正常行为就能较好地达到识别效果(图 3-15)。

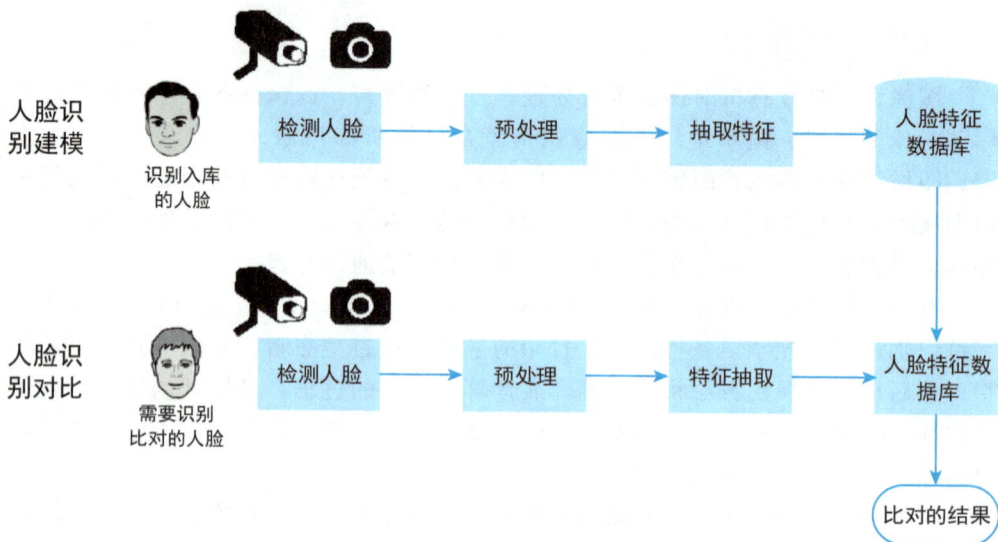

图 3-15　人脸识别的过程

3.4.2　感测技术

　　因为传感器、自动检测技术、自动测量技术的内容联系十分紧密，可以统称为感测技术。

　　传感器是一种检测装置，用于收集被监测系统的信息，因此传感器不仅用于现代测量和控制系统中，更是企业信息化建设中数据采集环节至关重要的基础设施。传感元件是传感器的核心，根据其基本感知可以分为热敏元件、光敏元件、气敏元件、力敏元件、磁敏元件、湿敏元件、声敏元件、放射线敏感元件、色敏元件和味敏元件十大类。

　　感测技术在我们日常生活已经随处可见，比如自动出水的水龙头、声控电灯等。我们以手机为例，介绍几个感测技术的应用。比如 GPS 位置传感器可以收到卫星的坐标信息帮用户定位，手机地图、设备丢失后定位查找，以及很多基于位置的服务（Location-based Service，LBS）都需要使用 GPS 位置信息。距离传感器位于手机的听筒附近，手机靠近耳朵时，系统借助距离传感器知道用户在通电话，然后会关闭显示屏，防止用户因误操作影响通话。陀螺仪和加速度传感器联合应用，在手机中的"摇一摇"、体感技术、VR 视角的调整与侦测等方面发挥作用。光线传感器能够根据周围光亮明暗程度来调节屏幕明暗。重力传感器可用来切换横屏与直屏方向等。

感测技术与信息技术相融合，尤其在物联网的场景下，才是真正的爆发。前面介绍过，物联网场景下，要想实现万事万物的互联互通，在识别这些物品的基础上，还要采集它们的物理状态的变化，传感器和电子测量技术会被更加广泛深入地应用。

3.5　信息安全技术

计算机网络上的通信经常面临各种攻击，比如攻击者从网络上窃听他人的通信内容，中断他人的网络通信，甚至会故意篡改网络上传送的报文，以及伪造消息在网络上传送。截获消息的攻击被称为被动攻击，而中断、篡改和伪造信息的攻击被称为主动攻击。还有一种特殊的主动攻击是恶意程序的攻击，比如计算机病毒(Virus)、蠕虫(Worm)、特洛伊木马(Trojan)、逻辑炸弹(Logic bomb)等。

对付被动攻击可采用各种数据加密技术，而对付主动攻击，则需要将加密技术与适当的鉴别技术相结合。

目前，数据加密技术主要有对称密钥密码体制和非对称密钥密码体制。对称密钥密码体制是一种加密密钥和解密密钥都是相同的密码体制，比如 DES 算法。对称加密算法速度快，效率高，算法强度足够。其密码算法是公开的，安全性主要依赖于密钥。但对称密钥数量庞大，网络中 n 个用户之间通信需要 C_n^2 对密钥，因此难于管理，密钥的传输同样也存在信息安全问题。非对称密钥密码体制，又称公开密钥密码体制，需要采用两个在数学上相关的密钥对——公开密钥和私有密钥来对信息进行加密和解密，比如 RSA 算法。非对称加密算法免除了传递密钥的困扰，网络中 n 个用户之间通信仅需 n 对密钥，而且非对称加密算法可以实现数字签名，但非对称加密算法比较复杂，加密/解密速度慢，不适合用于大批量数据的加密。因此，对称加密算法和非对称加密算法经常联合使用。

数字签名是一种对数字信息进行鉴别的安全技术。数字签名是伴随着消息一起发送并与发送的消息有一定逻辑关联的数据项，借助数字签名可以确定消息的发送方，同时还可以确定消息自发出后未被修改过。数字签名一般采用发送方的私钥进行加密，由接收方用发送方公布的公钥进行解密。

防火墙是一种特殊编程的路由器，安装在内部网和外部网之间、专用网和公共网之间，目的是实施访问控制策略。防火墙既可以是硬件，也可以是软件。一般来说，企业经常会把防火墙放置于互联网和企业内部网络之间。适当配置防火墙可将安全风险降低到可接受的水平，但仅仅使用防火墙并不能完全得到企业所需要的保护。

案例

青岛赛轮的 IT 基础设施①

在青岛赛轮股份有限公司的生产车间里，每天都有各种轮胎被生产出来。这些轮胎与人们日常见到的看上去并没有什么区别，但不同的是，它们的基因里带有浓浓的 IT 烙印。

1. 轮胎是如何 IT 化被生产出来的

在青岛赛轮依海而建的园区车间里，三三两两的工人在不同的生产线上安静地忙碌着。初冬的青岛，外面潮湿寒冷，而车间十分温暖并弥漫着刺鼻的橡胶气味，机器在低沉地轰鸣，经常还传来"说话"声——它们在提示工人该如何操作以及说明所需的材料和采用的工艺。青岛赛轮进行了不少的工程来改造这些机器，因为并不是所有机器都具有先天"说话"的能力。

即使是在最现代化的生产车间内，轮胎的"出生"也要经过多道工序，从零部件到成品，轮胎在巨大的生产车间内辗转几个生产线。

首先工人们需要将各种配料准备好，包括橡胶、炭黑、促进剂、防老剂、助剂等。

不同性能的轮胎，配料的比重各不相同。准备好的配料需要密炼，就像蒸馒头前的和面，各种原料被混合在一起，在密炼机里加工，生产出"胶料"。

然后是压延、裁断和成型等环节，胶片、钢丝和帘布等轮胎的骨架和血肉被预黏合在一起，胎圈等各种部件也被制造出来，并在成型机上组装成生胎。

下一步就是通过硫化增强生胎强度，使其成为成品。在把生胎放入蒸锅之前，工人需要扫描它们的条形码，如果不是这一工序的货物，条形码将无法识别，工序也无法进行。硫化机如同一个巨大的蒸锅，放入其中的轮胎被氮蒸汽扩张，又被蒸锅内压，10 分钟左右一锅轮胎就"蒸"好了。根据需求不同，不同的轮胎被设计出不同的花纹和字样，它们在硫化过程中通过模具被刻在轮胎上。轮胎"蒸"好后，每个轮胎都会被贴上系统打印好的新的条形码，然后被送入临时库房。

"新生"轮胎在临时库房被工人带走，送入检测环节。外观由人工检测，而均匀性和动平衡则需要依靠机器来完成。工人们手持 PDA，在轮胎检测完成后，

---

① 参考《IT 经理世界》2012 年 12 月"轮胎里的 IT 基因"等进行撰写。

扫描条形码，录入信息，合格产品被放到自动分拣线上，由机械手抓放到不同的区域等待入库，然后销往各地；不合格的次品，进入循环回收工序。

整个过程中，所有零件和成品在厂房内都有着自己的库房区域。它们在入库时都会先被扫描条形码，工人通过电脑可以获知新生产出来的零件或产品的库位。同样，在零件或产品走向下一道工序时，系统也会根据生产时间等因素，智能选择哪些货物首先出库。

其实，在青岛赛轮，IT 贯穿了上述整个过程。通过对 ERP、MES、RFID、传感器、称重仪表、条码设备、生产设备、检测设备等各种软件、硬件基础设施的集成，成为国内首家轮胎信息化生产示范基地。

2. IT 驱动的轮胎制造

中国是全球最大的轮胎制造、消费和出口国，在经历了低端制造、"贴牌生产"的初级发展阶段后，中国轮胎制造业正面临着上游原材料和下游整车厂的双重挤压。一方面受制于天然橡胶价格波动剧烈，以及中国人力成本日渐上涨，大大影响了利润空间；另一方面全球前十大轮胎制造企业几乎都在中国设立了工厂，以更先进的技术和管理水平优势，跟中国本土轮胎品牌争夺市场。

诞生于 2002 年的中国本土轮胎品牌——青岛赛轮轮胎有限公司（以下简称"青岛赛轮"）也面临着同样的竞争压力。相比其他几大民族轮胎品牌，如双星、三角、玲珑等，青岛赛轮进入行业的时间较晚，但这也正是青岛赛轮的优势——从建厂之初就以信息化生产为主线，从轮胎研发、经营到生产，青岛赛轮将 IT 渗透到轮胎生产全过程，集成生产计划和工艺控制管理，这些技术中不乏物联网、云计算、移动互联、BI 等热门技术。

轮胎属于一种安全产品，它的生产工序烦琐且环环相扣——从原料、配料、密炼、压延、裁断、成型、硫化到检测，形成了一个连续的过程。因此，任何一个环节出问题，都会影响到轮胎的质量。而轮胎的质量也很大程度上影响到它在市场上的竞争力。"难以驾驭产品质量，导致了我们和国际一流企业的很大差距"，青岛赛轮信息化领域负责人（CIO）、副总经理朱小兵说。青岛赛轮以生产管理为主线，制造监控为重点、产品信息管理为基础建设 IT 系统，帮助其实现了由离散性制造方式向协同和流程生产方式的转变，在提升生产效率的同时，也大大减少了生产过程中人为因素的干扰，保证产品质量的稳定性和均一性，让青岛赛轮在产品品质上更具竞争力。

（1）生产和监控——ERP 和 MES

轮胎的生产属于离散性制造，工序多、关键点多、相对独立又相互制约、难以控制。青岛赛轮在将销售订单转化为生产订单，将生产订单转化为生产进度的系统设计中着实费了一番心思。

建设 ERP 和 MES 在制造企业非常普遍，企业主要依靠 ERP 对企业各种生产制造资源进行协同管理，通过 MES 对设备进行实时监控，模拟现场生产及检验设备，并进行动态控制和管理等。朱小兵 2003—2007 年上半年带领团队完成了整个 MES 项目。

青岛赛轮将销售订单数据通过 ERP 系统提交给生产计划中心，生产计划中心依靠 MES 系统，根据各环节零部件及产品的生产时间、库存情况和能耗情况等综合因素，计算每个环节每个工人工作周期内的工作量，然后将任务由系统下发到各生产线和班组。管理者能看到各生产线的实时工作进度。MES 系统使轮胎的生产实现了检测数据、生产数据、消耗数据等的自动采集和统计分析，并实现了对轮胎生产过程的可追溯管理。如果一个成品轮胎出现了问题，企业管理人员可以通过 MES 系统准确地分析出是哪个环节出现了问题。同时系统也可以帮助记录每个生产环节上每个工人的工作节拍。机器设备是可以不休息的，但工人的操作不能像机器一样稳定且无休，它们的操作时间是可变量。管理者通过系统采集和分析这些操作时间数据，就可以针对性地作出不同的生产决策。MES 系统上线后，原来青岛赛轮长期面临的因人员技能和素质参差不齐而造成的产品质量不稳定，设备事故、人身事故频发等问题也得到了解决。

IT 系统也为管理者们提供报表和决策支持。比如，此前车间主任去实地查看数百台硫化机的生产情况，一遍就至少要两小时。IT 系统使得每台硫化机的生产情况在电脑上一目了然，车间主任根据自动报警系统的提示，有针对性地查看相关设备运转状态。再如，轮胎生产流程中生产计划经常会被调整。以前需要40 分钟进行计划调整，现在也压缩到了 5 分钟以内。朱小兵说，这不仅仅是生产效率的提升，还使得机器重启时预热等环节减少，工艺流程实现高度衔接。

朱小兵认为 MES 在青岛赛轮四个主要功能是：控制执行标准工艺、下传控制管理信息、采集相关信息以及可追溯管理。它不仅可以保证企业运转过程得到合理监控与管理，也可以有效节省各生产环节的不必要成本。据青岛赛轮统计，MES 上线后，仅轮胎生产过程的第一道工序炼胶生产线就可以节省 80 万元。

（2）产品信息采集跟踪——RFID

如果没有收集到精准的产品信息，MES 系统就无法发挥最大优势。因此，青岛赛轮把信息化的触角延伸到轮胎本身，运用 RFID 技术让轮胎变得更加智能。面对信息化建设所需的巨大资金缺口，青岛赛轮通过让青岛软控技术股份有限公司（下称"青岛软控"）入股等方式，引入了 RFID 等系列物联网技术。

青岛赛轮拥有 4000 多个品种的轮胎产品，每个品种的每一条轮胎都有唯一的身份证号码，即胎内装的 RFID 标签，也叫"胎号"。在青岛软控的研发中心，技术人员用电子设备对轮胎进行扫描，轮胎中芯片就把记录在案的信息显示出来，比如轮胎的结构、材料以及每个生产环节中的重要信息。没有胎号的轮胎产品是不能售出的。当产品售出后发现有问题时，通过扫描胎号，也能迅速定位轮胎的生产批次，同批次产品还有多少，是否已售出，流向哪里等信息。层层溯源下，青岛赛轮能清晰地看到这条轮胎是从哪台机器上下线的，由哪个操作员执行操作，甚至追查到最底层原材料的来源批次，准确查找出产生质量问题的关键环节。

通过这小小的"身份证"，青岛赛轮打通了业务链条上所有的信息节点。若问题出在工作人员身上，HR 系统采取相应处理；如果问题出在设备或原材料上，则要启动设备检修或原材料质量筛查。

朱小兵认为，RFID 使轮胎全生命数据追溯更加可靠。流程式信息化系统自动记录轮胎制造全过程数据，使每条轮胎都拥有信息化数据档案，真正实现轮胎生产的全过程信息化追溯，将轮胎生产过程中的不确定因素排除，确保产品质量的均一性和质量的可追溯性，解决了传统生产模式采用人工或半人工记录存在的不准确、不完全、难追溯、难再现的弊病。

原材料和能源是轮胎生产中的主要成本来源，这两项成本合起来占到了青岛赛轮生产成本的 86% 以上。青岛赛轮 2012 年上线了能耗管理的物联网系统，对500 多个生产设备进行了改造，实现了能源采集和对能源设备、管线的监控。这个系统通过对企业全部能源消耗数据进行采集、分类、整理、查询、综合分析，将能源消耗量化分解到了每天、每个班组、每个机台，为计算生产成本及考核能源消耗提供了准确的数据。

阅读案例内容，并思考以下问题：

(1)青岛赛轮信息化过程中都进行了哪些 IT 基础设施建设？

(2)MES 和 ERP 系统有何区别，帮助企业解决了什么问题？

(3)青岛赛轮为什么要采集跟踪产品信息？都采集了哪些产品信息？通过什么技术来跟踪采集产品信息？

(4)什么是 RFID 技术和传感器技术？在案例中他们如何应用？除了案例中的应用，试分析这些技术还有哪些可以应用的领域。

(5)查找物联网(Internet of Things)相关资料，了解物联网的概念和发展，联系案例中的内容，分析理解物联网实现过程中的关键信息技术的作用。

(6)自动识别和感测技术会带来哪些安全风险和隐患？企业在进行信息化和数字化的建设过程中，应该如何认识信息安全问题？如何在构建企业信息技术基础设施的过程中，保护公司自身、员工、客户等的数字权益？

业界

亚马逊的"云"

2016 年 11 月 28 日—12 月 2 日，亚马逊公司 AWS 云服务在美国拉斯维加斯举办第五届 AWS re：Invent 大会。11 月 30 日，亚马逊云服务首席执行官 Andy Jassy 在大会主旨发言中阐述了云计算的超凡魅力。

他宣称 AWS 将让客户可以使用到多年来支撑 Amazon 产品及能力的人工智能技术，并公布了一系列新产品，如图形识别服务 Amazon Rekognition 可以识别人脸丰富的表情，这一功能可被用于安全认证；Amazon Polly 是一项从文本到语音的深度学习服务，它目前可以支持 45 种语言；Amazon Lex 用于自然语言的理解和处理，可以实现自然的、对话式的交互。

另外一个亮点是超巨量数据安全迁移的新产品：AWS Snowmobile（亚马逊雪车）来帮助企业更快更安全地进行数据中心迁移。亚马逊 AWS 的 Snowball 一次可以存储 50TB 的数据，Snow Edge 的容量为 100TB，而新推出的 Snowmobile 总容量可达 100PB。之前 10G 专属光纤传输预计 26 年才能完成的数据迁移，现在 6 个月就可以完成。

亚马逊云服务是最早投入云计算产业的公司之一。早在 2001 年伊始，亚马逊在全球为线下零售商提供网站技术支持和运营，即为 AWS 的前身。2002 年，开始将 AWS 有偿提供第三方使用。2006 年亚马逊推出了第一个商业化云服务产品 S3（云存储平台）。那时，云的概念在业界还不流行，所以亚马逊在最初推广云计算时并没有使用"Cloud（云）"这样的服务品牌，而是用了"Amazon Web Service"（亚马逊 Web 服务）。目前，AWS 包括亚马逊弹性计算云（Amazon EC2）和亚马逊简单储存服务（Amazon S3）、亚马逊简单数据库（Amazon SimpleDB）、亚马逊简单队列服务（Amazon Simple Queue Service）等。亚马逊云服务强调公有云作为"未来的基础设施"，并非简单的服务器硬件"资源池化"的技术变革，它更带动了一场商业模式的变革——当互联网已经成为社会的基础设施之后，云计算将是下一个基础设施，由此带来的颠覆性效应则是大公司 IT 管理成本直线下降，中小创业公司的创业门槛大幅降低（图 3-16）。

AWS 在海外的服务历程已经很长，赢得了较高的认可度，也有比较大的市场规模和用户规模。亚马逊云服务自 2006 年成立以来，到现在在全球拥有超过一百万个活跃客户，并可提供将近 100 项服务，包括计算、存储、网络、数据库、分析、联网、通信、机器学习、移动、物联网和应用服务等（表 3-6）。

计算
Amazon EC2
Amazon EC2 Container Registry
Amazon EC2 Container Service
Amazon Lightsail
Amazon VPC
AWS Batch
AWS Elastic Beanstalk
AWS Lambda
Auto Scaling
Elastic Load Balancing

存储
Amazon Simple Storage Service (S3)
Amazon Elastic Block Storage (EBS)
Amazon Elastic File System (EFS)
Amazon Glacier
AWS Storage Gateway
AWS Snowball
AWS Snowball Edge
AWS Snowmobile

数据库
Amazon Aurora
Amazon RDS

Amazon DynamoDB
Amazon DynamoDB Accelerator (DAX)
Amazon ElastiCache
Amazon Redshift
AWS Database Migration Service

迁移
AWS Migration Hub
AWS Application Discovery Service
AWS Database Migration Service
AWS Schema Conversion Tool
AWS Server Migration Service
AWS Snowball
AWS Snowball Edge
AWS Snowmobile

网络和内容分发
Amazon VPC
Amazon CloudFront
Amazon Route 53
AWS Direct Connect
Elastic Load Balancing

开发人员工具
AWS CodeStar
AWS CodeCommit
AWS CodeBuild
AWS CodeDeploy
AWS CodePipeline
AWS X-Ray
AWS 命令行界面
适用于 PowerShell 的 AWS 工具
适用于 VSTS 的 AWS 开发工具包
AWS Toolkit for Visual Studio
适用于 Java 的 AWS 开发工具包
适用于 .NET 的 AWS 开发工具包
适用于 Go 的 AWS 开发工具包
适用于 Node.js 中 JavaScript 的 AWS 开发工具包
适用于 Python 的 AWS 开发工具包
适用于 Ruby 的 AWS 开发工具包

适用于 PHP 的 AWS 开发工具包
适用于 C++ 的 AWS 开发工具包
AWS Toolkit for Eclipse

管理工具
Amazon CloudWatch
Amazon EC2 Systems Manager
AWS CloudFormation
AWS CloudTrail
AWS Config
AWS OpsWorks
AWS Service Catalog
AWS Trusted Advisor
AWS Personal Health Dashboard
AWS 命令行界面
AWS 管理控制台
AWS Managed Services

人工智能
Amazon Lex
Amazon Polly
Amazon Rekognition
Amazon Machine Learning
AWS 上的 Apache MXnet
TensorFlow on AWS
AWS 深度学习 AMI

分析
Amazon Athena
Amazon EMR
Amazon CloudSearch
Amazon Elasticsearch Service
Amazon Kinesis
Amazon Redshift
Amazon QuickSight
AWS Data Pipeline
AWS Glue

安全性、身份与合规性
AWS Identity and Access Management (IAM)
Amazon Cloud Directory
Amazon Inspector

Amazon Macie
AWS Certificate Manager
AWS CloudHSM
AWS Directory Service
AWS Key Management Service
AWS Organizations
AWS Shield
AWS WAF
AWS Artifact

移动服务
AWS Mobile Hub
Amazon API Gateway
Amazon Cognito
Amazon Pinpoint
AWS Device Farm
AWS 移动软件开发工具包

AWS 成本管理
AWS 成本管理器
AWS 预算
预留实例报告
AWS 成本和使用率报告

应用程序服务
AWS Step Functions
Amazon API Gateway
Amazon Elastic Transcoder

消息收发
Amazon Simple Queue Service (SQS)
Amazon Simple Notification Service (SNS)
Amazon Pinpoint
Amazon Simple Email Service (SES)

企业生产力
Amazon Chime
Amazon WorkDocs
Amazon WorkMail

桌面和应用程序流式处理
Amazon WorkSpaces
Amazon AppStream 2.0

软件
AWS Marketplace

物联网
AWS IoT 平台
AWS Greengrass
AWS IoT Button

联络中心
Amazon Connect

游戏开发
Amazon GameLift
Amazon Lumberyard

图 3-16　亚马逊中国网站上的产品列表(2017 年 11 月 27 日)

表 3-6　2015—2016 年 IaaS 公有云服务市场份额

服务提供商	2015 年收入	2016 年收入	2016 年增速
Amazon	6 698	9 775	45.9%
Microsoft	980	1 579	61.1%
Alibaba	298	675	126.5%
Google	250	500	100%
Rackspace	461	484	5%
IBM	200	300	50%
NTT Communications	179	224	25.1%
Virtustream	100	205	104.9
Fujistu	120	163	35.8%

续表

服务提供商	2015 年收入	2016 年收入	2016 年增速
Dimension Data	110	120	9.1%
其他	7 465	8 135	9%
总计	16 861	22 160	31.4%

Gartner2017 年 7 月发布的 2016 年全球公共云市场份额报告，全球云计算"3A"（亚马逊 AWS、微软 Azure 和阿里云 Alibaba Cloud）引领公共云市场，三者占据市场份额前三位，亚马逊保持领先优势，阿里云超越 Google，紧追第二位微软 Azure。Gartner 认为，亚马逊依旧是市场领导者，但面临激烈的市场竞争。微软的优势在于 SaaS 领域，而阿里云目前在中国公共云市场上占有较大份额，也仍是唯一一家出现在全球榜单中的中国云计算厂商。

实验

我的电子商务公司的 IT 基础设施

在第 2 章"实验　提出一个基于互联网的创新构想"的基础上，根据电子商务的初步构想，购置与你的业务构想相应的信息技术基础设施。

假设在你的电子商务公司成立初期，需要配置与你的业务构想相应的信息技术基础设施。你可以自行配置购买软、硬件和网络平台，自己维护管理服务器，也可以采用云计算模式。分析这不同方式各自的优缺点，并根据你的业务需要，选择适当的方式。

如果决定完全自行配置、运作和管理信息技术基础设施，那么：

(1)充分考虑业务的特点和需求（比如对于安全、对色彩图形、对声音、对处理能力等方面的需求），在互联网（可以去 IBM、Dell、联想、HP、Xerox 等的官方网站，也可以登录一些综合 IT 网站）上寻找并选择合适的台式计算机、笔记本、服务器、打印机、网络基础设施（如路由器、集线器、防火墙）的配置和报价；

(2)在互联网上寻找微软 Windows 操作系统、Office、安全软件的报价，并查找其他必要的应用软件的报价；

(3)对各种软件、硬件组合进行评估，为员工提供具有最佳性价比的计算机软、硬件组合；

(4)对网络接入的服务和费用进行调查，选择一个具体服务方案；

(5)调查网络管理工作的职责和薪酬，根据业务需求设置相应的网络管理工作岗位，并给出他们的工资报价；

（6）考虑自行运作信息技术基础设施是否还需要其他成本支出。

如果决定采用云计算模式，那么：

（1）选择几家提供此类服务的服务提供商，通过衡量比较它们在成本、可靠性、安全性和客户服务方面的特点，并结合你的业务对云计算的需求，确定一个最好的服务公司以及你想要的具体服务形式；

（2）除了服务器平台，还需要你额外考虑配置哪些信息技术设施？通过互联网查找相关 IT 设施的信息和报价，以及人工成本。

把你选择确定的方案整理成一份报告，报告需要包括以下几部分。

（1）简述你的电子商务业务构想；

（2）根据你的业务特点和需求，分析你进行 IT 配置的目标；

（3）分析你选择 IT 配置的思路：自行配置管理？云计算？

（4）详细阐述你的信息技术平台的具体方案和成本支出，包括产品详细规格、价格、数量和供应商信息等。

阅读

What Every CEO Needs to Know About The Cloud？

2011 年 11 月 *Harvard Business Review* 刊登了学者 Andrew McAfree 的文章 *What Every CEO Needs to Know About The Cloud*？

AndrewMcAfree 是麻省理工斯隆管理学院数字商务中心的首席研究科学家和副主任，一直关注和研究信息技术及其对企业和人类的影响。Andrew McAfree 出版的作品包括"Enterprise 2.0：New Collaborative Tools for your Organization's Toughest Challenges"（2009）、"Race Against the Machine"（2012）、"The Second Machine Age：Work，Progress，and Prosperity in a Time of Brilliant Technologies"（2014）等。

在此文中，作者认为，这是一次翻天覆地的变化——这是计算能力生产与消费方式上一次意义深远的变化。这就像一个世纪以前，制造业从蒸汽到电力的转变一样，既不可避免，也不可扭转。而且，正如当初那场转变给工厂业主们带来了众多好处并开启新的机会之门一样，云计算也会给使用者带来许多优势。

文章试图帮助企业 CEO 了解以下一些问题：云为什么可以超越 IT 部门成为企业中的重要角色？对云计算持怀疑态度的人到底担心什么？企业该如何开始布局云平台？

阅读全文，思考以下问题：

(1)到底什么是云计算？云计算和 IAAS、PAAS、SAAS 之间是什么关系？

(2)云对企业来说到底有何好处？

(3)对云计算持怀疑态度的人到底担心什么？

(4)企业该如何开始布局云平台？

(5)除了此文，搜索并阅读 Andrew McAfree 的其他作品，理解作者对于信息技术及其对企业的影响。

阅读

The Chips Are Down for Moore's Law

"*The Chips Are Down for Moore's Law*"是 *Nature* 2016 年的一篇文章，探讨了半导体行业要"超越摩尔(More Than Moore)"的原因以及未来发展。

摩尔定律可以说是整个计算机行业最重要的定律，它其实是一个预言：每两年微处理器的晶体管数量都将加倍——意味着芯片的处理能力也加倍。这种指数级的增长，促使 20 世纪 70 年代的大型家庭计算机转化成八九十年代更先进的机器，然后又孕育出了高速度的互联网、智能手机和现在的车联网、智能冰箱和自动调温器等。

这个看起来自然而然的进程，实际很大程度也是人类有意控制的结果，芯片制造商有意按照摩尔定律预测的轨迹发展：软件开发商新的软件产品日益挑战现有设备的芯片处理能力，消费者需要更新为配置更高的设备，设备制造商赶忙去生产可以满足处理要求的下一代芯片。20 世纪 90 年代以来，半导体行业每两年就会发布一份行业研发规划蓝图，协调成百上千家芯片制造商、供应商跟着摩尔定律走，这样的战略，有时也被称为"更多摩尔"(More Moore)，由于这份规划蓝图的存在，整个计算机行业才跟着摩尔定律按部就班地发展。

但现在，这种发展轨迹要告一段落了。由于同样小的空间里集成越来越多的硅电路，产生的热量也越来越大，这种原本两年处理能力加倍的速度已经慢慢下滑。此外，还有更多更大的问题也慢慢显现，如今顶级的芯片制造商的电路精度已经达到 14 纳米，比大多数病毒还要小。但是，全球半导体行业研发规划蓝图协会主席保罗·加尔吉尼(Paolo Gargini)表示："到 2020 年，以最快的发展速度来看，我们的芯片线路可以达到 2～3 纳米级别，然而在这个级别上只能容纳 10 个原子，这样的设备，还能叫作一个'设备'吗？"

恐怕不能。到了那样的级别，电子的行为将受限于量子的不确定性，晶体管将变得不可靠。在这样的前景下，尽管这方面已经有无数研究，但目前人们仍然无法找到可以替代如今的硅片技术的新的材料或技术。

2016 年 3 月发布的行业研究规划将史无前例地不以摩尔定律为中心，相反，新的战略可能是"超越摩尔"（More than Moore）：与以往首先改善芯片、软件随后跟上的发展趋势不同，以后半导体行业的发展将首先看软件——从手机到超级电脑再到云端的数据中心——然后反过来看要支持软件和应用的运行需要什么处理能力的芯片来支持，由于新的计算设备变得越来越移动化，新的芯片中，可能会有新的一代的传感器、电源管理电路和其他的硅设备。

这种局势的转变，也改变了半导体行业围绕摩尔定律不再团结一致。"大家都不确定新的研究规划蓝图意味着什么，"爱荷华大学计算机科学家丹尼尔·里德（Daniel Reed）表示。位于华盛顿的半导体行业协会（The Semiconductor Industry Association，SIA）代表所有美国半导体企业，已经表示不再参与全球半导体行业研究规划蓝图的章程，而是自行决定研发进度。

尽管摩尔定律已经走向黄昏，但这并不意味着半导体行业停止了发展。丹尼尔·里德将之与飞机制造行业进行比较："现在的波音 787 并不比 20 世纪 50 年代的波音 707 快多少——但这两个型号的飞机可差太多了，波音 787 的创新体现在其他地方，比如全电子控制、碳纤维机身等，计算机行业也是如此，创新将会继续，但是会体现在更细小和更复杂的地方。"

阅读全文，思考以下问题：

(1)全球半导体行业为什么要制作行业研发规划蓝图？

(2)摩尔定律遇到了哪些挑战？目前有什么解决方法？

📖 本章参考文献

[1]徐涛. Netflix 的另一面：如何成为一家"靠谱"的技术公司？[J]. 第一财经周刊，2014-01-29.

[2]张涵. 云计算人工智能颠覆视频制作 科技巨头混战娱乐媒体业[N]. 21 世纪经济报道，2017-10-25.

[3]Waldrop M M. The Chips Are Down For Moore's Law [J]. Nature，2016，530(7589)：144-147.

[4]姜奇平. "泽字节时代"的繁荣与挑战[N]. 人民日报，2014-07-02.

[5]Kurose J F, Ross K W. 计算机网络：自顶向下方法[M]. 陈鸣，译. 6 版. 北京：机械工业出版社，2014.

［6］Trustdata. 2017 年 Q3 中国移动互联网行业发展分析报告［R］. Trustdata 官网，2007-10.

［7］ITU. ITU Internet Report 2005：The Internet of Things［R］. ITU website，2005.

［8］杨志杰. 轮胎里的 IT 基因［J］. IT 经理世界，2012(24)：96-96.

［9］Mcafee A. What Every CEO Needs to Know about the Cloud［J］. Harvard Business Review，2011，89(11)：125-132.

扫描二维码，获取本章微课视频。

微课视频	本章小结

第4章　数据库、商业智能与人工智能

　　数据是对现实世界的对象进行记录的符号，数据经过某种加工处理后就会变成对决策具有指导意义的信息。因此，数据存储与管理是企业信息系统管理的基础。因此数据库管理系统也是企业信息基础设施的重要组成部分，数据库的建立和管理是企业信息化建设的必要环节。但利用数据库对数据进行管理的前提，是要认识到数据的存在形式和利用价值，这种洞察力在万事万物皆可数据化的大数据时代显得更加珍贵。本章首先对我们身边的各种数据类型进行了探讨，然后介绍了基于数据库的数据管理技术，比如数据库、数据仓库、OLAP、人工智能等技术。

本章学习目标

1. 理解各种数据的存在和它们的利用价值。
2. 掌握数据库的基本概念和原理，掌握一个简单数据库的设计方法与实现操作。
3. 理解数据仓库、OLAP、数据挖掘的相关概念和理论。
4. 理解人工智能的概念、核心技术和各种应用场景。

导入案例

数据——F1的幕后英雄

　　对很多人来说，F1赛事吸引人的最大魅力所在就是车队战术——进站时机的选择、维修站里的分秒必争、超车与反超车、干胎与雨胎的更换，无不成败攸关。在这些精彩绝伦的战术的背后，一个幕后英雄逐渐浮出水面，它就是数据。

　　英菲尼迪红牛车队在F1美国大奖赛的车库里间更像是NASA的任务控制中心，这里的电脑显示屏比眼球多，比赛前三天，几名工程师已经坐在他们的位置上调试模拟、研究数据流了。

　　F1赛事所使用的海量数据简单分为三类：历史数据、赛前测试数据和实时数据。对于某站比赛而言，最有价值的历史数据就是该车手在此站赛道的以往各种数据集合。一辆F1赛车上基本上会有150～200个传感器，一站下来的收集的数据将达到3TB之多。根据AT&T的消息，在美国大奖赛期间车队们收集了超过243TB的数据，比国会图书馆的数据还要多。这些数据，比如说，在第5圈的第4弯的胎压是多少，当时用的油量是多少，车子的速度、刹车的情况等。通过数据分析，可以在赛前为车手创建特有的策略，比如，根据空气动力学设置赛车，什么时候使用什么轮胎，何时进站等。

　　比赛过程中的实时数据来自赛车的传感器、GPS、天气和赛道信息，数据通过实时收集、加工和分析，把结果展示在仪表盘上。仪表盘上方是赛车性能监控，下方是预测时间轴。

　　赛车性能监控是基础。针对某一辆赛车，可以实时获取到如名次、领先时间、最快及当前圈时间、当前速度及档位，刹车及油门实时使用情况，燃油情况及预测燃油耗尽圈数等信息，也可以看到更详细的数据，如上一次进站消耗的时间，胎压信息等。在赛道信息图上还可以显示赛道布局及弯道所有编号，风力情况，天气情况，乃至赛道温度，这都将作为决策的重要线索，比如正常情况下(无事故及天气原因)，可以决定使用什么样的轮胎和空气动力学设置，乃至进站策略等。

　　预测时间轴可以直观地呈现通过数据分析后应该采用的进站策略，比如计划什么时候进站，接下来的进站窗口是什么时候，预测什么时候轮胎会有一个问题将导致赛车性能极度下降，什么时候燃油会耗尽。这些最重要的信息，都非常简单明了地展示在仪表盘上，供当时的工程师作出最佳的决策。当然数据仅仅是重要的参考，工程师的经验也至关重要。但数据获取的速度越快，准确性越高，数据模型越完善，决策就越容易。

　　2012赛季，红牛车队和他们的车手塞巴斯蒂安·维特尔在进入收官站巴西大奖赛时，只需要在前三名完赛即可锁定连续第三座总冠军。但是在第一圈，维特尔被后车刮蹭，赛车受损、打滑并让他落到了最后一名。不过仅仅在事故发生后1秒，工程师们便投入了应变，首先检查赛车的遥测数据来判断赛车有没有机会撑到终点。第一圈结束时，团队便了解了破坏的范围，赛车仍然可驾驶，但变得不平衡且存在可能会导致轮胎和引擎损伤的故障。红牛的工程师又花了几圈以完成模拟并准备临时维修。71圈比赛中的第10

圈，第一个计划中的进站，车组不但恢复了赛车的平衡，同时也策划了一个新的比赛策略——只要力图获得足够赢得世界冠军的最低积分即可。最后，维特尔获得第六名，凭借着3分的优势赢得了2012赛季的F1车手总冠军，同时成了最年轻的获得三连冠的世界冠军。

思考以下问题：

(1)比赛过程中，F1赛车通过什么途径收集数据？

(2)收集上来的都有哪些种类的数据？这些数据有什么用途？

(3)你觉得除了案例中的数据，F1比赛过程中还有哪些数据也是值得收集分析的？

(4)对于整个汽车行业来说，还可以收集获取什么数据？有什么用途？

4.1　我们身边的数据

很多人喜欢看F1大奖赛，但很少有人知道在那些令人称绝的车队战术背后，居然还有海量数据起着这么重要的作用。通过传感器、GPS等各种技术，车队可以收集大量的实时数据，再结合天气、赛道和历史收集上来的数据，车队就可以帮助赛车制定各种比赛策略。目前，赛车上大部分关键零部件和主要性能都在传感器的检测之下，此外，关于赛车手在比赛过程中的身体和心理状态数据也非常重要，虽然案例中没有涉及，但随着各种现代生物技术的发展和深入应用，相信这部分数据也会纳入分析的范畴。

F1赛场幕后的故事仅仅是整个汽车行业的一个缩影。IT和大数据正在让这个有着百年历史的行业产生着革命性的变革。每一辆智能化汽车都在源源不断地产生着速度、加速、制动、位置等各种各样的数据，可以产生很多不同方式的分析应用，比如优化汽车产品和使用体验、促进销售的个性化推荐、协助交通事故分析、改进道路规划和交通状况等。

从某种意义上讲，数据意识是大数据时代基础而关键的一项工作。这种数据意识不仅要知道去利用数据，更重要的是能够发现"身边"各种数据的存在以及可能的利用价值。大数据概念已经喧嚣数年，很多人都耳濡目染了大数据的重要，但很多人和组织连自己以前有限的"小数据"还没有充分发掘和利用，对大规模的数据的使用无异于空中楼阁。因此，认识我们身边的数据是利用开发数据的基础工作。

4.1.1 互联网公司的数据

互联网公司依托信息技术的发展而诞生，它可以说是"淹没"在数据中的公司。

we are social 和 Hootsuite 发布的《数字 2021：全球概览报告》中数据显示，截至 2021 年 1 月，全球手机用户数量 52.2 亿，互联网用户数量 46.6 亿，社交媒体用户数量 42 亿。互联网容纳了几十亿网民每天的浏览搜索、社交娱乐、商务交易的需求，也记录了他们行为背后的大量数据。谷歌公司 2016 年官方公布的每年搜索量达到了万亿次的数量级，据业界估计至少超过 2 万亿次，那么每秒要处理 63000 次以上，而在 2000 年的时候，谷歌的年搜索量只有 140 亿次①。

互联网行业的大数据发展相较于其他行业而言，发展速度更快，应用更加落地。其优势在于，首先在数据获取方面，互联网形式更有利于与用户发生交互，能够采集到连续数据；其次在数据处理方面，互联网的形态更有利于海量数据的存储和分析，特别是将大数据与云计算的结合，改变了传统的高成本低效率的数据存取方式。

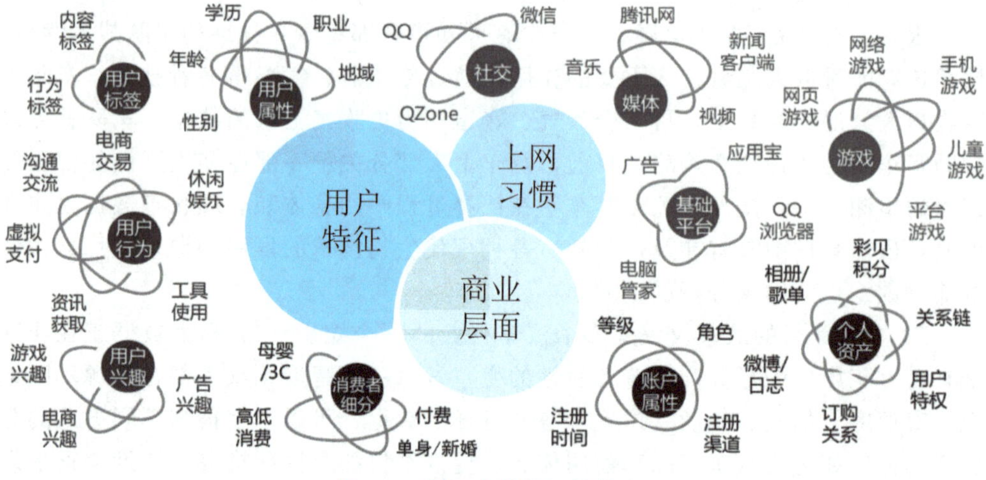

图 4-1　腾讯大数据标签体系

数据来源：艾瑞咨询. 2016 中国数据驱动型互联网企业大数据产品研究报告. 艾瑞网，2016-12-22.

图 4-1 是腾讯的大数据标签体系。腾讯的主要服务有社交和通信服务（QQ、

---

① 数据来源：TechWeb 网站。

微信)、社交网络平台(QQ空间)、腾讯游戏旗下(QQ游戏平台)、门户网站(腾讯网)、腾讯新闻客户端和网络视频服务(腾讯视频)等。腾讯将业务体系中的海量用户数据作为底层大数据基础,基于唯一可识别的ID(QQ号或微信号),进行跨平台数据整合,除了主要的社交类数据外,还涵括了移动、搜索、资讯、娱乐及生活等多个领域的数据,全方位地对用户在各个场景下的特征和行为进行分析。腾讯将用户数据按照基本属性、社交兴趣、娱乐兴趣、媒体兴趣、浏览习惯、购买倾向等不同纬度细分为3000多个标签,能够组合定制TA画像。基于其算法,腾讯能够根据用户数据洞察用户的上网习惯、用户特征及消费特点,从而推断出用户在各个场景下的社交习惯、消费偏好、浏览兴趣等。

移动互联网在中国的爆发,为互联网公司的大数据提供了更大机遇。一是手机网民规模在过去三年均呈迅速扩张趋势,增速远远高于整体网民增速。预计到2018年,整体网民规模将达到7.4亿,手机网民规模将达到6.6亿,这为大数据的采集提供了规模更大、覆盖群体更全面、分布结构更为合理的样本群体。二是根据艾瑞咨询的监测数据,2016年8月移动端上网时长占整体上网时长超过77%。伴随着流量从PC端向移动端的迁徙,网民对移动设备的依赖性不断增强,为互联网行业大数据产业在更长、更连贯的时间跨度上实现更加多元的信息采集提供了契机。三是伴随着移动互联网的发展,用户的触网场景愈加丰富,通过移动设备能够更方便地获取用户地理位置等场景信息,进而判断其所处场景,并进行相应的内容推送,提高个性化精度,获得更好的点击转化效果。

4.1.2 传统行业/企业的数据

互联网行业/企业本身就是伴随着数据而生的,其大数据的产生不足为奇。但很多传统行业/企业本身也都是数据非常丰富的,像超市、工程勘察企业、电信公司、银行、物流公司、出版社、医院、交通等。

超市拥有广泛的消费群体,消费频率高,每天会诞生大量的消费者的购买记录。沃尔玛、7-11等超市都曾经致力于研究大量购买记录背后潜在的规律和价值,比如所谓的"啤酒和尿布"的故事就是这样出现的——20世纪90年代的美国沃尔玛超市中,沃尔玛的超市管理人员分析销售数据时发现了一个令人难以理解的现象:"啤酒"和"尿布"两件看上去毫无关系的商品会经常出现在同一个购物篮中。虽然关于这个案例的真假一直有不同意见,但这个故事却从侧面反映了传统零售业的大规模数据。

工程勘察企业测绘出建设工程项目相关的地形、地质及水文等数据。电信公司每天记录着大量的用户的电话记录和数据记录等。银行里，所有客户每次对账户的操作都会记录在案，从开户、查询、取款、存款、购买理财等。物流公司需要对包裹的地理位置进行监控，位置信息不断被存储更新。出版社和书店涉及大量图书文字的编辑审校和出版发行。医院记录存档了所有病人的看病记录和诊断处方。可以说，几乎所有组织的运行都伴随着数据的产生，尤其有了信息技术在企业的深入使用，更多数据可以被记录保存下来。

未来随着物联网技术的广泛应用，传统行业所产生的大数据不会比互联网公司少。像导入案例中所介绍的，汽车行业因为传感器的使用，会在汽车行驶过程中产生大量相关数据，这对于汽车研发制造、销售服务，乃至对交通管理都会带来更多价值。

4.1.3 "我们"的数据

从某种角度上讲，我们人本身也是数据集合体。

我们的身体每时每刻都有脉搏、血压、体温和呼吸频率等体征数据，这些数据可以用来判断人体的病情轻重和危急程度。如果深入检查，医学上还有更多的医学指标和生物指标。

每个人都有自己独特的生理特征，如指纹、指静脉、脸相、虹膜、DNA、笔迹、声音、步态等，通过对这些信息的识别，可以进行身份的鉴别。现代生物识别技术可以通过计算机与光学、声学、生物传感器和生物统计学原理等高科技手段密切结合，实现对上述生理特征的识别，从而对人的身份进行鉴别。

大脑可以说是人体最复杂的数据和信息的载体和处理器官。我们的大脑只有1.5千克左右，但就是大脑，塑造了人的思维，帮助我们记忆。大脑由约一千亿个神经元组成，每个神经元又衍生出1000个分支。神经网络是如此庞大精细，因此对大脑及其功能的研究已经成为现代科学最大的挑战。2012年欧冠联赛之际，一系列研究球迷行为的实验正在开展。其中一个实验是在观看总决赛时，每个队将会有8个球迷戴上脑波监测仪器来监测这些球迷在观看比赛时的反应。这套工具可以检测出8种不同的脑波活动频段，不同的频段代表不同的精神状态。比如，高β-波活动代表专注度很高。这些数字不会说谎，它可以真实地反映出球迷的大脑状态。如果对比赛不感兴趣，仪器会如实指出你是一个伪球迷[①]。

---

① 案例来自 NeuroSky 官网。

4.1.4　万事万物的数据

想象一下，当你下班来到无人超市购物，刷手机进入后，你想知道家里还有多少牛奶和面包，浴室里还有多少沐浴露和牙膏，你通过手机登录智能家居里关于冰箱和浴室的相关服务/应用，能够快速了解这些情况。然后超市导购应用会根据你的购物需求，自动规划最便捷的路径在手机屏幕上展示给你。购物结束走出超市，手机上自动收到了此次购物的消费账单和信用卡支付记录。你在出发回家之前，通过手机你可以远程监控家里的温度、湿度和空气质量等情况，还可以远程启动家里的暖风系统、加湿器、净化系统以及热水系统，回到家就可以暖和舒服地洗个澡等。

在这些场景里，家里的牛奶、面包、沐浴露等物品以及冰箱、暖风系统、加湿器、净化器、热水器等电器，超市里的货物、价签、货架、购物车、空间位置，你的手机、信用卡，乃至你本人的喜好特征都已经通过各种方式实现了数据化，它们随时被识别、采集、存储，在互联互通的基础上实现数据的共享和互操作，从而使得未来的工作生活更加智能便利。

4.2　数据库

伴随着越来越多的数据能够被识别、采集，我们需要科学的数据管理方法和工具。设计数据库的目的就是为了管理大量的数据和信息。数据库作为信息处理最先进的技术和最有效的工具，是整个社会信息资源开发利用的基础，各行各业均需要应用信息系统，而数据库是信息系统的核心。在此，我们简单介绍一下数据库的基本概念和原理、数据库管理系统，以及如何把现实世界的信息转变成数据库的数据管理模式，后面还配合以 Access 的实验操作，帮助大家初步了解信息系统后台的数据库管理是如何工作的。但数据库是非常专业的领域，更多的内容我们不能在此一一详述。

4.2.1　数据库基本概念和原理

数据库(Database)按一定的数据模型组织、描述和存储在计算机内的、有组织的、可共享的数据集合。数据库结构的基础是数据模型。数据模型是用来描述数据、数据间联系、数据语义和数据约束的概念工具的集合。关系模型是使用最广泛的数据模型，当今大量的数据库都是基于这种关系模型的关系型数据库。

关系数据模型是以集合论中的关系概念为基础发展起来的。关系模型用二维表的集合来表示数据和数据间的联系。表中一行代表一组值之间的一种联系，对应数学术语里就是一个元组（tuple）。数学术语中，元组是一组值的序列，这正对应在表中就是一行。因此，把数学术语映射到关系模型上就是，关系（relation）用来指表，元组用来指行，属性（Attribute）指表中的列。

结合图 4-2，我们来看一下关系数据库中的基本概念。

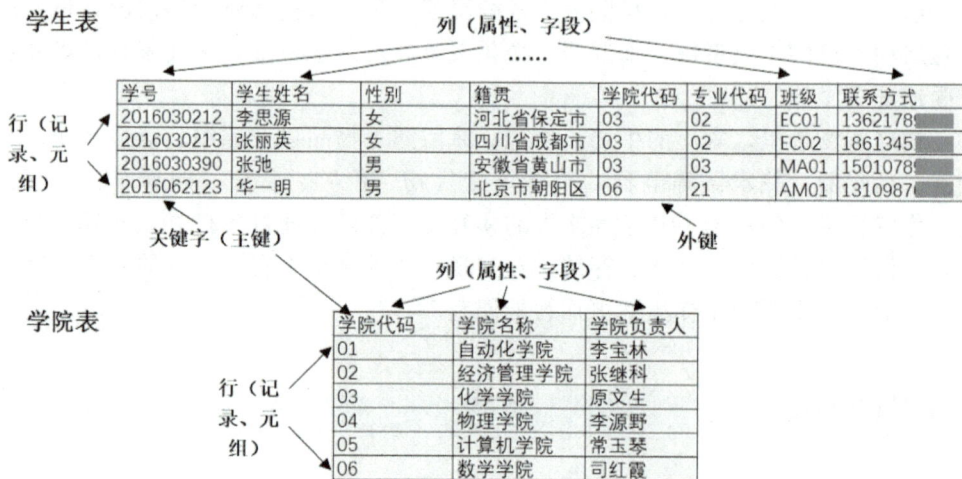

图 4-2　关系型数据库的表和相关概念

关系：对应着一个二维表，二维表就是关系名，如学生、学院。不论是实体还是实体间的联系都用关系表示。

元组：二维表中的一行，在关系数据库中通常称为记录。如学生表中每一行就是一条关于某个学生的具体记录。

属性：二维表中的列，如学号、学生姓名、性别等都是属性。在关系数据库中通常称为字段。列的值称为属性值，"李思源"就是学生姓名这个属性的一个属性值。属性值的取值范围称为（值）域（domain）。

键（码）：唯一标识一个元组的属性组，在关系数据库中通常称为关键字。关键字可以有多个，统称候选关键字。在使用时，通常选定一个作为主关键字或者主键，如学生表中，学号是的主键，学院表中，学院代码是主键。主关键字的诸属性称为主属性，其他为非主属性。学院代码在学院表中是主键，它在学生表中时被称为外键或者外部关键字。

关系模式：在二维表中的行定义，即对关系的描述称为关系模式。一般表示为(属性 1，属性 2⋯⋯属性 n)，如学生的关系模型可以表示为(学号，学生姓名，性别，籍贯，学院代码，专业代码，班级，联系方式)。

关系有三种类型，分别是基本关系，即客观存在的基本表；查询表，是由基本表按一定条件检索得到的结果；以及视图(View)，即从一个或多个基本关系上导出的关系。视图不对应实际的存储数据，是一个虚关系，但可永久存在。

关系的操作包括对数据的查询和更新两类操作。查询操作用于各种检索，主要有传统的集合运算，如并、交、差、除，以及专门的关系运算选择、连接和投影；更新操作用于插入、删除和修改等操作。

比如选择操作：选择专业代码＝02 的学生记录，结果为图 4-3。

学号	学生姓名	性别	籍贯	学院代码	专业代码	班级	联系方式
2016030212	李思源	女	河北省保定市	03	02	EC01	1362178■■■
2016030213	张丽英	女	四川省成都市	03	02	EC02	1861345■

图 4-3　选择操作结果

投影操作：从学生表中选择属性为学生姓名、性别、籍贯和联系方式的信息，结果为图 4-4。

学生姓名	性别	籍贯	联系方式
李思源	女	河北省保定市	1362178■
张丽英	女	四川省成都市	1861345■
张弛	男	安徽省黄山市	1501078■
华一明	男	北京市朝阳区	1310987■

图 4-4　投影操作结果

连接操作：把学生表和学院表合并，结果为图 4-5。

学号	学生姓名	性别	籍贯	学院代码	专业代码	班级	联系方式	学院名称	学院负责人
2016030212	李思源	女	河北省保定市	03	02	EC01	1362178■	化学学院	原文生
2016030213	张丽英	女	四川省成都市	03	02	EC02	1861345■	化学学院	原文生
2016030390	张弛	男	安徽省黄山市	03	03	MA01	1501078■	化学学院	原文生
2016062123	华一明	男	北京市朝阳区	06	21	AM01	1310987■	数学学院	司红霞

图 4-5　连接操作结果

关系模型有三种完整性。实体完整性规则是指基本关系的所有主属性不能取空值。参照完整性规则是指，若基本关系 R 含有与另一个基本关系 S 的主关键字相对应的属性组 F(F 称为 R 的外键或外部码)，则 R 中每个元组在 F 上的值或为空值，或等于 S 中某个元组的主关键字值。用户定义的完整性是针对具体数据的约束条件，由应用环境而定。

结构化查询语言(Structured Query Language，SQL)是一种数据库查询和程序设计语言，用于存取数据以及查询、更新和管理关系数据库系统。SQL语言是一种高度非过程化的语言，只要求用户指出做什么而不需要指出怎么做。

4.2.2 数据库管理系统

数据库管理系统(Database Management System，DBMS)是操纵和管理数据库的软件，负责建立、使用和维护数据库。数据库管理系统是应用程序与数据文件之间的接口，用户通过数据库管理系统访问数据库中的数据，数据库管理员也通过数据库管理系统进行数据库的维护工作。

目前广泛使用的数据库管理系统有 Microsoft 公司开发的 Access、SQL Server，Oracle 公司开发的 Oracle，Sybase 公司开发的 Sybase，IBM 公司开发的 DB2 等。有的开发工具为了方便用户，在提供编程环境的同时，还提供小型的数据库管理系统，例如 Sybase 公司的 PowerBuilder 自带有 Adaptive Server Anywhere(ASA)。本章实验中所采用的 Access 也是一种数据库管理系统。在实验中，我们可以初步体验 Access 数据库管理系统在组织、管理和存取数据方面所提供的功能和工具。

4.2.3 设计数据库

在用数据库对现实世界进行记录和描述的时候，需要经过一个数据处理的抽象过程，如图 4-6 所示。

现实世界 —抽象→ 信息世界 —转换→ 机器世界

建立**概念模型**，便于用户和DB设计人员交流　建立**数据模型**，便于机器实现

图 4-6　数据处理的抽象过程

1. 建立概念模型

概念模型(信息模型)是把现实世界中的客观对象抽象成的某种信息结构，主要用于数据库设计。现实世界被认为是由一组称为实体的基本对象和它们之间的联系构成的。实体是现实世界中可以区别于其他对象的一件"事情"或者一个"物体"。基于这样的认识，实体—联系图(Entity-Relationship Diagram)，也

称 E-R 图，提供了表示实体类型、属性和联系的方法，用来描述现实世界的概念模型。

在 E-R 图中，实体是现实世界中客观存在并可相互区别的事物，用"矩形框"表示，矩形框内写明实体名称；属性是实体所具有的某一特性称为属性，用"椭圆图框"表示，并用"实心线段"将其与相应关系的"实体型"连接起来；联系分为实体内部的联系，即组成实体的各属性之间的联系（如"学号—姓名"）和实体之间的联系，即不同实体集之间的联系，用"菱形框"表示实体型之间的联系成因，在菱形框内写明联系名，并用"实心线段"分别与有关实体型连接起来，同时在"实心线段"旁标上联系的类型。两个实体型之间的联系可分为三类：1 对 1 联系（1∶1），1 对多联系（1∶n），多对多联系（m∶n），如图 4-7 所示。

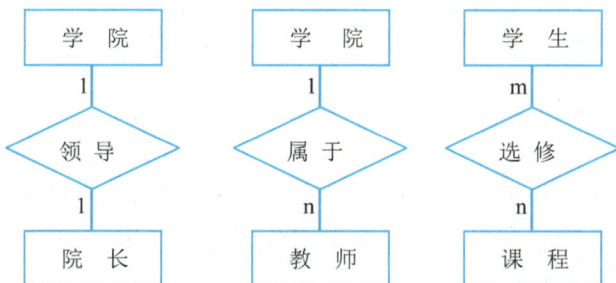

图 4-7 实体间联系的三种类型的表示方式

一般来说，如果你确定了需要进行数据库设计的主题和需求，那么根据你所感兴趣的主题设计 E-R 图，可以按照如下步骤：①确定实体类型：几个实体类型及相应的实体名；②确定联系类型：各实体类型之间是否有联系，是何种联系类型及相应的联系名；③连接实体类型和联系类型，组合成 E-R 图；④确定实体类型和联系类型的属性；⑤确定实体类型的码，码（key）是唯一表示实体的属性集。

比如，某学校有若干名教师和学生，并且教师和学生不能跨系；每个教师可以教授若干门课程，每门课程只能由一个教师任课；每个学生可以同时选修多门课程。根据这个需求设计 E-R 图。

在这个需求中，我们可以识别其中的实体有：系、教师、学生和课程。系和老师是 1∶n 的属于关系，系和学生也是 1∶n 的属于关系，学生和课程是 m∶n 的选修关系，老师和课程之间是 m∶n 的授课关系。初步设计系的属性有系编号、系名、系主任，教师的属性有教师编号、教师姓名、职称，学生的属性有学号、姓名、性别、班号，课程属性有课程编号、课程名、学分。那么我们就可以画出 E-R 图，如图 4-8 所示。

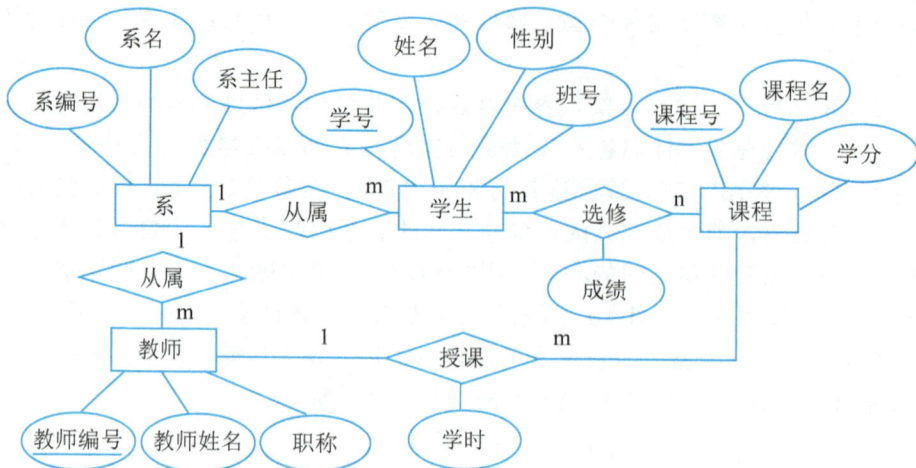

图 4-8　E-R 图

2. 建立数据模型

根据 E-R 图中的模型，我们可以按计算机系统的观点对数据建模，用于提供数据库系统中信息表示和操作手段的形式框架，主要用于 DBMS 的实现，是数据库系统的核心和基础。

常用的数据模型有层次模型、网状模型、关系模型和面向对象模型。层次、网状模型基本上是面向专业人员的，使用极不方便。关系模型是使用最广泛的模型，当今大量的数据库都是基于这种关系模型的关系型数据库。

关系模型用二维表（关系）来描述实体及实体间联系的模型。无论实体还是实体之间的联系都用统一的数据结构（二维表/关系）来表示，可方便地表示 m：n联系，因此概念简单，用户易懂易用。比如，图 4-9 的 E-R 图，可以表示为三张二维表：学生表、课程表和选修表。

图 4-9　学生和课程之间的 E-R 图

这里，我们使用 Access 数据库管理软件中的罗斯文 2007 示例数据库具体讲解了数据库建设的基本操作和实践要点。至于关于数据库的其他理论知识，在此不再赘述。

4.3　数据仓库

20 世纪 80 年代开始，许多企业利用关系型数据库来存储和管理业务数据，并建立相应的应用系统来支持日常的业务运作。这种应用以支持业务处理为主要目的，称为联机事务处理(On-line Transaction Processing，OLTP)应用，它所存储的数据被称为操作数据或者业务数据。

随着数据库技术的广泛深入应用，企业产生大量的业务数据，如何从这些海量的业务数据中提取出对企业决策分析有用的信息呢？数据仓库技术在这样的背景下发展起来。

4.3.1　数据仓库的特征

数据仓库理论的创始人 Bill Inmon 在《Building the Data Warehouse》一书中给出了数据仓库(Data Warehouse)的定义——数据仓库是一个面向主题的(subject oriented)、集成的(integrated)、相对稳定的(non-volatile)、反映时间变化(time variant)的数据集合，用于支持管理决策。

这个定义中包含了数据仓库的四个主要特征：

1. 面向主题的

数据库的数据组织面向事务处理任务，而数据仓库中的数据是按照一定的主题域进行组织。主题是指用户使用数据仓库进行决策时所关心的重点方面，一个主题通常与多个操作型信息系统相关。在操作型系统中，每一个应用的数据根据应用的不同单独组织：订单处理、客户贷款、顾客账单、可接收账款、索赔处理以及储蓄账目等。例如，索赔对于一家保险公司来说就是非常重要的主题。关于汽车保险政策的索赔在自动保险应用中处理。汽车保险的索赔数据在这个应用中组织。同样，工人赔偿保险的索赔数据也在工人赔偿保险应用中组织。但是，在保险公司的数据仓库中，索赔数据按照索赔的主题进行组织，而不是根据像汽车保险或是工人赔偿保险这样的单独应用来进行组织。

2. 集成的

数据仓库的数据来自分散的操作型数据库，将所需数据从原来的数据库中抽取出来，进行加工与集成，统一与综合之后才能进入数据仓库。数据仓库中的数据是在对原有分散的数据库中的数据通过 ETL(Extract-Transform-Load)工具进行抽取、清理的基础上经过系统加工、汇总和整理得到的，必须消除源数据中的不一致性，以保证数据仓库内的信息是关于整个企业的一致的全局信息。

3. 相对稳定的

数据仓库的数据主要供企业决策分析之用，不是用来进行每天的商业交易的。所涉及的数据操作主要是数据查询，一旦某个数据进入数据仓库以后，一般情况下将被长期保留，也就是数据仓库中一般有大量的查询操作，但几乎不修改和删除，通常只需要定期地加载、刷新。当你想要处理一个客户的下一张订单，你需要去数据库中调取当前存货状态，而不是数据仓库。数据仓库并不需要像数据库一样被实时更新，数据库中的数据可以每隔一段时间被存储到数据仓库中。一旦数据存入了数据仓库，就不能对这个数据进行修改了。

4. 反映时间变化的

对于操作型数据库来说，存储的数据包含了当前的值。比如，在订单系统中，一个订单的状态是订单的当前状态，在银行账户系统中，客户账户的余额是当前账户的数额。当然，数据库中也存储一些过去的交易数据，但因为这些系统是支持每天操作工作的系统所以操作型系统反映的是当前的信息。而数据仓库中的数据是供分析和决策所用的。如果一个系统使用者希望看到某个客户的消费模式，他不仅需要当前交易的数据，而且还需要过去的交易数据。数据仓库除了包括当前数据，还必须包括很多历史数据。数据仓库中的每一个数据结构都包含了时间要素。数据仓库的这一点特性对于设计和应用都非常重要。

可见，面向分析的数据仓库和面向事务处理的数据库是不同的。

4.3.2　数据仓库系统的组件

同上述特征，我们可以看出来数据仓库系统的核心组件包括各种源数据库、ETL、数据仓库、前端应用，如图 4-10 所示。

1. 业务系统

业务系统包含各种源数据库，这些源数据库既为业务系统提供数据支撑，同时也作为数据仓库的数据源。除了业务系统，数据仓库也可从其他外部数据源获取数据。

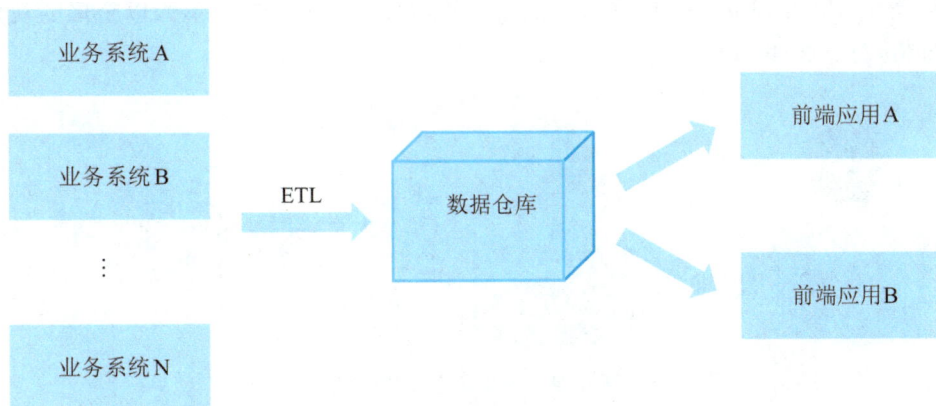

图 4-10 数据仓库的组件

2. ETL

ETL，即提取（extraction）、转换（transformation）、加载（load）。提取过程表示操作型数据库收集指定数据，转换过程表示将数据转化为指定格式并进行数据清洗保证数据质量，加载过程表示将转换过后满足指定格式的数据加载进数据仓库。

3. 前端应用

和操作型数据库一样，数据仓库通常提供具有直接访问数据仓库功能的前端应用，这些应用也被称为 BI（商务智能）。关于 BI，我们将在第 6 章进行更具体的介绍。

4.3.3 数据集市

数据仓库是面向企业范围，而数据集市（Data Mart）是满足特定的部门或者用户需求的，因此数据集市可以理解为是一种"小型数据仓库"。

数据集市可以分为两种，独立型数据集市和从属型数据集市或者叫非独立型数据集市。

独立型数据集市（independent data mart）的数据来自操作型数据库，是为了满足特殊用户而建立的一种分析型环境。这类数据集市有自己的源数据库和 ETL 架构。这种数据集市的开发周期一般较短，具有灵活性，但是因为脱离了数据仓库，独立建立的数据集市可能会导致信息孤岛的存在，不能以全局的视角去分析数据(图 4-11)。

图 4-11　独立型数据集市与非独立型数据集市

非独立型数据集市(dependent data mart)没有源系统，它的数据来自数据仓库。当用户或者应用程序不需要/不必要/不允许用到整个数据仓库的数据时，非独立数据集市就可以简单为用户提供一个数据仓库的"子集"。非独立型数据集市在体系结构上比独立型数据集市更稳定，可以提高数据分析的质量，保证数据的一致性。

4.3.4　联机分析处理

数据仓库建设好以后，用户就可以编写 SQL 语句对其进行访问并对其中数据进行分析。因为对数据仓库多维模型的数据进行分析的 SQL 代码的套路比较固定，因此便诞生了 OLAP 工具，它专用于多维数据模型的数据分析。

联机分析处理(On-Line Analytical Processing，OLAP)可以支持各级管理决策人员从不同的角度、快速灵活地对数据仓库中的数据进行复杂查询和多维分析处理，并且能以直观易懂的形式将查询和分析结果展现给决策人员。

OLAP 使用的逻辑数据模型为多维数据模型，采用如下框架进行描述。

维(Dimension)：人们观察数据的特定角度，是考虑问题时的一类属性，属性集合构成一个维，如时间维、地理维等。

维的层次(Level)：维还可以存在细节程度不同的各个描述方面，比如时间维还有日期、月份、季度、年等层次。

维的成员(Member)：维的一个取值，是数据项在某维中位置的描述，比如

"某年某月某日"是在时间维上位置的描述。

度量(Measure)：多维数组的取值，比如 2000 年 1 月，上海，笔记本电脑，¥8000。

OLAP 的基本多维分析操作有钻取(Roll-up 和 Drill-down)、切片(Slice)和切块(Dice)以及旋转(Pivot)等。

钻取，是改变维的层次，变换分析的粒度。它包括向上钻取(Roll-up)和向下钻取(Drill-down)。Roll-up 是在某一维上将低层次的细节数据概括到高层次的汇总数据，或者减少维数；而 Drill-down 则相反，它从汇总数据深入到细节数据进行观察或增加新维。

切片和切块，是在一部分维上选定值后，关心度量数据在剩余维上的分布。如果剩余的维只有两个，则是切片；如果有三个或以上，则是切块。

旋转，是变换维的方向，即在表格中重新安排维的放置(例如行列互换)。

数据仓库与 OLAP 的关系是互补的，现代 OLAP 系统一般以数据仓库作为基础，即从数据仓库中抽取详细数据的一个子集并经过必要的聚集存储到 OLAP 存储器中供前端分析工具读取。

4.4　数据挖掘

4.4.1　数据挖掘的概念

数据挖掘(Data Mining)是计算机科学的一个分支，是从海量数据中提取隐含的、先前未知的并有潜在价值的信息和知识的过程。数据挖掘的海量数据有多种来源，包括数据仓库、数据库或其他数据源。数据挖掘的活动可以分为预测性数据挖掘和描述性数据挖掘，描述性数据挖掘是了解数据中潜在的规律，预测性数据挖掘是通过历史信息预先推测未来发展。而提取信息和知识的过程，最重要的是要使用合适的技术。数据挖掘的技术包括关联分析、序列模式、分类、聚类和 Web 挖掘等。

数据挖掘和 OLAP 同为分析工具，其差别在于 OLAP 提供用户便利的多维度观点和方法，以有效率地对数据进行复杂的查询动作，其预设查询条件由用户预先设定；而数据挖掘，则能由信息系统主动发掘资料来源中未曾被察觉的隐藏资讯，和透过用户的认知以产生信息。数据仓库可以作为数据挖掘和 OLAP 等分析工具的资料来源，由于存放于数据仓库中的资料，必须经过筛选与转换，因此可以避免分析工具使用错误的资料，而得到不正确的分析结果。

4.4.2 数据挖掘的主要技术

1. 关联规则

关联规则（Association Rule）是描述数据库中数据项之间所存在的关系的规则，即根据一个事务中某些项的出现可导出另一些项在同一事务中也出现，即隐藏在数据间的关联或相互关系。关联规则挖掘的一个典型例子是进行购物篮分析。市场分析员要从大量的数据中发现顾客放入其购物篮中的不同商品之间的关系，这就是著名的啤酒与尿布的故事所用的分析方法。类似的商品相关性的分析在很多超市里，如沃尔玛、7-11 等，都有很多应用。比如美国果汁 Welch，在沃尔玛经常出现 4 瓶同时出现在一个购物篮的情况，沃尔玛因此建议企业生产规格为 6 瓶联包的果汁饮料，结果大获成功。可见，购物篮分析对于超市商品的交叉销售、货架的摆放以及改进商品包装规格等都具有很大影响。

2. 序列模式

序列也是一种关联分析，只不过事件是按时间先后联系到一起的。比如在两年前购买了 Ford 牌轿车的顾客，很有可能在今年采取贴旧换新的购车行动，再如在购买了自行车的所有客户中，有 70%的客户会在两个月后购买打气筒。

3. 分类

分类（Classification）是找出数据库中一组数据对象的共同特点并按照分类模式将其划分为不同的类，其目的是通过分类模型，将数据库中的数据项映射到某个给定的类别中。它可以应用到客户的分类、客户的属性和特征分析、客户的购买趋势预测等。比如一个图书销售商将客户按照对图书喜好的不同划分成不同的类，这样营销人员就可以将新上市的图书信息邮寄到有这种喜好的客户手中，从而大大增加了商业机会。

4. 聚类

聚类（Clustering），是把一组数据按照相似性和差异性分为几个类别，其目的是使得属于同一类别的数据间的相似性尽可能大，不同类别中的数据间的相似性尽可能小。它可以应用到客户群体的分类、客户背景分析、客户购买趋势预测、市场的细分等。比如，某电信公司抽取出一些客户属性的数据，采用聚类算法进行客户细分，分成 9 类，每个客户群具有如图 4-12 所示的特点。

用户数据（年龄、性别、工作单位、收入……）
呼叫行为数据（总呼叫时长、工作时间呼叫时长、夜间呼叫时长、国内长途电话呼叫时长、国际长途电话呼叫时长……）
使用服务类型（使用语音业务的种类数量、使用数据业务的种类数据量、打折业务数据数量、免费业务种类数量……）
使用的资费套餐、付费方式、客户级别、最近半年话费……

聚类，群数=9

客户群编号	客户群名称	占总体客户的比例	呼叫行为	使用其他增值业务的频率	利润的比例	利润比例除以客户比例的比率
0	年轻而且消费能力强的客户	12.0%	很频繁	中	21.8%	1.82
1	真正的移动客户	8.5%	很频繁	高	13.9%	1.64
2	年轻客户	7.5%	中等	高	7.1%	0.95
3	本地客户	11.1%	频繁	低	15.0%	1.35
4	晚间客户	7.8%	中等	低	6.9%	0.88
5	使用增值业务的用户	9.7%	少	高	6.3%	0.65
6	保守用户	11.9%	中等	低	11.1%	0.93
7	经济群体	13.6%	少	低	9.5%	0.70
8	基础群体	18.1%	很少	低	8.4%	0.46

图 4-12　某电信公司基于聚类的客户细分

5. 文本挖掘

文本挖掘（Text Mining）是一个从非结构化文本信息中获取用户感兴趣的或者有用的模式的过程。文本挖掘在自动邮件回复，垃圾邮件过滤，自动简历评审，搜索引擎等领域都有很多应用。

文本挖掘是从数据挖掘发展而来，因此其定义与我们熟知的数据挖掘定义相类似。但与传统的数据挖掘相比，文本挖掘有其独特之处，主要表现在：文档本身是半结构化或非结构化的，无确定形式并且缺乏机器可理解的语义；而数据挖掘的对象以结构化数据为主，并利用关系表等存储结构来发现知识。

自然语言文本和对话的各个层次上广泛存在的各种各样的歧义性和多义性，因此文本挖掘的主要支撑技术一般要包括自然语言处理和机器学习。拿中文的自然语言处理来说，一段中文文本从形式上看是由汉字（包括标点符号等）组成的一个字符串。字、词、词组、句子、段、节、章、篇等各层次中，以及下一层次向上一层次转变中都可能存在着歧义和多义现象，形式上一样的一段字符串，在不同的场景或不同的语境下，可以理解成不同的词串、词组串等，并有不同的意义。一般情况下，人脑可以结合语境和场景利用知识进行判断推理来解决这些歧义问题，所以我们平时能用自然语言进行正常正确的交流。但如何将这些知识较完整地加以收集和整理出来，又如何找到合适的形式，将它们存入计算机系统中去，以及如何有效地利用它们进行推理分析来消除歧义，都是工作量极大且十分困难的工作。自然语言处理和机器学习正是为了解决这些问题而被应用到文本挖掘领域的。

6. Web 挖掘

随着 Internet 的迅速发展及 Web 的全球普及，Web 上的信息量无比丰富。Web 上不仅有网页内容信息，更重要的是，用户在访问网站时，点击了哪一个链接，在哪个网页停留时间最多，采用了哪个搜索项、总体浏览时间等信息都被保存在网站日志中。Web 挖掘可以在获得网站访问量基本数据的情况下对有关数据进行的统计和分析，帮助了解 Web 上的用户访问模式。为了让电子商务网站能够充分应用数据挖掘技术，我们需要采集更加全面的数据，采集的数据越全面，分析就能越精准。

在实际操作中，有以下几个方面的数据可以被采集。

(1)访客的系统属性特征，比如所采用的操作系统、浏览器、域名和访问速度等；

(2)访问特征，包括停留时间，点击的 URL 等；

(3)产品特征，包括所访问产品编号、产品目录、产品颜色、产品价格、产品利润、产品数量和特价等级等；

(4)条款特征，包括网络内容信息类型、内容分类和来访 URL 等。

当访客访问该网站时，以上有关此访客的数据信息便会逐渐被积累起来，那么我们就可以通过这些积累而成的数据信息整理出与这个访客有关的信息以供网站使用。

4.5　人工智能

1956 年的夏天，一场在美国达特茅斯(Dartmouth)大学召开的学术会议，多年以后被认定为全球人工智能研究的起点。2016 年的春天，一场 AlphaGo

与世界顶级围棋高手李世石的人机世纪对战，把全球推上了人工智能浪潮的新高。60多年的时间，人工智能经历了两起两落，现在正经历第三次高潮。人工智能就是在起起伏伏、寒冬与新潮、失望与希望之间寻找着理论与实践的最佳结合点。

4.5.1　人工智能的概念

人工智能（Artificial Intelligence，AI），维基百科中采用的是罗素（Stuart Russell）与诺维格（Peter Norvig）在《人工智能：一种现代方法》中的定义：人工智能是有关"智能主体（Intelligent Agent）的研究与设计"，智能主体是指一个可以观察周遭环境并作出行动以达到目标的系统。

人工智能要让机器去实现目前借助人类智慧和能力才能实现的任务，比如像人类一样思考、听懂、看懂、运动……因此就有了现在的很多人工智能研究分支，比如机器学习、知识表示、自动推理、人工意识、语音识别、视觉识别、运动控制等。

4.5.2　机器学习与深度学习

机器学习（Machine Learning）是人工智能的核心，是使计算机具有智能的根本途径，其应用遍及人工智能的各个领域。

学习是人类与生俱来的能力，刚刚出生的婴儿从各种基本反射到能够根据周遭情境自主采取行动，比如控制身体逐渐学会行走、表达能力和词汇量不断丰富、会根据父母的反应调整应对方式等，都是循序渐进基于已有知识/能力通过不断刺激和训练习得的。神经科学家相信大脑有一套自发的学习机制可以帮助完成这些学习任务。

而机器学习，从广义上讲，也希望能够赋予机器学习的能力，让它完成直接编程无法完成的功能。从实践的意义上来说，机器学习是一种通过利用数据，训练出模型，然后使用模型预测的一种方法。机器学习可以简单分为监督学习（Supervised Learning）和无监督学习（Unsupervised Learning）。

监督学习，通过已有的训练样本（即已知数据以及其对应的输出）去训练得到一个最优模型，再利用这个模型将所有的输入映射为相应的输出，对输出进行简单的判断从而实现分类的目的，也就具有了对未知数据进行分类的能力。人在对周围事物认识的过程中，也是不断被告知"这是狗""这是猫""这是鸟"。

所见到的事物就是输入数据，而被告知的结果——猫、狗、鸟就是相应的输出。当见识多了，脑子里就慢慢地得到了一些泛化的模型，这就是训练得到的函数，从而对新遇到的食物进行分类判断。监督学习的典型方法有神经网络、决策树等。

无监督学习与监督学习的不同之处，在于事先没有训练样本，而需要直接对数据进行建模。比如我们去参观一个画展，虽然我们对艺术一无所知，但是欣赏完多幅作品之后，我们也能把它们分成不同的类别。无监督学习的典型方法是聚类。聚类的目的在于把相似的东西聚在一起，而我们并不关心这一类是什么，如图 4-13 所示。

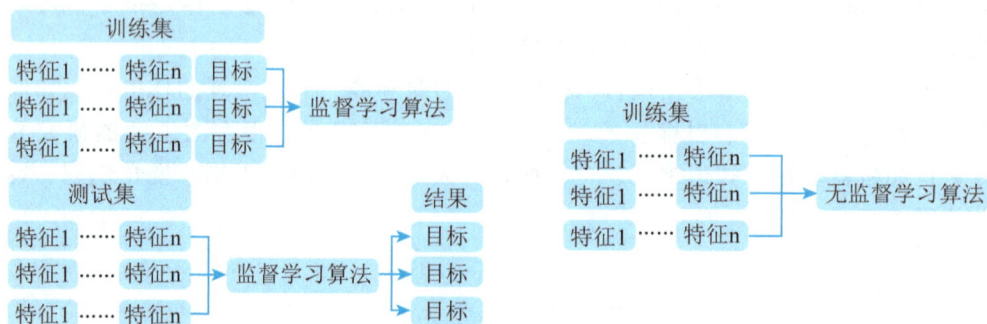

图 4-13　监督学习和无监督学习

深度学习(Deep Learning)是机器学习的一种。近年来语音识别和机器视觉突飞猛进的成绩，技术上最大的原因就是深度学习。2006 年，多伦多大学教授同时也在 Google 工作的深度学习泰斗辛顿(Geoffrey Hinton)及其合作者发表一篇名为《一种深度置信网络的快速学习算法》的论文，之后很多研究者在这个领域发表重要成果，深度学习有了重大突破。

深度学习的核心模型是人工神经网络，同时要结合大数据进行训练。相比于传统神经网络，深度学习采用深度神经网络具有多隐层，通过逐层特征变换，将样本在原空间的特征表示变换到一个新特征空间，具有优异的特征学习能力，使分类或预测更容易。同时深度学习利用大数据来学习特征，更能够刻画数据丰富的内在信息。图 4-14 显示了一个五层隐层的深度神经网络针对某训练数据集进行学习时的状态。这是谷歌深度学习框架 TensorFlow 提供的一个网页版小工具，可以帮助我们看到深度学习在进行大规模运算时的样子。

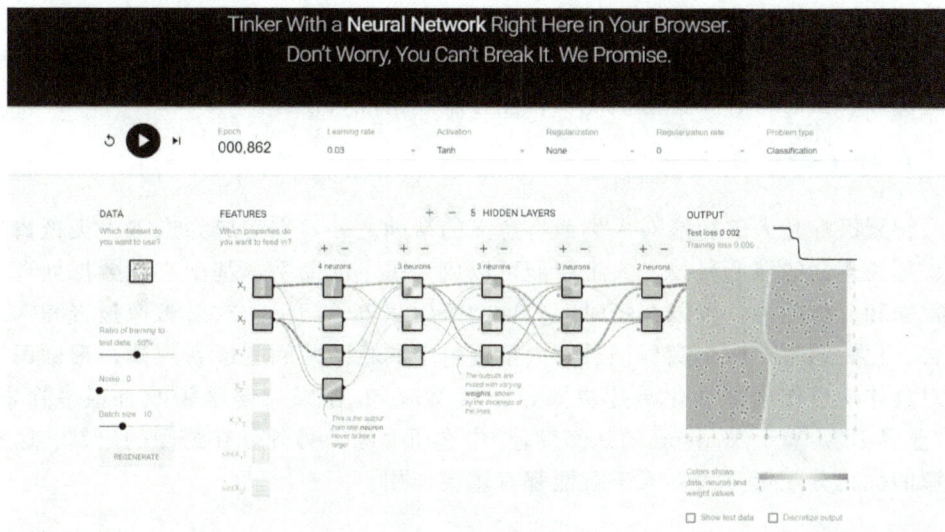

图 4-14　TensorFlow 深度学习可视化状态

4.5.3　人工智能的应用场景

1. 智慧生活

随着智能语音助理的"聪明"程度不断提高，未来我们不但和手机对话，还可以通过它与家用电器对话，通过物联网技术实现对家电的智能管控。亚马逊2014 年发布 Echo 就是智能家居方面的一个探索。

此外，无人超市也在不断探索中。亚马逊的"Amazon Go!"、阿里的"淘咖啡"、京东的"京东×无人超市"都在不断测试。机器视觉、深度学习等人工智能技术以及 RFID、二维码等是目前无人超市主要应用技术。

2. 自动驾驶

自从谷歌正式对外宣布自动驾驶汽车项目以来，自动驾驶行业越来越壮大，传统汽车厂商、互联网公司等纷纷加入。自动驾驶的研发不仅会带来汽车外形功能的变化和人类驾驶行为的变化，而且会深层次影响人类的出行乃至生活模式、影响交通规则和道路管理，影响汽车产业和经济的发展。

3. 智慧金融

因为金融行业本身就是一个规范性强、数据量大的行业，金融行业多年累积的规范数据为大数据在这个领域的落地提供了坚实基础。根据高盛公司的评估，金融行业里，最有可能应用人工智能技术的领域主要包括量化交易与智能投顾、风险防控、安防与客户身份认证、智能客服、精准营销等。

4. 智慧医疗

智慧医疗是人工智能对人类最有意义的帮助之一，它将成为未来人类抵御疾病、延长寿命的核心科技。人工智能可以成为医生的助手，基于它在数据处理上的效率和分析能力，可以在短时间内帮助医生从电子病历、放射影像报告和病理报告、化验结果、医生病程记录等大量资料中洞察某些问题或者规律，帮助医生针对具体病患作出个性化治疗决策，IBM Watson 在医疗健康领域有很多探索，在"业界 IBM 基于 Watson 的认知商业"中有所介绍。另外，在药品的研制、医疗资源的优化分配等方面，人工智能都有重要作用。

实 验

应用 Access 进行简单的数据存储与管理

Access 属于 Microsoft Office 套件，是目前比较流行的小型桌面数据库管理系统，通常小型网站的设计开发使用这种数据库管理系统。它适用于小型企业、学校、个人等用户，可以通过多种方式实现对数据的操作，如收集、分类、筛选处理，提供用户查询或打印报表等，还可以通过 Internet 发布。一些专业的应用程序开发人员使用 Access 作为快速应用开发的工具。Access 简单易学，一个普通的计算机用户即可掌握并使用它。最重要的是，Access 的功能足够强大，足以应付一般的数据管理及处理需要。

通过此实验，我们希望能够了解 Access 数据库管理系统的环境以及数据存储与管理的基本方式，掌握 Access 数据库管理系统中表的设计、关系的设置以及简单查询功能，了解 Access 数据库管理系统中报表和窗体的功能和简单设计等，掌握根据实际应用情景进行初步数据库设计的能力。

1. 通过罗斯文 2007 了解 Access 2007 的数据存储和管理

（1）Access 2007 的启动和退出

计算机安装了 Microsoft Access 2007 后，选择 Windows 操作系统的"开始"—"所有程序"—"Microsoft Office"—"Microsoft Office Access 2007"命令，可以启动 Access 2007。

退出 Access 有两种方法：一是可以单击右上角 [□] [▭] [✕] 中的关闭按

钮；二是可以单击左上角的 Office 按钮，在弹出的菜单中单击右下角的
✕ 退出 Access(X) 按钮即可退出 Access 2007。

（2）打开罗斯文示例数据库，了解罗斯文数据库的前台功能

罗斯文数据库是 Access 自带的示例数据库，也是一个很好学习教程。本实验首先利用 Access 中的"罗斯文（Northwind）数据库"，认识一个典型的、简单的信息系统所具备的主要功能，以及数据库结构，能对数据库的表、关系、查询、报表、窗体、切换面板等内容有一个全面的了解。

数据库开发是对企业的管理思路和业务流程的一种概括和体现。因此在数据库开发之前，一定要对整个业务有个清晰的了解。罗斯文公司是一个虚构的商贸公司，该公司进行世界范围的食品采购与销售，赚取中间的差价。罗斯文公司销售的食品分为几大类，每类食品又细分出各类具体的食品。这些食品由多个供应商提供，然后再由销售人员销售给客户。销售时需要填写订单，并由货运公司将产品运送给客户。

启动 Microsoft Access 2007 后，如图 4-15 所示，在 Access 2007 的操作界面中，单击窗体左边的"示例"，选择示例中的"罗斯文 2007"，在操作界面右下方选择好保存位置后，单击"下载"按钮，即可把"罗斯文 2007"示例数据库保存到本地计算机，同时打开"罗斯文 2007"示例数据库，如图 4-16 所示。

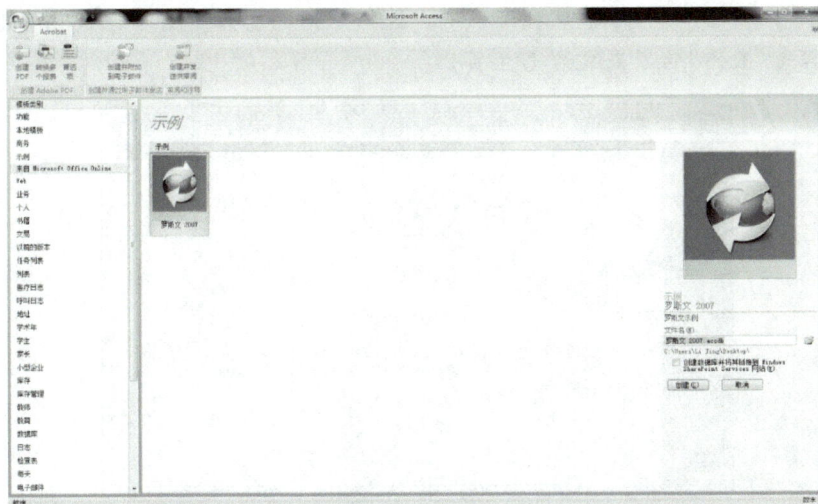

图 4-15　下载"罗斯文 2007"示例数据库

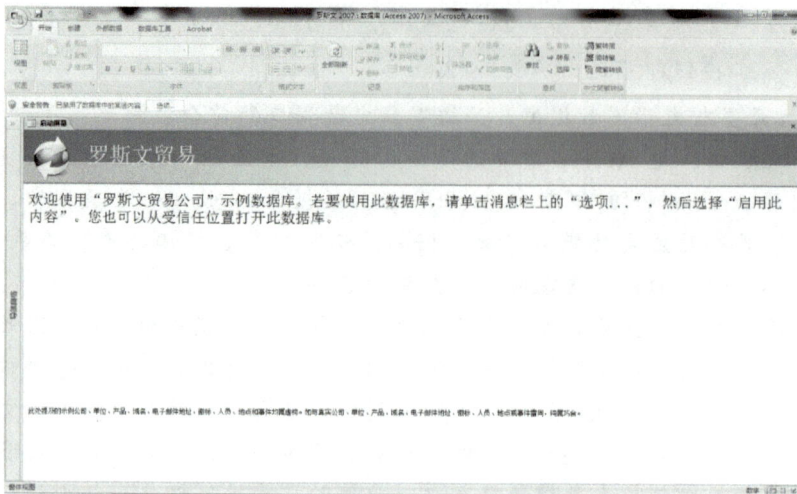

图 4-16　"罗斯文 2007"启动屏幕

说明：以 Access 2007 格式创建的数据库的文件扩展名为 . accdb，早期 Access 格式创建的数据库的文件扩展名为 .mdb。Access 2007 可以创建和读取早期文件格式(如 Access 2000 和 Access 2002—2003)。

按照图 4-16 启动屏幕中的说明，单击消息栏上的"选项 ..."，然后选择"启用此内容"。在图 4-17 的登录对话框中，选择不同的员工进行登录。图 4-18 为当前用户名为"王伟"的罗斯文贸易主页。

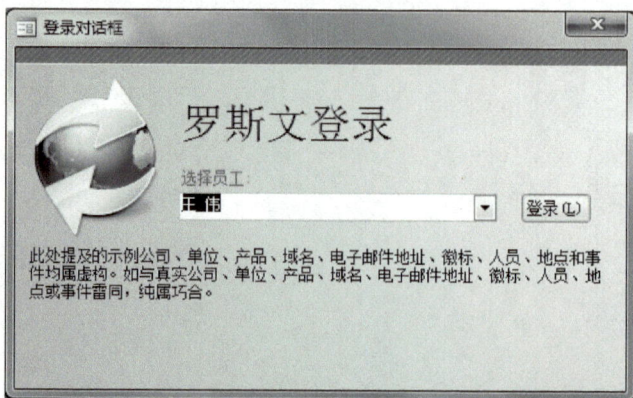

图 4-17　登录对话框

尝试在图 4-18 操作界面中切换不同的员工，观察界面的变化。单击"新建客户订单"和"新建采购订单"，体会这两项功能。单击界面右侧的快速链接中的各种设置，查看各种库存、订单、客户等信息。

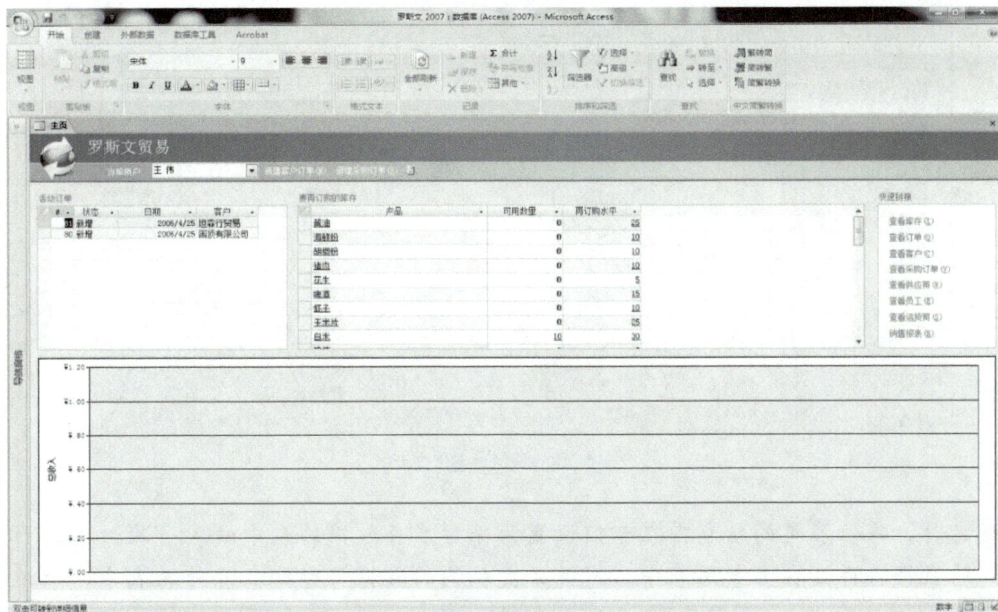

图 4-18 当前用户名为"王伟"的罗斯文贸易主页

(3)查看罗斯文数据库中表的设计和关系

单击图 4-18 操作界面左侧的"导航窗格"，即在操作界面左侧看到分类导航，包括客户与订单、库存与采购、供应商、运货商、报表、员工、支持对象和未分配对象等几个大类。

单击"罗斯文贸易"右侧的 ，弹出如图 4-19 所示的下拉列表，单击"对象类型"，即可看到 Access 所有对象，包括表、查询、窗体、报表、宏和模块六类。其中，表用 图标表示，查询用 表示，窗体用 表示，报表用 表示。

表组下面共包含 20 个不同的表。双击进入某一具体表，如图 4-19"产品"表所示。

数据库表在外观上与电子表格相似，因为二者都是以行和列存储数据。通常可以很容易将电子表格导入数据库表中。将数据存储在电子表格中与存储在数据库中的主要区别在于数据的组织方式不同。为了从数据库中获得最大的灵活性，需要将数据组织到表中，这样就不会发生冗余。例如，如果在您存储有关雇员的

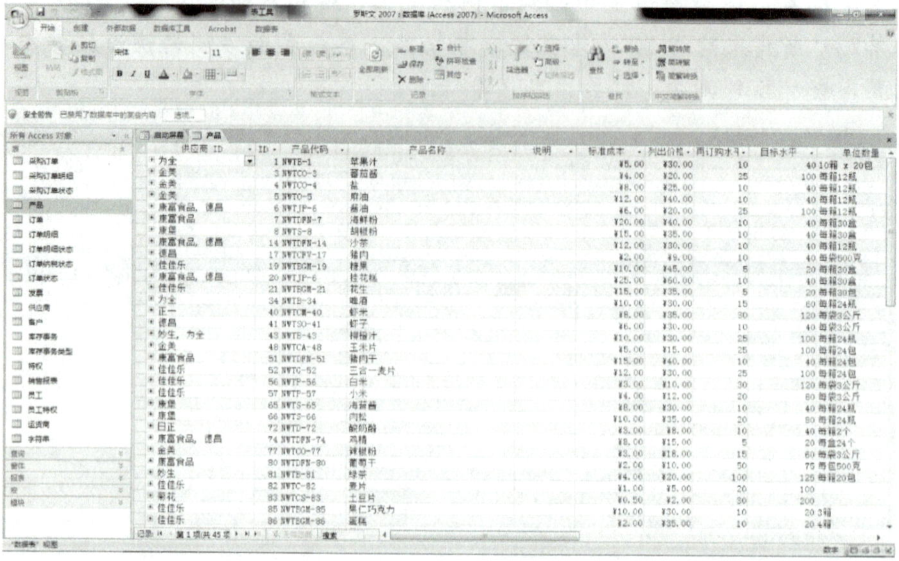

图 4-19 "产品"表

信息时，每位雇员的信息需在专门设置为保存雇员数据的表中输入一次。有关产品的数据将存储在其专用表中，有关分支机构的数据将存储在另外的表中。此过程称为标准化。

表中的每一行称为一条记录。记录用来存储各条信息。每一条记录包含一个或多个字段。字段对应表中的列。例如，您可能有一个名为"雇员"的表，其中每一条记录（行）都包含有关不同雇员的信息，每一字段（列）都包含不同类型的信息（如名字、姓氏和地址等）。必须将字段指定为某一数据类型，可以是文本、日期或时间、数字或其他类型。

如图 4-20 所示，单击操作界面中"开始"—"视图"—"设计视图"，进入表的设计视图（单击"开始"—"视图"—"数据表视图"，即可在设计视图和数据表视图之间切换）。重点掌握主键的选择与设置、数据类型、字段属性的设置与应用。

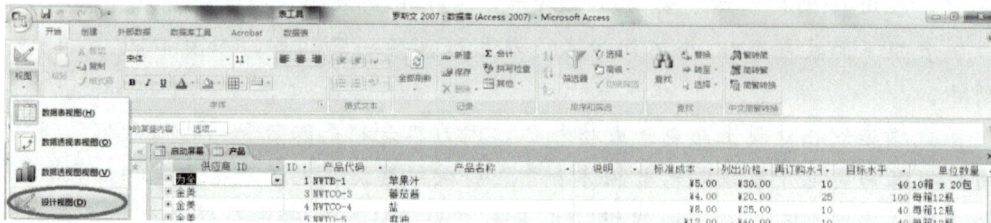

图 4-20 进入表的设计视图

　　主键是表中能够唯一定义一条记录的一个字段或一组字段。查看"订单明细"表的设计视图，发现表的主键是数据类型为自动编号的"ID"。其实，如果不设立此字段，可以采用"订单 ID"和"产品 ID"联合起来作为主键的。也就是说同一份订单中有多种产品，而每一种产品可能会出现在不同的订单中，只有"订单 ID"和"产品 ID"同时确定的记录才是唯一的。设多字段主键时，需先选中多个字段，然后单击图 4-21 操作界面上"设计"—"主键"按钮即可。

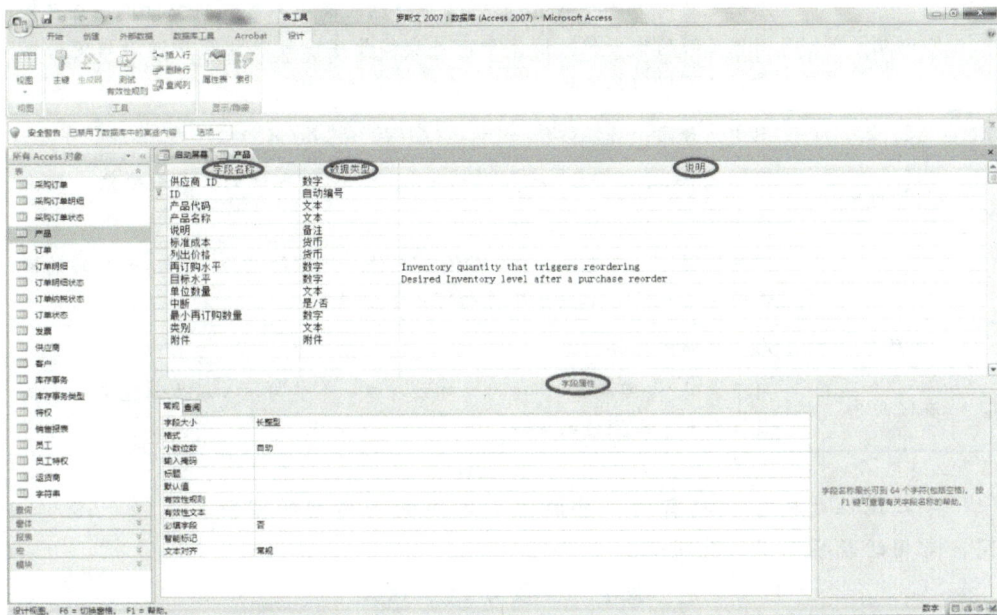

图 4-21　"产品"表的设计视图

　　数据类型主要有文本、备注、数字、日期/时间、货币、自动编号、是/否、OLE 对象、附件、超链接和查阅向导，具体说明如表 4-1 所示。

表 4-1　数据类型及其说明

数据类型	说　　明
文本	用于不在计算中使用的文本或文本和数字(例如，产品 ID)，最大为 255 个字符
备注	长文本和数字，如注释或说明，最多 65535 个字符
数字	用于存储要在计算中使用的数字，货币值除外(对货币值数据类型使用"货币")

续表

数据类型	说　明
日期/时间	用于存储日期/时间值，如出生日期，发货日期等。注意日期型数据要注意分隔符的正确使用。以"—"，"/"分隔年月日，如"2008-05-11"。请注意，存储的每个值都包括日期和时间两部分
货币	用于存储货币值(货币)
自动编号	添加记录时 Office Access 2007 自动插入的一个唯一的数值用于生成可用作主键的唯一值。请注意，自动编号字段可以按顺序增加指定的增量，也可以随机选择
是/否	用于包含两个可能的值(例如，"是/否"或"真/假")之一的"真/假"字段
OLE 对象	用于存储其他 Microsoft Windows 应用程序中的 OLE 对象，最大为 1GB
附件	图片、图像、二进制文件、Office 文件。压缩附件为 2GB，未压缩的附件约为 700KB，取决于附件的可压缩程度
超链接	用于存储超链接
查阅向导	用于启动"查阅向导"，使用户可以创建一个使用组合框在其他表、查询或值列表中查阅值的字段

字段属性是指字段拥有的一些特点，不同数据类型的字段，属性也不尽相同，常用的属性如表 4-2 所示。

表 4-2　字段属性及其说明

字段属性	说　明
字段大小	设置存储为"文本""数字"或"自动编号"数据类型的数据的最大大小，文本型字段，默认的大小为 50；数字型字段，默认大小为长整型；自动编号的字段，默认大小也是长整型
格式	自定义显示或打印时字段的显示方式，所看到的并不一定就是表中所存储的
小数位数	指定显示数字时使用的小数位数
新值	设置"自动编号"字段是递增的还是为其指定随机值
输入掩码	决定了数据输入和保存的方式，比如可以用"000000000000000999"来作为身份证的输入掩码，既可以输入 15 位数字，也可以输入 18 位数字，这里的 0 和 9 都是输入掩码的常用控制字符，0 代表必选的数字项，9 代表可选的数字和空格

续表

字段属性	说　明
标题	影响着字段的显示名称，默认情况下，标题与字段名相同，也可以输入不同内容，在数据表视图中打开表时，将看到字段的列标题与标题属性相同
默认值	添加新记录时为字段自动指定默认值
有效性规则	用于限制在字段中输入的数据，在数据录入后，自动检查是否满足有效性规则，如不满足则发出警告，不接受录入值
有效性文本	在用户录入时如违反有效性规则时，系统会发出警告，而如果有效性文本中填入了内容，则在提示时，对话框中会显示有效性文本中的内容，替代系统的提示内容
必填	要求在字段中输入数据
允许零长度字符串	允许在"文本"或"备注"字段中输入（通过设置为"是"）零长度字符串（""）。
索引	通过创建和使用索引来加速对此字段中数据的访问
Unicode 压缩	存储大量文本（大于 4096 个字符）时压缩此字段中存储的文本
输入法模式	控制 Windows 亚洲语言版本中的字符转换
IME 语句模式	控制 Windows 亚洲语言版本中的字符转换
智能标记	对此字段附加智能标记
仅追加	允许（通过设置为"是"）对"备注"字段执行版本控制
文本格式	选择"格式文本"将按 HTML 格式存储文本，并允许设置多种格式。选择"纯文本"将只存储文本
文本对齐	指定控件中文本的默认对齐方式
精度	指定允许的数字总位数，包括小数点左右两侧的位数
数值范围	指定可在小数分隔符右侧存储的最大位数

　　单击"数据库工具"—"关系"按钮，进入关系界面，要查看或编辑表中关系。在关系连接线上双击，或单击右键选择编辑关系，可以查看已经建立的关系，或者进行修改，如果要删除，直接选中删除即可。

　　Access 数据库是关系型数据库，与其他的关系型数据库一样，也具有三种常用关系：一对一关系、一对多关系和多对多关系（图 4-22）。

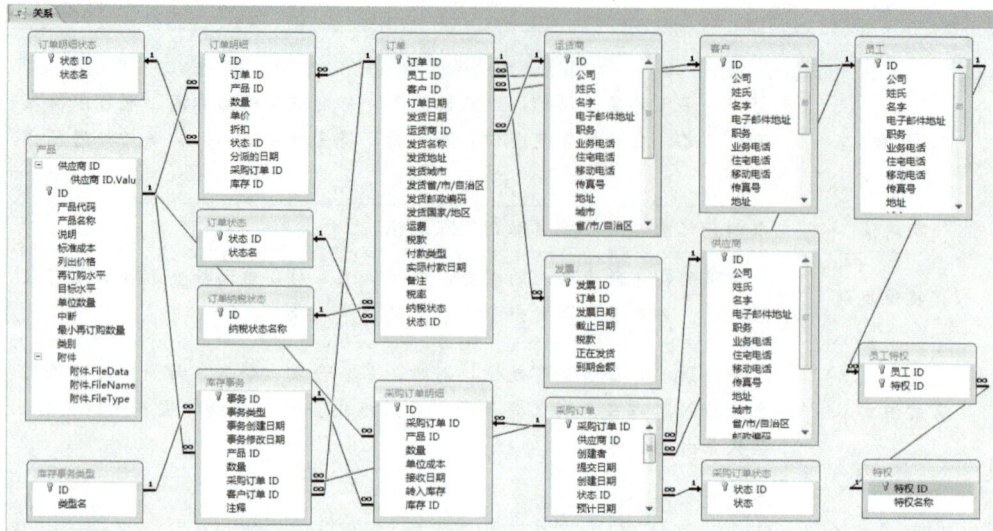

图 4-22　罗斯文 2007 数据库表的"关系"界面

一对一关系是指两个表之间的记录是一一对应的关系，这种关系用得比较少。

一对多关系，是指 A 表中的一条记录，可以与 B 表中的多条记录相对应。如"类别"表中的"类别 ID"与"产品"表中的"类别 ID"就是一对多的关系，一个类别对应多个产品。

多对多关系是指 A 表中的一条记录，可以与 B 表中的多条记录相对应，同时，B 表中的一条记录也可以与 A 表中的多条记录相对应。一般在建立多对多关系时，需要一个中间表，通过中间表同时与两个表 A、B 之间产生一对多的关系，从而实现 A 与 B 之间的多对多关系。如"订单"表与"产品"表就是多对多的关系，一份订单中有多种产品，一种产品会同时出现在多种订单上，中间表就是"订单明细"表。

建立了一对多关系的表之间，一方中的表叫"主表"，多方中的表叫"子表"；两表中相关联的字段，在主表中叫"主键"，在子表中称"外键"。

在建立了关系之后，打开表时，会发现最左侧多了一列"＋"，单击"＋"号，可以展开另一个数据表，这就是主表中关联的子表。如果子表中还有对应于它的子表，则还可以进一步一层层地展开。这种关系应用在窗体中便是主子窗体。

关系的另一个重要的功能便是能保持各个表数据之间的完整性。选择某一关系，打开关系编辑窗口。其中，"实施参照完整性"是指不能在相关表的外键字段中输入不存于主键中的值，比如在"订单明细"表中不能录入"订单"表中不存在的"订单 ID"。

"级联更新相关字段"是指主表中的主键修改，子表中的相关字段会自动更改。如在"客户"表中修改了"客户 ID"，那么"订单"表中的"客户 ID"会自动更新。在罗斯文数据库中，只有"客户"表与"订单"表中的关系用到了级联更新，其他主表中的主键都是自动生成 ID 号，不存在修改情况，所以也用不着级联更新。

"级联删除相关记录"是指在主表中删除记录时会把相关子表的数据也一起删除，避免出现数据混乱，如在"订单"表中删除每个"订单 ID"的记录时，"订单明细"表中所在有关"订单 ID"的记录也会一起删除。

（4）了解查询、窗体、报表等

查询是数据库中应用最多的部件，可执行很多不同的功能。最常用的功能是从表中检索特定数据。要查看的数据通常分布在多个表中，通过查询就可以在一张数据表中查看这些数据。而且，由于通常不需要一次看到所有的记录，因此可以使用查询添加一些条件以将数据"筛选"为所需记录。查询通常可作为窗体和报表的记录源。

单击导航窗格中的查询组，可以看到罗斯文数据库已经建立的查询。双击进入某一具体查询，可以看到查询的数据表视图。单击操作界面中"开始"—"视图"—"设计视图"，进入查询的设计视图。设计视图分为上下两个窗口，在上面显示查询中要用到的数据源来自哪些表或查询，在下面列出的是查询结果中需要用到的字段，该字段来自哪个表，哪个字段需要设置排序方式，是否需要显示该字段，以及查询条件等。很多查询只需查询出满足条件的记录，并不需要全部的记录，这样就需要在"条件"中输入条件，一般用表达式来表示。学习实践表达式的表示方法。

窗体有时称为"数据输入屏幕"。窗体是用来处理数据的界面，而且通常包含一些可执行各种命令的命令按钮。我们可以直接操作表来编辑数据，也可以通过窗体来查看、输入和编辑表中的数据。窗体提供了一种简单易用的处理数据的格式，而且还可以向窗体中添加一些功能元素，如命令按钮。可以对按钮进行编程来确定在窗体中显示哪些数据、打开其他窗体或报表或者执行其他各种任务。例如，可能有一个可用于处理客户数据的称为"客户窗体"的窗体。该客户窗体中可能包含一个可以打开一个订单窗体的按钮，可在该订单窗体中输入客户的新订单。使用窗体还可以控制其他用户与数据库数据之间的交互方式。例如，可以创建一个只显示特定字段且只允许执行特定操作的窗体。这有助于保护数据并确保输入的数据正确。

单击导航窗格上的窗体组，可以看到罗斯文 2007 数据中已经建立的窗体。单击操作界面中"开始"—"视图"—"设计视图"，进入窗体的设计视图。我们在图 4-16 至图 4-18 中看到的界面都是通过窗体来实现的。

报表可用来汇总和显示表中的数据。一个报表通常可以回答一个特定问题，例如"今年我们从每位客户那里收到了多少钱?"或者"我们的客户分布在哪些城市?"。可以为每个报表设置格式，从而以最容易阅读的方式来显示信息。报表可在任何时候运行，而且将始终反映数据库中的当前数据。通常将报表的格式设置为适合打印的格式，但是报表也可以在屏幕进行查看、导出到其他程序或者以电子邮件的形式发送。

单击导航窗格上的报表组，可以看到罗斯文 2007 数据中已经建立的报表。单击操作界面中"开始"—"视图"—"设计视图"，进入报表的设计视图。报表由控件和节组成，节又可分为主体节与页眉、页脚节。而页眉页脚根据对象的不同，再进行细分为报表页眉页脚、页面页眉页脚、组页眉页脚。如果有多个分组时，则按照分组级别进行嵌套。主体节是报表的核心部分，凡是希望按顺序列出的数据，都应以控件形式放在主体中，一般用得最多的控件便是文本框了。而如果希望作为标题、分类依据、汇总信息等则应该以控件的形式安排的页眉或页脚。各种不同的页眉页脚的控制范围不同。报表页眉是指在整个报表的开头出现一次，报表页脚则是指在整个报表末尾出现一次。页面页眉与页脚是指报表有很多页，那么每个页面的最上面与最下面出现的便是页面页眉与页面页脚了。组页面页脚的作用范围，便只在自己分组的范围内了，如果按部门分组，会有好几个部门，那么在部门页眉页脚中设置的内容，在每个部门的分组页面与页脚中都会重复出现。

2. 应用 Access 2007 建立简单的学生选课数据库

(1)创建空白数据库 Studentdatabase

Access 2007 启动后，在操作界面中单击 Office 按钮，在弹出的菜单中选择"新建"命令，单击窗体中间的"空白数据库"按钮，在右边的文件名中输入"Studentdatabase.accdb"，选择好数据库存储的位置后，单击"创建"按钮，完成空白数据库的创建工作。也可以采用 Access 2007 提供的模板来进行数据库的创建，在此不作详细介绍。

"创建"按钮单击完后，Access 2007 操作界面将会自动出现一个新的空白数据表，如图 4-23 所示，需要操作者进行进一步的设计。

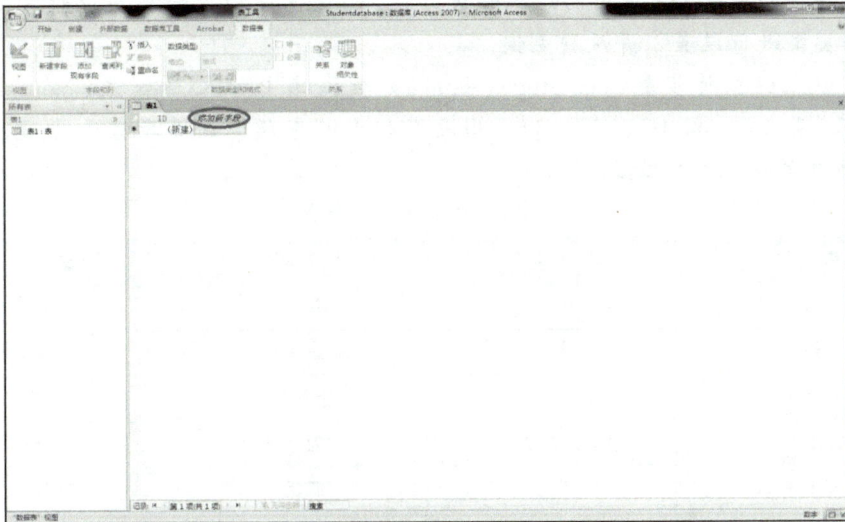

图 4-23　新创建的 Studentdatabase 数据库中的空白数据表

（2）设置表的结构

表的设计可以在数据表视图，即图 4-23 的界面中，直接"添加新字段"，来增加字段。也可以设计视图来进行更加详细的设计。单击图 4-23 操作界面中的"开始"—"视图"—"设计视图"，在弹出的"另存为"对话框中对文件命名为"student"，单击"确定"后，出现如图 4-24 所示的设计视图。

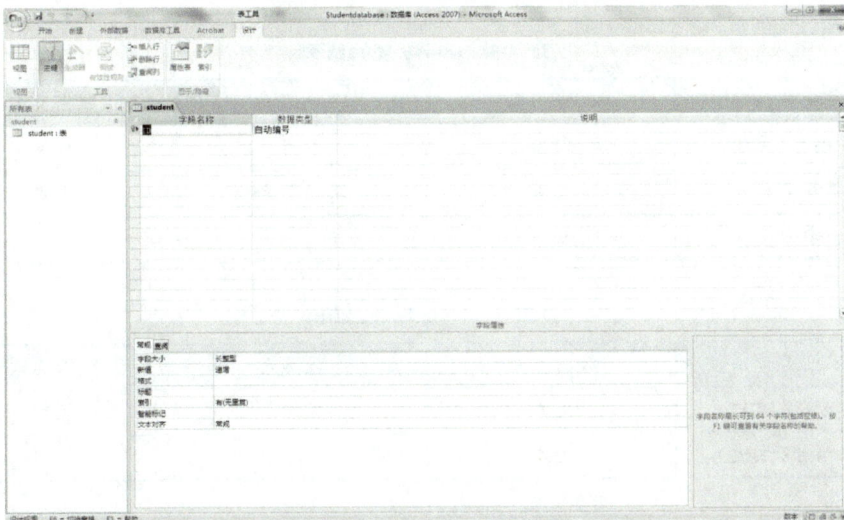

图 4-24　student 表的设计视图

根据后面表 4-3 中给出的结构设计，在 student 表的设计视图中对字段名称和数据类型进行设置，并设置主键。

类似上述操作步骤，在 Studentdatabase 数据库中加入 class 表、course 表和 study 表（表 4-4、表 4-5、表 4-6），并设置相应的字段、数据类型和主键，注意 study 表中的双主键的设置。

表 4-3　student 表的结构

字段名称	数据类型	字段名称	数据类型
学号（主键）	文本	籍贯	文本
姓名	文本	班级编号	文本
性别	文本	贷款否	是/否
出生日期	日期/时间	简历	备注
入学成绩	数字	照片	附件
民族	文本		

表 4-4　class 表的结构

字段名称	数据类型	字段名称	数据类型
班级编号（主键）	文本	年级	文本
学院	文本	人数	数字
专业	文本	班主任	文本

表 4-5　course 表的结构

字段名称	数据类型	字段名称	数据类型
课程编号（主键）	文本	学时	数字
课程名称	文本	课程简介	文本
学分	数字		

表 4-6　study 表结构

字段名称	数据类型	字段名称	数据类型
学号（主键）	文本	成绩	数字
课程编号（主键）	文本		

（3）建立关系

建立完成上述 4 个表格之后，关闭所有的数据表，然后设置数据表之间的关系。

单击"数据库工具"—"关系"按钮，弹出图 4-25 所示窗口，选择所有 4 个表并单击"添加"。这时，四个数据表都已添加到关系标签页的操作界面上，可在界面上任意拖表，以改变位置。

图 4-25　在关系中添加表

建立 course 表与 study 表的一对多关系。在关系窗口中，单击 course 表的课程编号，按住鼠标左键不放，拖动到 study 表的课程编号上，松开左键，弹出编辑窗口，如图 4-26 所示。

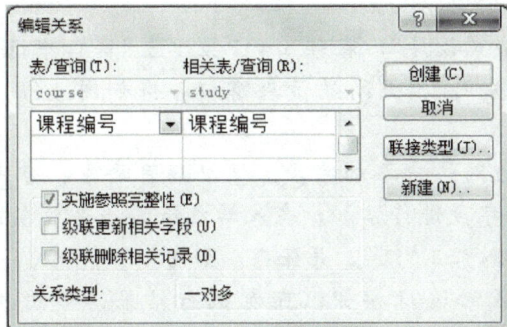

图 4-26　编辑关系

选择"实施参照完整性",再单击创建,这样就会在 course 表和 study 表之间有一根连线,并标明一对多的关系。同样方法,还可以建立 study 表和 student 表之间的关系、student 表和 class 表之间的关系。最终如图 4-27 所示。

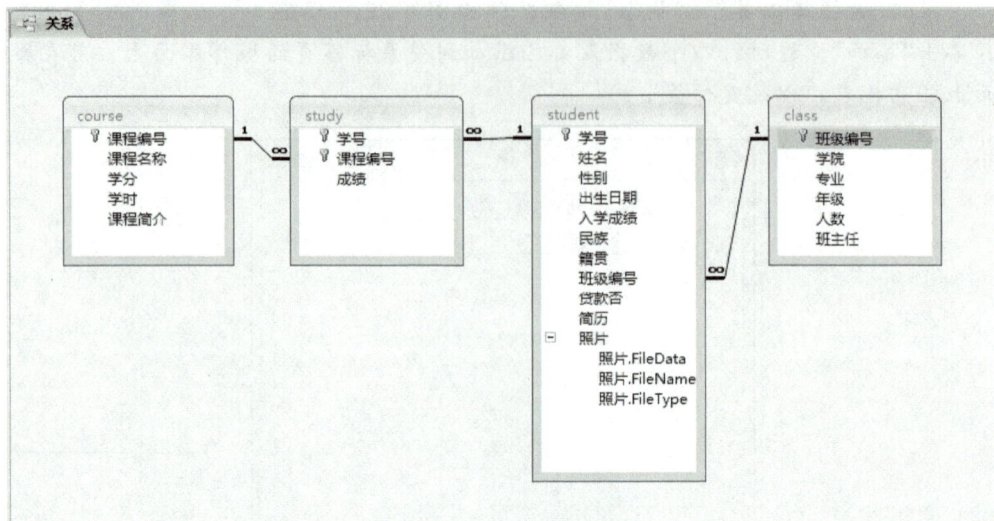

表 4-27　表之间的关系

(4)数据录入

在上述四个表格中录入相应的数据,注意体会参照完整性的含义。

(5)创建查询

查询的创建有很多种办法,每个办法都有各自的适用性。在此我们仅以简单例子介绍如何使用查询设计器来创建查询。比如,查找学生表中少数民族同学中成绩大于 600 分以上的同学。

单击"创建"—"查询设计",在弹出的"显示表"窗口中选择"student",单击"添加"后,再单击"关闭",关闭显示表窗口,得如图 4-28 所示查询设计操作界面。

在图 4-28 下面的网格中添加字段。根据题目要求,分别双击学号、姓名、入学成绩和民族四个字段进行添加。在入学成绩的条件所在行输入"＞600",在民族的条件所在行输入＜＞"汉",并保存,如图 4-29 所示。

单击功能选项区的运行按钮,查看执行结果,如图 4-30 所示,可对比 student 表中的数据,如图 4-31 所示。

可将视图切换到"SQL 视图",查看 sql 语句,如图 4-32 所示。

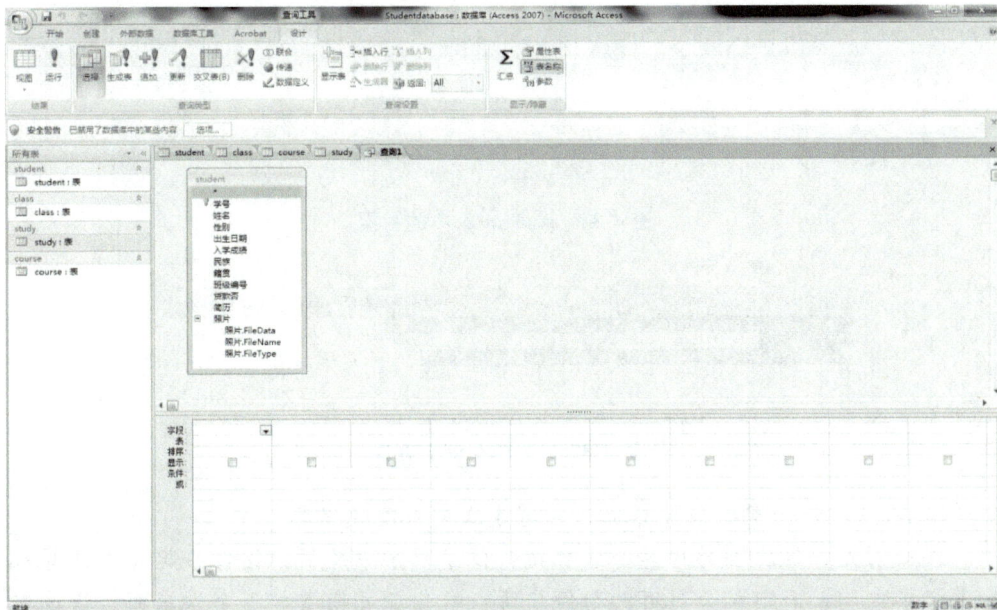

图 4-28　查询设计操作界面

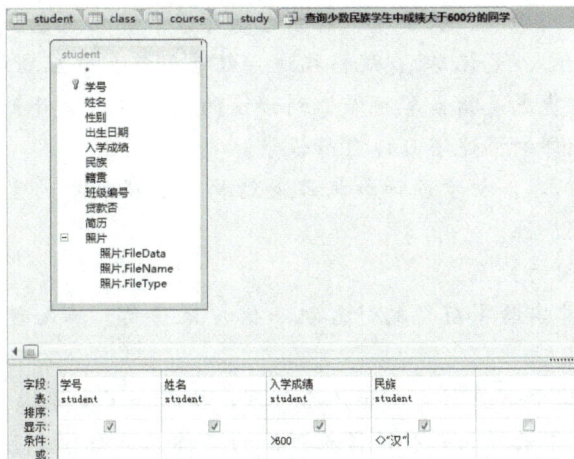

图 4-29　添加字段并设置条件

图 4-30　查询结果

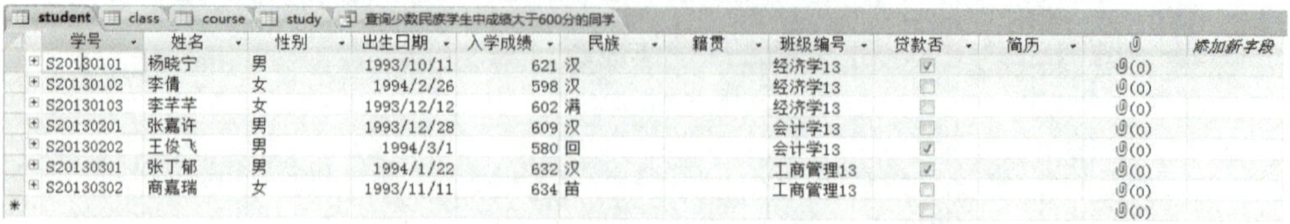

学号	姓名	性别	出生日期	入学成绩	民族	籍贯	班级编号	贷款否	简历	
S20130101	杨晓宁	男	1993/10/11	621	汉		经济学13	☑		(0)
S20130102	李倩	女	1994/2/26	598	汉		经济学13	☐		(0)
S20130103	李芊芊	女	1993/12/12	602	满		经济学13	☐		(0)
S20130201	张嘉许	男	1993/12/28	609	汉		会计学13	☐		(0)
S20130202	王俊飞	男	1994/3/1	580	回		会计学13	☑		(0)
S20130301	张丁郁	男	1994/1/22	632	汉		工商管理13	☑		(0)
S20130302	商嘉瑞	女	1993/11/11	634	苗		工商管理13	☐		(0)
*								☐		(0)

图 4-31　student 表中的数据

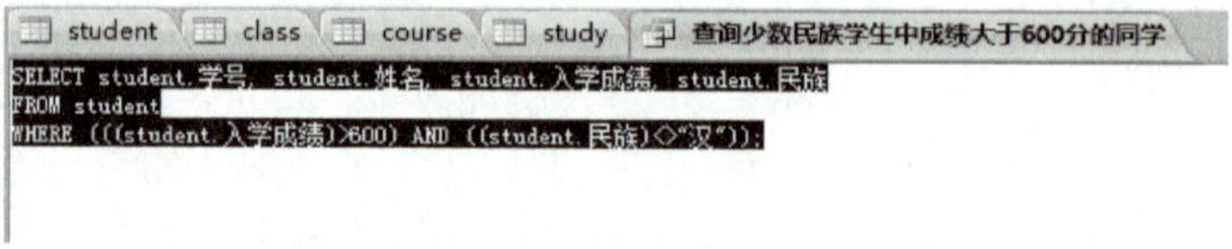

图 4-32　查询的 SQL 视图

3. 练习：为一家小型计算机销售商建立关系型数据库

A 公司是一家小型的计算机销售商，位于北京中关村，销售品牌台式计算机和笔记本电脑。目前该公司有两个供应商，准备在近期增加 1 个供应商。快速增长的业务使其有必要建立一个数据库系统来管理各种信息。

数据库中应该包括供应商和产品的信息。供应商信息包括供应商的编号、公司名称、公司地址、邮编、联系人、联系电话等，产品信息包括产品编号、产品名称、产品类别(台式/笔记本)、规格描述、销售价格、供应商编号、库存数量、再订货点等。再订货点是指当库存降低到预设的数量时，就开始新的订货。上述信息如需细分或者详细描述还可以自行设计。

(1)根据上述内容，初步设计数据库表结构、选择表中的主键，自行设计表中数据类型和字段属性。

(2)建立表之间的关系。

(3)整理第 3 章实验中获得的计算机和供应商信息，填入数据库供应商表和产品表中。

(4)根据数据库中供应商关系和产品关系，执行如下查询操作：

查询公司库存中最贵的 5 种计算机产品的名称、价格、库存量，按照价格从高到低顺序排序；列出需要补充库存的计算机产品名称、类别、规格描述、库存量、再订货点及其供应商的公司名称、地址、联系电话。

IBM 基于 Watson 的认知商业

2016 年 3 月 1 日，IBM 大中华区董事长在 IBM 论坛上，宣布"认知商业"战略在中国正式落地。IBM 大中华区董事长称，这是 IBM 继"智慧的地球"之后发布的又一次重大战略转型，它将推动新一轮颠覆性的商业变革，向各个行业提供认知解决方案，携手客户和合作伙伴向认知商业转型。

"认知商业"是基于认知智能计算而构建的商业环境，其核心是新一代 IBM Watson 技术及 Watson APIs。Watson 的命名来自 IBM 创始人 Thomas J. Watson 的姓氏。IBM 是世界上对人工智能研究最早的公司之一，也是最有技术底蕴的科技公司。1911 年，IBM 公司创立。创立之初的主要业务为商业打字机，之后转为文字处理机，然后到计算机和相关服务。在人工智能诞生的 60 多年历史当中，IBM 是实践者也是推动者。

1997 年 5 月 1 日，IBM 的"深蓝"计算机打败国际象棋大师卡斯帕罗夫，举世震惊。2011 年，IBM Watson 在美国问答游戏节目《危险边缘》中初次登场，打败了这个节目的纪录保持者，这是又一次成功挑战人类。Watson 正式为外界所知。

2014 年 1 月 12 日，IBM 宣布将投资 10 亿美元，创建一个新的 IBM Watson 业务集团，基于云计算交付模式，实现认知计算技术的商业化。10 亿美元的投资中有 1 亿美元的风险投资，用于构建 IBM Watson 生态圈。位于纽约"硅巷"(Silicon Alley)的 IBM Watson 业务集团总部大楼内就为创业者提供了相关的孵化器。

为了扩展可用的 Watson 数据源，IBM Watson 内容市场接入了多家医疗机构的合作内容，以及美联社、Barchart. com、晨星机构(Morningstar)、RxWiki 和 WAND 等新闻报道档案、健康管理、金融服务、肿瘤学、医药、工程及其他领域的知识库。IBM 还与 Twitter、Facebook、苹果等公司建立战略联盟，以便能够存取相关的数据。2015 年 Watson 的健康部门成立后，收购了多家处理医疗健康数据和数据分析的公司，比如医疗影像公司 Merge Healthcare，Merge 的技术平台在 7500 余家美国医院及全球众多著名临床研究机构和制药公司普遍应用。2015 年 10 月 IBM 斥资 20 亿美元收购 Weather Channel，试图把天气数据和预测信息同 IBM Watson 和云计算技术结合在一起，然后向各个产业提供天气数据和业务解决方案。

IBM 董事长在 2015 年 10 月的 Gartner 全球峰会上说，Watson 并不仅仅是人工智能，人工智能算法是 Watson 背后 32 个引擎中的一个。IBM 一直在不遗余力地收购商业算法公司，纳入 IBM 整体的算法体系。IBM 后来收购的 AlchemyAPI——一家利用深度学习进行自然语言处理和图像分析服务的公司。

Watson 已推出的相关产品包括，Watson 发现顾问、Watson 参与顾问、Watson 分析、Watson 探索、Watson 知识工作室、Watson 肿瘤治疗、Watson 临床试验匹配等。推出的 Watson API 有文本转语音 API、语调分析器 API、情绪分析 API、视觉识别 API 等。据统计，Watson API 每月被调用高达 13 亿次，并且仍在快速增长。

在医疗行业，IBM Watson 正在成为医生的助理，帮助医生进行病患的辅助诊断治疗。Watson 每秒能够读八亿页的资料，它可以从电子病历、放射影像报告和病理报告、化验结果、医生病程记录等大量资料中提取洞察，帮助医生针对具体病患作出个性化治疗决策。2014 年 IBM Watson 与美国拥有 7800 多家药店的药品零售商 CVS 合作改善对慢性病患者的护理管理。

与亚马逊、谷歌、Facebook 等公司的面向消费者的人工智能方向不同，Watson 主要用于增强企业智能。在与 Watson 的大多数互动中，最终用户都看不到 Watson。他们只会认为自己在与一家银行、一家保险公司、一位律师或医生对话。但 Watson 在幕后负责延伸企业的个性，增强企业各种措施的效果。

目前已经有 36 个国家、17 个行业的企业在使用 Watson 的认知技术，全球超过 7.7 万名开发者在使用 Watson Developer Cloud 平台，超过 350 家生态系统中的合作伙伴及企业内部创新团队正在构建基于认知技术的应用、产品和服务，其中 100 家企业已将产品推向市场。IBM 2017 年第二季度财报显示，IBM 认知解决方案部门（包括解决方案软件和交易处理软件业务）的营收为 45.59 亿美元，占总体营收的 23.64%。

思考以下问题：

（1）IBM Watson 是如何在数据源、算法、产品以及应用方面进行发展和布局的？

（2）IBM Watson 与亚马逊、谷歌等公司的 AI 策略有什么不同？

阅读

一切皆可"量化"

《大数据时代》的作者维克托·迈尔·舍恩伯格被誉为"大数据商业应用第一人"，拥有在哈佛大学、牛津大学、耶鲁大学和新加坡国立大学等多个互联网研究中心任教的经历，早在 2010 年就在《经济学人》上发表了长达 14 页对大数据应用的前瞻性研究。

《大数据时代》一书中展示了谷歌、微软、亚马逊、IBM、苹果、Facebook、Twitter、VISA 等大数据先锋们最具价值的应用案例。同时，舍恩伯格在书中前瞻性地指出，大数据带来的信息风暴正在改变我们的生活、工作和思维，大数据开启了一次重大的时代转型，并用三个部分讲述了大数据时代的思维变革、商业变革和管理变革。

大数据发展的核心动力来源于人类测量、记录和分析世界的渴望。信息技术变革随处可见，但是如今信息技术的重点在"T"（技术）上，而不是在"I"（信息）上。现在我们是时候把聚光灯打向"I"，开始关注信息本身了。如何认知世界上可能存在的数据，在某种程度上，比如何分析数据来得更重要。那么，这个世界上到底存在哪些数据呢？抑或一切皆可量化？《大数据时代》为我们描述了当文字、方位、沟通、世间万物变成数据之后带来的商业价值。

1. 当文字变成数据

2004 年开始，谷歌试图把所有版权条例匀速地对书本内容进行数字化，让世界上所有人都可以免费阅读这些书籍。这是比世界上任何图书馆都宏大的工程。

谷歌首先要做的就是纸版书籍的数字文本化。谷歌发明了能自动翻页的扫描仪，对数百万本书籍进行扫描。后发现扫描技术只能以数字图像的方式保存文本，而非真正的数据化，谷歌又使用了能识别数字图像的光学字符识别软件来识别文本的字、词、句和段落，这样书页的数字化图像就转化成了数据化文本。这样，不仅人可以使用这些文本，机器也可以对它们进行分析处理。

截至 2010 年，谷歌对大约 2000 万图书扫描成数字图书，几乎相当于人类所有书写文明的 15%。在大量数据化文本出现之后，一个新的学术方向诞生了——文化组学。"文化组学"是指通过文本的定量分析来揭示人类行为和文化发展趋势。登录谷歌的 Ngram(https://books.google.com/ngrams)，你会看到很多词汇几百年来的使用趋势（图 4-33）。谷歌还把数据化的文本用来改进 Google Translate。

另一家做书籍数据化的知名公司是亚马逊。但亚马逊关注的是当下流行的阅读书籍，通过读者在 Kindle 平台上对阅读内容的操作，来共享和分析书籍内容意义以及读者对它们的认知。

2. 当方位变成数据

从古至今，定位时时刻刻都可能生成信息，尤其当旅行、运输、战争等活动

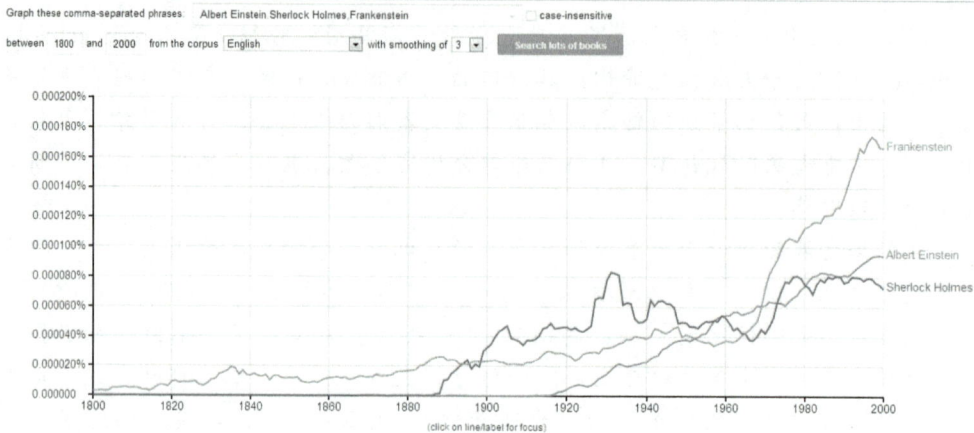

图 4-33　谷歌的 Ngram Viewer

发生时，它们会至关重要。GPS 是最常见的定位系统中的一种了。此外，通过对手机基站和无线路由器信号强度进行三角测量来定位地理位置也是一种常见方式。多次被曝光的某些知名手机品牌在用户不知情的情况下收集位置和无线数据然后传回企业系统，可见这些定位数据的潜在价值。

当下，随着手机、移动互联网的使用，位置的实时信息更容易获取，也有更多的商业模式在提供或者利用这种实时位置信息。比如百度地图不仅可以为你的行程导航，还可以综合其他人的位置信息会告诉你各路段的拥堵情况。Foursquare 让用户在最喜爱的地方"check in"，从而可以向用户进行其他推荐，也会对用户进行忠诚奖励。

书中介绍了位置数据在商业以外的用途，这些用途的意义似乎更重大。

3. 当沟通变成数据

手机、电子邮件、即时通信已经使得沟通变得数据化，但社交网络平台，如 Facebook，让沟通数据化的维度更加立体。Facebook 不仅给我们提供了沟通的场所，也将类似关系这样的无形元素提取出来。

沟通数据的使用还远未成熟。因为可能涉及泄露用户隐私，很多社交网站对沟通数据的处理一直选择忍耐。但书中还是介绍一些对沟通数据进行处理的方式和价值。

4. 世间万物的数据化

是的，其实世间万物都能进行数据化。书中介绍的 IBM 获得的"触感技术先导"专利以及东京越水重臣教授对臀部的研究都让人们对数据化的方式和可能性大开眼界。其实，类似的脑电波、人的身份识别信息这些人体本身所携带的数据信息未来的作用会更加令人震惊。

阅读《大数据时代》，尤其是第 97 到第 126 页部分的内容，并在互联网上查找相关资料，思考以下问题：

(1)有哪些类型的文字可以变成数据？可以针对它们做哪些分析？

(2)地理位置可以通过哪些技术进行数据化？地理位置数据化之后可以做哪些分析？

(3)沟通交流的数据化可以分析发现哪些问题？

(4)在我们的生活和企业运作中，还存在哪些种类的数据每天都在发生？它们的商业价值何在？

阅读

You May Not Need Big Data After All

2013 年 12 月的《Harvard Business Review》刊登了一篇文章"You May Not Need Big Data After All"。文章作者珍妮·罗斯是麻省理工学院斯隆商学院信息系统研究中心(Center for Information Systems Research，CISR)主任兼首席科学家，辛西娅·比思是得克萨斯大学奥斯汀分校退休教授，安妮·夸德格拉斯是 CISR 的研究科学家。

文章对近些年风行的"大数据"概念提出了质疑和思考，认为现今企业近乎疯狂地投资于数据科学家、数据仓库以及数据分析软件，但却收效甚微。问题出在哪里呢？一是大数据被严重夸大宣传，导致企业对它寄予的厚望已经超出了它实际能产生的价值；二是从数据分析中得出的洞见很容易被复制；三是企业需要变革才能将大数据中得出的观点转化为竞争优势，而很多企业可能无法实现这种变革。不过，投资大数据没有获得相应回报的最主要原因在于：大多数企业对已有数据没能进行很好的处理，不知道如何管理、分析这些数据才能拓宽自己的视野，更不用说在新洞察的指导下进行变革。

企业不会因为投资了高端分析工具，就奇迹般地培养出上述能力。企业只有学会如何运用数据和分析帮助自己决策，才可能从大数据中获益。这种类型的企业目前看来大概只有四类——供应商、工程与研究类企业、顶尖互联网公司以及具有"循证决策"传统的企业。作者发现一直坚持用数据指导决策的企业为数稀少。只有一小部分企业具备作者称为"循证决策"（Evidence-based Decision Making)的文化。与没有这种决策文化的企业相比，它们的盈利能力一般会更强。

为什么其他企业不能更好地利用数据、更好地分析呢？一个原因是，因为它们的管理实践没能跟上技术平台的发展。另一个原因是，采用循证决策是一项艰难的文化转变。

具备"循证决策"文化的企业，能够确保所有决策者都经常运用业绩数据。他们会做好四件事：一是建立准确无误的业绩数据源；二是向各个级别的决策制定者提供近乎实时的反馈；三是不断清晰地传达自己的企业规定，并根据实际情况不断更新这些规定；四是为经常参与决策的员工提供高质量的培训指导。

文章认为，很多人在宣讲大数据时，强调的是获得更多信息来分析，但把握信息经济机遇的最好方式是让所有人更有效地使用数据——这看似成本高昂且充满风险，实际却成本低廉且作用强大，能够将你拥有的"大数据"和"小数据"全部利用起来。

阅读文章全文，并思考以下问题：

（1）到底什么是"循证政策"文化？具备这种文化的企业一般在运作上有哪些特点？请举例分析。

（2）除了具有"循证政策"文化的企业外，其他几类企业为什么可以在大数据中获益？

（3）文章所谓的"你也许并不需要大数据"是对"大数据"的否定吗？那么它到底表达什么观点？

本章参考文献

[1]cnBeta. 谷歌搜索能力最新统计，2016 年每秒处理 63000 次以上[EB/OL]. TechWeb 网站，2016-05-26.

[2]艾瑞咨询. 2016 中国数据驱动型互联网企业大数据产品研究报告[R]. 艾瑞网，2016-12-22.

[3]Siberschatz A，Korth H F，Sudarshan S. 数据库系统概念[M]. 杨冬青，李红燕，唐世渭，译. 6 版. 北京：机械工业出版社，2013.

[4]荫蒙. 数据仓库[M]. 4 版. 北京：机械工业出版社，2006.

[5]吴军. 智能时代：大数据与智能革命重新定义未来 [M]. 北京：中信出版社，2016.

[6]维克托·迈尔-舍恩伯格，肯尼斯·库克耶. 大数据时代：生活、工作与思维的大变革 [M]. 杭州：浙江人民出版社，2013.

[7]Ross J W，Beath C M，Quaadgras A. You May Not Need Big Data After All [J]. Harvard Business Review，2014，91(12)：90-98.

扫描二维码，获取本章微课视频。

微课视频	本章小结
	_____
	_____
	_____
	_____

第5章　面向基础应用的企业信息系统

　　ERP、SCM 和 CRM 系统是现代企业信息化过程中最常见的解决方案，它们主要面向企业基础业务和应用，强调全企业的基础业务过程集成，从不同的职能领域和组织部门集成信息，协调企业与供应商和其他合作伙伴的活动，协调企业与客户的联系和关系。ERP、SCM 和 CRM 对应图 2-3 的金字塔结构，更多的是在业务处理系统和狭义管理信息系统层面上的管理和决策问题，主要支持基层员工的日常业务和中层管理者的管理控制。当然，随着企业信息化实践的不断多元化，很多数据分析型的功能模块也加入了 ERP 等系统中，但这些企业应用系统的核心且基本的任务依然是基础业务的处理，没有基础业务数据的处理是无法实现数据分析等增值功能的。本章介绍了 ERP、SCM 和 CRM 的主要概念，相应的管理理念以及系统功能。

本章学习目标

1. 掌握 ERP 的概念、发展、功能和实施问题。
2. 理解供应链管理的背景需求、概念和供应链管理系统的相关理论。
3. 理解客户关系管理的含义，掌握客户关系管理系统的主要功能和系统类型。

导入案例

青岛啤酒如何应对"啤酒效应"①

　　20 世纪 60 年代 MIT 的斯特曼（Sterman）教授做了一个著名的试验——啤酒销售流通试验。在这个试验中有四组学生分别代表消费者、零售商、经销商、厂家，由此形成一个简单的供应链。试验要求：任何上、下游企业之间不能交换任何商业资讯，只允许下游企业向上游企业传递订单，消费者只

---

① 参考《中国信息化周报》2014 年 1 月 20 日"青岛啤酒：供应链管理破解'啤酒效应'"和 2015 年 11 月 9 日"青岛啤酒：信息化重塑百年企业新辉煌"进行撰写。

能将订单下给零售商。结果表明，由于链中各节点企业之间资讯的不对称以及为了追求自身利益的最大化，造成需求资讯在供应链内部传递时失真了。啤酒效应（Beer effect）并非仅是啤酒行业的现象，而是营销流通领域的一种普遍现象。它暴露了供应链在信息传递中，不对称的信息往往会扭曲供应链内部的需求信息，从而导致供应链失调。

青岛啤酒始建于 1903 年，是中国历史最悠久的啤酒生产企业。在青啤百年辉煌业绩之下，也无法隐藏起对啤酒效应的苦恼。啤酒的生产需要经历发酵、制作等工艺，一般的制造周期是半个月到一个月。啤酒新鲜度对啤酒口感和品质有着直接影响，青岛啤酒为了保证消费者在最短时间内喝上最新鲜的啤酒曾提出"让青岛人民喝上当周酒，让全国人民喝上当月酒"的口号。青啤过去主要以减少库存、改进运输计划管理、降低交易成本和改进供应商管理等传统方式来降低运营成本。但啤酒属于快销产品，其分销网络十分复杂，除了一级、二级经销商、分销商外，分销网络还布局全大中小型超市，甚至便民店。但由于缺乏合理的供应链管理和需求采集通道，特别在冬、夏淡旺两季，销售计划不能通过通畅的供应链条传递给生产，造成了重复生产、不均衡生产的现象，抵消了集中物流所产生的效益，使得"三天准时发货率"的关键指标长期徘徊在 70% 左右，难以提高。青岛啤酒决定从内外两部分供应链管理着手，在管理模式和信息系统上匹配发力。

青啤为适应不断扩大和继续扩大的业务需求，青啤决定构建以青啤总部为核心的卫星式供应链管理模式，历时十几年逐步通过"特区制""事业部制"和"总部一体化制"三步管理模式的转型，完成集团统一供应链管理平台的搭建。其中，青啤总部在供应链中扮演"中心"的角色。青啤的内部供应链管理建立在这个统一平台上，从供应商、生产厂到销售公司、办事处，再到一级批发商、二级批发商，形成一个完整的链条。

在这个供应链管理平台上，青啤逐步搭建信息管理系统。早在 1999 年，青啤将啤酒内部供应链模块划分为计划和执行两个层面区分管理。计划层面专门针对青啤内部生产供应计划进行管理，包括数据收集、需求计划、需求共识、供应计划、供需平衡、发布计划及监控计划执行六个环节组成。系统基于历史销量数据，建立销售预测系统，同时支持各协同业务单位通过共享的信息平台实现销售运作计划的处理，从而提升预测准确度水平，为工厂生产与市场销售建立快速响应的信息通道。另外执行层面包括采购、订单处理、生产、库存、经销商管理等。青啤采用 Oracle 的全套软件产品依次对供应链上各系统模块实施，比如 ERP 采购模块、ERP 订单处理模块、仓储管理 WMS 模块、客户关系管理 CRM 模块。

在青岛啤酒的所有信息系统中，与青岛啤酒的供应链管理系统密切相关的还有两个系统：全自动化生产控制系统和制造执行系统（MES）。青岛啤酒各生产厂均实现了自动化控制系统，包括制麦麦芽、车间控制、糖化、发酵车间控制、包装车间控制、动力车间控制等主工序系统及一些辅助工序系统。MES 系统可以全程记录工厂生产线在线数据，通过对比及时发现生产过程中能源和质量的异常变化，预测出生产数据的异常结果，及时调整生产过程。

对于外部供应链，青啤统一规划分销网络和区域。设立中央仓和区域仓优化了全国性物资调配模式，减少了各环节上的库存量，避免了许多不必要的库存成本消耗；青岛啤酒与招商局共同组建的合资物流公司，全面处理青啤的全国物流业务。信息技术为企业的深度分销提供了必不可少的载体。青啤将自己的 Oracle 系统与招商局物流 SAP 系统进行对接，以 SAP 系统作为物流执行信息系统，将库存、订单及财务等各模块的相关数据与 Oracle 系统中的数据进行核对，产生正确数据为青岛啤酒销售公司的决策提供相关支持。

通过供应链管理项目的实施，青岛啤酒在销售、仓储、物流配送、生产各个环节实现高效协同，减少供应链上的存货数量，加速对客户需求的反应能力。目前已上线区域的三天及时发货率普遍提升到 85% 以上，月需求提报准确率达到 75% 以上，周需求提报准确率达到 65% 以上。

自 2001 年起，青岛啤酒分别从财务、采购、库存、制造、分销、供应链、客户关系、物流配送、项目、设备、人力资源管理和办公自动化等多个方面纷纷实现信息化管理。下一步，青岛啤酒信息化工作的重点是实现供应链管理系统、集中生产管理和全自动化生产控制系统无缝衔接，从而进一步提高整体供应链运营计划的质量，加强对企业战略的执行力。

思考以下问题：

（1）为什么供应链管理会成为青啤信息系统建设的重点？

（2）青啤的供应链管理平台上，都有哪些具体的信息系统类型？它们分别对应什么需求或者解决什么问题？

5.1　企业资源计划

由于啤酒产品"新鲜度"的时效性要求以及企业在深度分销上的复杂性，造成青啤对供应链上的生产、仓储、销售等环节都有非常高的要求，这就使得青啤在企业信息化过程中重点布局在供应链管理相关的各种系统，比如 ERP 系统中的采购和订单模块重点解决了供应链管理中的采购和订单环节上执行问题，WMS 模块面向仓储的管理，CRM 关注客户环节的管理等，全自动化生产控制系统和 MES 在制造环节上对工序和设备进行控制，并对执行情况进行记录。这些系统集成在一起，信息流在各种系统和各个模块间流动，全面支持企业运作和决策制定。ERP 是青啤面向供应链管理的整个信息平台的核心所在。

ERP(Enterprise Resource Planning)，又称企业资源计划，由美国著名管理咨询公司 Gartner Group 于 1990 年提出。ERP 基于信息技术，利用先进管理思想，对企业范围内的信息流、资金流和物流进行全面集成的管理，为企业的决策、计划、控制和经营提供全方位系统化的支持。ERP 系统在业务的设计实现上，体现了供应链管理的思想，体现了精益生产与敏捷制造的思想，体现了事先计划、事中控制和事后反馈分析的思想，对于很多行业，尤其是制造业的管理现代化具有十分重要的作用。

目前 ERP 提供商主要有德国的 SAP、美国的 Oracle，国产 ERP 有用友、金蝶等。

5.1.1　企业资源计划的发展

ERP 的概念和理论是西方企业管理方法经历半个多世纪的发展的结果。

1. 订货点法

20 世纪 40 年代，计算机系统还没有出现，为了解决库存控制问题，人们提出了订货点法。对于某种物料或产品，由于生产或销售的原因而逐渐减少，当库存量降低到某一预先设定的点时，即开始发出订货单(采购单或加工单)来补充库存，直至库存量降低到安全库存时，发出的订单所定购的物料(产品)刚好到达仓库，补充前一时期的消耗，此订货的数值点，即称为订货点。因此订货点的计算公式为：订货点＝安全库存＋平均日消耗量×订货提前期。

2. 时段式 MRP

20 世纪 60 年代，计算机的发展使得短时间对大量数据进行复杂运算成为可能。而生产制造企业中复杂的物料需求促进了物料需求计划（Material Requirement Planning，MRP)的出现。MRP 是根据市场需求预测和顾客订单制订产品的生产计划，然后基于产品生成进度计划。一方面，根据产品结构中各层次物品的从属和数量关系，以每个物品为计划对象，以完工时期为时间基准倒排计划，按提前期长短区别各个物品下达计划时间的先后顺序；另一方面，根据库存状况和计划到货情况，计算所需要的物资需求量。

3. 闭环 MRP

闭环 MRP(closed-loop MRP)是在 MRP 基础上，增加对投入与产出的控制，也就是对企业的能力进行校验、执行和控制。闭环 MRP 理论认为，只有在考虑能力的约束或者对能力提出需求计划，在满足能力需求的前提下，MRP 才能保证物料需求的执行和实现。在这种思想要求下，企业必须对投入与产出进行控制，也就是对企业的能力进行校验和执行控制。

4. MRP Ⅱ

制造资源计划（Manufacturing Resource Planning，MRP Ⅱ）是以 MRP 为核心，覆盖企业生产活动所有领域，有效利用资源的生产管理思想和方法的人—机应用系统。MRP Ⅱ覆盖生产活动中的主要环节，包括销售、财务、成本、工程技术、生产制造、物料管理等。

5. ERP

20 世纪 90 年代，Gartner Group 提出了 ERP 的概念。ERP 是在 MRP Ⅱ 的基础上扩展了管理范围。在资源管理范围方面，MRP Ⅱ 主要侧重对企业内部人、财、物等资源的管理，ERP 系统在 MRP Ⅱ 的基础上扩展了管理范围，它把客户需求和企业内部的制造活动以及供应商的制造资源整合在一起，形成供应链，目标是实现整个供应链的有效管理；在生产方式管理方面，MRP Ⅱ 系统把企业归类为几种典型的生产方式进行管理，对每一种类型都有一套管理标准，ERP 则能很好地支持和管理混合型制造环境；在管理功能方面，MRP Ⅱ 主要支持制造、分销、财务的管理，而 ERP 增加了支持整个供应链的运输管理和仓库管理，支持生产保障体系的质量管理、实验室管理、设备维修和备品备件管理，以及基于互联网支持采购、销售环节的电子商务；在事务处理控制方面，MRP Ⅱ是通过计划的及时滚动来控制整个生产过程，它的实时性较差，一般只能实现事中控制，而 ERP 支持在线分析处理 OLAP、售后服务即质量反馈，强调企业的事前控制能力。

5.1.2　ERP 的功能

ERP 的功能对于不同行业有很大差别。对于制造业来说，ERP 可以包括销售与分销管理、生产计划、物料需求计划、能力需求计划、制造执行管理、采购与库存管理、财务与成本管理、人力资源管理、客户服务、供应链管理、工厂与设备管理、质量管理等功能。而银行业的 ERP 主要涉及银行的财务会计、组织成本管控、人力资源管理、风险管理等。

在很多行业中，ERP 作为企业管理的信息系统，与企业核心业务系统还是不一样的。银行业的核心业务系统主要处理银行的存款、贷款、资金、外汇、银行卡、客户信息等具体业务的实现，而银行业 ERP 主要从管理层面上对银行运作在财务会计、成本管控、人力资源管理等方面进行信息化的支持。在医院里，医院信息系统(Hospital Information System，HIS)就相当于医院的 ERP 系统，主要关于医院管理运作的，实现对医院人流、物流、财流的综合管理，比如病人的医疗费用管理、药品的库存与发放管理、人事档案管理等，以提高医院管理效益为目的；而临床医疗系统(Clinical Information System，CIS)是医院的核心业务系统，以病人为中心，以基于医学知识的医疗过程处理为主要内容，直接为病人的临床医疗、护理服务提供服务，以提高医疗质量、实现医院最大效益为目的。

5.1.3　ERP 系统的实施

ERP 项目是一个庞大的系统工程，它涉及面广，投入大，实施周期长，难度大，存在较大风险，需要采取科学的方法来保证项目实施的成功。一般在实施中需要注意以下问题：

最高决策者的参与。最高决策者最了解各项战略决策中的信息需求，也是最终决定管理机构调整的决策者。他们可以从企业战略的角度出发，确认自顶向下的全局范围的信息结构和流程，提高开发效率。同时最高决策者管理着各个子系统高层管理者，当出现争议和问题时，可以出面解决。

业务流程重组和机构重组。ERP 是面向工作流的，它实现了信息的最小冗余和最大共享。传统需要几个步骤或几个部门来完成的任务，在实施 ERP 系统之后可能只需要一次便能完成了。因此企业要让 ERP 系统发挥作用，有必要在业务流程和组织机构方面进行重组，使之符合 ERP 的实施要求。

全体员工的参与。ERP 覆盖企业的每个业务细节，而普通员工才是最终的操作者，没有全体员工的参与和支持也是不可能成功的。

数据的规范化。ERP 系统实现了企业数据的全局共享，作为一个管理信息系统，它处理的对象是数据。数据规范化是实现信息集成的前提，在此基础上才谈得上信息的准确、完整和及时。所以实施 ERP 必须要花大力气准备基础数据。

其实上述这些重要问题，不仅在 ERP 实施过程中具有重要影响，在大部分企业信息系统的实施中都是至关重要的问题，必须引起足够重视。

5.2 供应链管理系统

随着经济全球化和知识经济时代的到来，市场竞争日益激烈，用户需求的不确定性和个性化增加，产品寿命周期缩短和产品结构越来越复杂，如何抓住市场机遇，快速、有效地满足顾客的个性化需求，提高顾客的满意度水平，这些都对传统企业管理运作模式提出了新的挑战。20 世纪 80 年代初应运而生的供应链以其敏捷度高、生产成本低、生产周期短等特点近年来得到全球制造业的广泛重视和运用，供应链管理正在成为企业管理的一种重要模式。

5.2.1 供应链管理的概念

供应链(Supply Chain)是指产品生产和流通过程中所涉及的原材料供应商、生产商、分销商、零售商以及最终消费者等成员通过与上游、下游成员的连接而组成的网络结构。图 5-1 是一个供应链的例子。

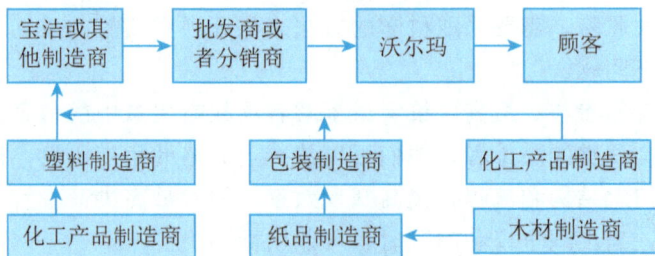

图 5-1　供应链举例

供应链管理(Supply Chain Management，SCM)就是在满足客户需求的条件下，对整个供应链(从供货商、制造商、分销商到消费者)的各个环节进行综合管理，包括从采购、物料管理、生产、配送、营销到最终用户的整个供应链中涉及的货物流、信息流和资金流，把物流与库存成本降到最低。供应链管理包括计划、采购、制造、配送、退货五大基本内容。

供应链管理的目标是把正确的产品或服务(Right Product or Services)，按照合适的状态与包装(Right Condition and Packaging)，以准确的数量(Right Quantity)和合理的成本费用(Right Cost)，在恰当的时间(Right Time)送达指定地方(Right Place)的确定的客户(Right Customer)，即"7R"。

因此，供应链管理的关键点有：①以顾客为中心，以市场需求的拉动为原动力；②强调企业应专注于核心业务，建立核心竞争力，在供应链上明确定位，将非核心业务除外；③各企业紧密合作，共担风险，共享利益；④对工作流程、实物流程、信息流程和资金流程进行设计、执行、修正和不断改进；⑤利用信息系统优化供应链的运作；⑥缩短产品完成时间，使生产尽量贴近实时需求；⑦减少采购、库存、运输等环节的成本。

5.2.2　供应链管理系统的功能

供应链管理系统的四个主要模块是采购管理模块、生产管理模块、销售管理模块和库存管理模块等。

SCM 系统和 ERP 系统看上去有很多功能相似，但它们之间也有一些区别。一是管理内容不同，ERP 针对的是企业内部业务流程的系统化管理，而 SCM 覆盖了供应链中的所有环节，包括对企业外部物流、资金流、信息流的集成；二是直接目的不同，ERP 强调的是企业资源的最优配置，而 SCM 则强调供应链环节最优；三是涉及对象不同，ERP 以企业内部为对象，主要的优化行为是利己的，而 SCM 则是以整个供应链为对象，是利他的。SCM 和 ERP 其实是一种互补的关系，ERP 对于供应商管理这块的关注度并不足够，而 SCM 则有效地补充了 ERP 的这一劣势。

5.3　客户关系管理系统

5.3.1　客户关系管理的概念

客户关系管理(Customer Relationship Management，CRM)是一个不断加强

与顾客交流，不断了解顾客需求，并不断对产品及服务进行改进和提高以满足顾客需求的连续过程。

CRM 是以客户为核心的企业营销的技术实现和管理实现。其核心思想是：客户是企业的一项重要资产，客户关怀是客户关系管理的中心，客户关怀的目的是与所选客户建立长期和有效的业务关系，在与客户的每一个"接触点"上都更加接近客户、了解客户，最大限度地增加利润和提升利润占有率。因此，客户关系管理首先要帮助企业识别客户，在此基础上，保留住最有价值客户，实现他们的终身价值最大化。

5.3.2　客户关系管理系统的功能

客户关系管理系统集成许多面对客户的销售、市场和服务的过程，提供一种面向客户的全企业范围的观点。系统跟踪企业和客户交往的所有方式，并分析这种交往，以实现客户对企业的终身价值最大化。客户关系管理系统能从整个组织中捕捉并集成客户信息，分析这些数据并把这个结果传递给企业中与客户相关的系统和客户接触点(touch point)。所谓接触点是一种和客户交流的方式，比如电话、电子邮件、客户服务台、微信、微博以及传统邮件等。在和客户交往时，企业可应用这些客户知识来向他们提供较好的服务或向他们销售新的产品和服务。这些系统也可以识别获利或非获利的客户，识别机会以减少客户波动率。

客户关系管理系统主要支持销售、市场和客户服务三大业务的管理和决策。

1. 销售

销售团队自动化(Sales Force Automation，SFA)是 CRM 软件中的重要应用之一。SFA 向销售人员提供平台和工具，提高专业销售人员在销售过程中的自动化程度，目的在于提高工作效率，更好地服务于客户。SFA 的功能一般包括日历和日程安排、联系和客户管理、佣金管理、商业机会渠道管理、销售预测、建议的产生和管理、定价、区域划分、费用报告等。

2. 市场营销

基于信息技术的市场营销自动化可以辅助实现市场营销活动计划的编制和执行，计划结果的分析、预算和预测，营销资料管理，对有需求客户进行跟踪、分析、分销和管理等。市场营销自动化不局限于提高销售人员活动的自动化程度，其目标是为营销及其相关活动的分析、设计、执行和评估提供详细的框架。在很多情况下，市场营销自动化和 SFA 是补充性的。

3. 客户服务与支持

很大程度上，客户的保持和提高客户利润贡献度依赖于提供优质的服务。因此，客户服务和支持对很多公司是极为重要的。在 CRM 中，客户服务与支持主要是通过呼叫中心和互联网实现。客户服务与支持的典型应用包括：客户关怀，纠纷、次货、订单等的跟踪服务，现场服务，问题及其解决方法的数据库，维修行为安排和调度，服务协议和合同，服务请求管理等。

从数据处理方式的视角，主要的 CRM 软件包分为操作型客户关系管理系统和分析型客户关系管理系统。操作型客户关系管理（Operational CRM）系统包括面对顾客的应用系统，如销售团队自动化、销售中心和客户服务支持以及市场自动化等。分析型客户关系管理（Analytical CRM）系统主要是指运用数据库、统计工具、数据挖掘、OLAP 等技术，获取、分析及应用与顾客相关的各种数据信息以及接近顾客的方法手段。比如 CRM 中对客户概况、忠诚度、利润、性能、未来、产品、促销的分析，简称"7P"。客户概况分析（Profiling）包括客户的层次、风险、爱好、习惯等；客户忠诚度分析（Persistency）指客户对某个产品或商业机构的忠诚程度、持久性、变动情况等；客户利润分析（Profitability）指不同客户所消费的产品的边缘利润、总利润额、净利润等；客户性能分析（Performance）指不同客户所消费的产品按种类、渠道、销售地点等指标划分的销售额；客户未来分析（Prospecting）包括客户数量、类别等情况的未来发展趋势、争取客户的手段等；客户产品分析（Product）包括产品设计、关联性、供应链等；客户促销分析（Promotion）包括广告、宣传等促销活动的管理。

日本永旺超市采用 RFM 模型来对客户进行分析。这个模型中，R（Recency）指客户最近一次的购买情况，F（Frequency）指客户购买频率，M（Monetary）指客户消费金额。每个指标都有 5 个等级，会员就会被分到 125 个群里，准确定位到需要的顾客群体，而不会在营销活动中迷失方向。比如，在母亲节前，吉之岛会先根据年龄层次把一些会员筛选出来，再根据消费金额（M）和消费频率（F），把最有购买倾向的客户挖掘出来。在每一次促销活动结束后，吉之岛会通过 CRM 系统里所收集到的会员消费数据，进行促销活动效果的评估，并调整下一次的营销方案。

案例

中国 ERP 第一案①

2002 年春节前夕，现在已并到神州数码旗下的原联想集成系统有限公司与北京市三露厂在崇文区法院经济庭的主持下达成庭内调解：一是 2002 年 2 月 28 日之前，由被告方原联想集成系统有限公司向原告方北京三露厂给付 200 万元人民币；二是 2002 年 2 月 28 日之前，原告方将 MOVEX（瑞典 Intentia 公司的 ERP 产品名称）计算机管理信息系统硬件及软件返还被告方（实际已退到神州数码），从而给国内第一起 ERP 系统实施服务诉讼案画上了句号。

作为此案的原告和被告，北京三露厂是化妆品行业的著名企业（全国人民恐怕都忘不了"大宝天天见"那句广告语），原联想集成系统有限公司是国内 IT 业领头羊的直属子公司，而合作的产品是国际上有名的 ERP 软件，如此门当户对的婚姻最后以如此结局收场，让很多人唏嘘不已，其 ERP 实施的案例也为我们提供了很好的经验和教训。

与大多数 ERP 案例的开始大同小异，北京三露厂在 1998 年感到原来的财务软件难以适应大规模企业的管理，并且需要将财务、采购、库存等数据进行整合，从而决定上 ERP。联想集成系统有限公司当时是瑞典 Intentia 公司的独家代理。1998 年 3 月 20 日，双方签订了 ERP 合同。合同书中约定三露厂支付给联想集成人民币 1697297.50 元，其中 MOVEX 软件费用为 786552.5 元；设计、实施服务费用为 67103.97 元；购买服务器等的费用为 843641.03 元。换言之，当时的联想集成以"总承包"的身份负责包括软、硬件及咨询服务在内的系统工程实施。合同确定的实施时间为 1998 年 4 月 1 日到 9 月 30 日，试运行时间是 1998 年 10 月 1 日到 12 月 31 日，正式运行时间是 1999 年 1 月 1 日，验收时间是 1999 年 3 月 30 日。同时，合同还约定了违约责任，1998 年 9 月 30 日之前，如不能完成合同有关事项，每延期一天，联想集成应向三露厂支付全部价款千分之五的赔偿金。

合同签订之后，三露厂陆续付给联想集成包括购买硬件、软件在内的有关费用 140 万元，联想集成也派人进驻了三露厂，开始和三露厂的工作人员一起进行实施工作。然而，合作之后的矛盾由此逐渐暴露出来。三露厂认为，在接下来的实施阶段，出现了几个难以解决的问题：

---

① 本案例内容部分改编自《21 世纪经济报道》2002 年 6 月 3 日的报道"中国 ERP 第一案：原告获得 200 万元"。

第一是 Intentia 软件产品汉化不彻底，操作界面和表单中有英文出现，致使员工难以使用；

第二是系统提供的后台报表和数据采集的方式不符合国内财务制度和需求习惯；

第三是软件实施商对软件不熟悉，没有按照软件厂商标准流程和实施方法论来实施，据一些当时参与实施的三露厂技术人员反映，由于联想集团的技术人员不熟悉产品，在参数的设置上出现错误，造成了一些表单无法正确生成。

实施工作进行到 1999 年 11 月 15 日，三露厂决定向联想集团最高层投诉：直接给联想 CEO 发去了一纸紧急传真，提出了三个问题：第一个问题是"直至今日合同仍未履行完毕，延期的损失如何处理"。根据合同有关延期的违约责任规定，乙方此项赔偿金已累计为 325 万元。第二个问题是"今后的实施费由谁支付"，由于联想集成要请软件商 Intentia 作为该项目厂商方面的技术支持，而软件厂商又未同意不收取任何服务费。因此三露厂指出，在合同的系统售后服务中已经注明，乙方根据甲方要求对软、硬件的设计做局部功能的改进调整是乙方永久性提供的一项服务，不向甲方收取费用。最后一个问题则是继续履行合同的时间安排。

联想 CEO 是否收到了投诉信无从考证，但是三露厂的传真显然引起了联想集团的重视。对于这个通知，联想集成的直接反应是其"MOVEX 项目小组负责人"卢刚 11 月 16 日发出的一纸传真，表示一定配合三露厂把项目做好，发生的实施费用，由联想集成支付，先派三露厂认可的工程师到项目组解决一些包括报表、账目平衡等日常问题，再在 11 月底作出详细的计划及人员安排。

11 月 25 日，一个包括三露厂计算机中心主任、大宝商业批发公司财务科科长、常务副厂长、法制办公室主任、联想集成系统有限公司副总等人和 Intentia 公司技术人员在内的三方会议召开，旨在解决问题，推动项目进行。

12 月 8 日，联想集成给三露厂发来的盖有联想集成系统有限公司公章的一纸书面意见，其中提到"合同中规定的 9 月 30 日完成项目，到目前为止，已经造成了 325 万元的违约金的损失，在此向大宝道歉"，并明确表示除双方合同中规定的应付实施费用，项目后续的实施，联想不再增收实施费用，联想集成将支付 Intentia 顾问发生的实施费。这纸书面意见同时承诺，如果项目失败，三露厂有权按照合同追究责任（这一纸传真在后来的诉讼中成了重要的证据）。

转眼间到了 2000 年 7 月，其间双方经历了再一次的实施、修改和汉化，包括软件产品提供商 Intentia 公司也派人来三露厂解决了一些技术问题。但是由于汉化、报表生成等关键问题仍旧无法彻底解决，三露厂始终在试运行 MOVEX

有关模块的同时并行原有的管理信息系统，反而加大了员工的工作量。双方显然都已经被这场冗长的 ERP 实施拖得筋疲力尽了。

2000 年 7 月 20 日，卢刚再次通过传真给三露厂提出了三个方案：一是采用 VISUAL FOXPRO、MS ACCESS 等前台软件工具编制报表，来满足对现有报表的要求；二是用 Scala Globe Series 软件替代 MOVEX，重新实施项目；第三就是保留 AS/400 系统，另外采用和佳的 ERP。以上三种方案的费用由联想集成承担。三露厂方面认为，这三点意见均说明对方已经对 MOVEX 无能为力，可以下结论说该项目已经失败。同时，三露厂拒不接受对方提出的三点解决方案，因为这和签订合同的初衷不符。

在之后的 4 个月中，双方始终无法在赔偿金额数量(三露厂坚持在 325 万元人民币的基础上进行谈判)、如何解决系统实施中遇到的困难等关键问题上达成一致。并且由于经历了多次徒劳的谈判、商讨，气氛也日趋紧张。

2000 年 12 月 11 日，三露厂正式向崇文区(现已并入东城区)法院提起诉讼，要求得到赔偿。最后的结果如开头所示。

2003 年 9 月，当笔者来到大宝(此时"北京三露厂"已经改名为"北京大宝化妆品有限公司")进行调研时，对上述情景中的很多当事人进行了直接对话。在很多企业 ERP 实施失败之后会出现"一朝被蛇咬，十年怕井绳"的情况，可是令人佩服的是，大宝却选择了从跌倒的地方站起来，把打官司赢回来的钱用到第二次 ERP 实施中去。此时此刻，大宝已经在和另一家软件供应商——和佳进行合作。

2001 年 3 月，大宝与和佳签订合同。2001 年 5 月，项目开始实施，一直到 2002 年 5 月，项目一期结束，大宝基本上实现了除了生产外，其他几个模块的平稳运行。有了第一次失败的教训，大宝第二次 ERP 实施有很多细节的工作是首次实施 ERP 的企业所不可能做得到的，因此也更具有研究和实用价值。

第二次 ERP 实施，公司十分重视服务商的选择和软件选型。第一次 ERP 软件选型是由财务部门做的，第二次选型时，项目负责人计算机中心主任孙京非常谨慎。孙主任以前在供应科工作，也有财务背景，所以他不仅对计算机知识了解，对公司的管理流程也是内行。他主要考虑了以下几点：

利用现有硬件资源。因为大宝原有系统运行在 IBM 的 AS/400 上，而且 AS/400 比较稳定，所以新软件必须能在 IBM 的 AS/400 上运行。

ERP 厂商必须在北京。再好的 ERP 产品也会出现错误，ERP 厂商在北京，可以随时来维护。

ERP 产品必须能够做到足够的客户化。和大部分中国企业一样，大宝的管理还不够规范，因此 ERP 产品适应现有管理水平非常重要。

产品有成功案例。就像 MOVEX 虽然是知名产品，但据说大宝是它在中国北方的第一家用户。

把目标锁定到和佳之后，孙主任到和佳去考察了三次，把和佳的软件模型拿回来自己输入数据进行测试。即使做了如此多的前期工作，孙主任仍然做好充分的心理准备，即不要抱有太高的期望。2001 年 3 月大宝与和佳签约，一期一共购买了 14 个模块，总价 100 万元左右，包括软件价格，实施费用和数据库数据移植的价格。实施的工作内容包括调研、软件安装、培训、技术支持、实事、客户化开发、原有数据移植。

在项目实施过程中，和佳公司有 1 名常驻大宝的实施工作人员，平常会有 2～3 名实施人员。此系统有 60%～70% 采用了和佳原有软件代码和设计，30% 多进行了客户化修改。如果在使用软件的过程中出现问题，不论问题大小，都要把出现问题的画面打印出来，由孙主任与和佳方面负责人签字确认，确定解决日期。

为了能让每个部门摆脱第一次失败的阴影，不对 ERP 产生抵触心理，在实施前期一段很长时间里，孙主任的大部分时间都在做沟通和协调工作。其中，与部门经理之间的沟通十分重要，只要部门经理肯配合，下面人员就会配合工作。如果遇到不好解决的问题，就需要上层领导出面来配合。

一期项目结束到笔者调研时的 1 年多的时间，项目一直处于休整时期，发现和调试一些小问题。现在实施的 11 个模块运行得都比较平稳。这一年多来，ERP 使得公司的管理更加标准化，流程更加规范化，而且也减轻了操作人员的工作，提高了工作效率，保证了工作的严谨性。截至调研时，公司正在为二期上马生产模块做着有条不紊的准备工作。

从 20 世纪 90 年代开始，中国企业逐渐开始开展信息化建设，其中以辅助企业管理决策和业务流程的信息系统的实施为主要内容，中国企业在 ERP 实施方面不断总结教训，积累经验，逐渐成长和成熟。本案例的发生虽然距今有一段时间，但整个事件所涉及的方方面面与其作为"中国 ERP 第一案"所特有的代表意义一样给我们很多启示。

思考以下问题：

(1)北京三露厂与联想集成合作的 ERP 实施案例中都有哪些问题？责任在谁？谁应该为此 ERP 实施的失败承担主要责任？

(2)第二次 ERP 实施与第一次有哪些改进？

(3)你觉得，用户方在 ERP 实施过程中应该注意什么？集成方在 ERP 实施过程中应该注意什么？软件方在 ERP 实施过程中应该注意什么？

案例

京东打造智慧供应链

2016 年京东财报显示，京东净利润为 10 亿元人民币，首次实现年度盈利。京东在中国网购消费者心中以其快速稳定的物流配送而著称，211、极速达、京准达、次日达、隔日达等一系列特色配送服务让消费者心里对京东物流配送颇有安全感，满意度更高。从 2007 年 7 月 1 日，京东建成北上广三大物流体系，一直到 2017 年京东物流子集团成立。长期以来，京东对物流仓储近乎偏执的重金投入，再加上烧钱的电商价格战，都让京东在账面上不那么好看。但是，经过长时间摸索，京东在物流和供应链管理上建立了一套成熟的体系，打造了扎实的竞争优势。2020 年，京东全年净收入 7458 亿元，净利润 494.05 亿元，活跃购买用户达 4.7 亿。

截至 2021 年年底，京东物流运营超 1300 个仓库，总面积超过 2400 万平方米，有 43 个"亚洲一号"大型智能仓库(图 5-2)，建立了包含仓储网络、综合运输网络、配送网络、大件网络、冷链物流网络及跨境物流网络在内的高度协同的六大网络。京东的亚洲一号仓目前代表了国内零售物流仓储体系的最高水平，有立体多层货架摆放，也有购物篮数据分析来驱动的仓储货品堆放结构，有自研的仓库管理系统 WMS，实现了仓储成本效益最大化，不仅大，而且省。这是硬实力。

堆垛机

自动分拣机

图 5-2　亚洲一号

但软实力——智慧供应链的打造才是关键！

中国整体的供应链管理本身还处在初级阶段，京东的优势在于体量足够大，上下游覆盖全面，因此在优化供应链体系过程中，在选品和价格、库存，特别是协同管理方面摸索出来的失败和成功的经验，对于行业来说都具有重要意义。供应链是一个整体，没有一枝独秀。京东在这个链条上的重要位置，让整个链条都跟着京东走，京东需要在这方面有前瞻意识和行业领袖的担当。另外，中国消费升级趋势日益突出，从"网购便宜"到"网购品质"的转变，京东不能再靠打价格战去烧钱，需要以客户价值为中心修炼内功。供应链管理是刘强东确定的一个重要突破口。

面对京东庞大的订单量，供应链系统要智能分配订单配送，仓库、分拣点、配送站等节点通过系统智能分配来实现路径最优化，缩短订单履约时间。京东还在电商界率先作出了详尽的订单物流跟踪系统，让消费者看到自己的订单走到哪里了，现在已经成为行业普遍采用的产品机制了。依托订单数据的挖掘，按照订单区域密集度来选址建仓，优化物流拓扑，结合干线运输效率的匹配，京东的物流配送效率可以实现路径最优化。

从2012年开始，京东着力打造智慧供应链。2016年6月和11月，京东商城分别成立了X事业部和Y事业部，这是京东出于对未来零售布局的考虑。X事业部主要是对智慧物流研发布局，主要是无人车、无人机、无人仓。Y事业部致力于智慧供应链的研发，其核心是围绕数据挖掘、人工智能、流程再造和技术驱动四个源动力，整合形成京东"商品、价格、计划、库存、协同"五大领域的智慧供应链解决方案，用技术帮助京东商城与合作伙伴解决"卖什么、怎么卖、卖多少、放哪里"的问题。Y事业部的内部架构共有两大层，第一层是产品经理、供应链专家，他们了解业务，了解采销和行业供应链的实战经验。第二层是纯技术人员，他们拥有数学、人工智能、运筹学等方面经验，因此京东的智慧供应链基础实际上是先做好信息化再做好人工智能。

Y事业部成立至今，在供应链方面做的优化已经卓有成效。目前智慧供应链的重点为大数据选品、动态定价、智慧预测计划和智能库存。

京东目前有300万个SKU(Stock Keeping Unit，库存量单位)的自营商品。在商品极大丰富的今天，不能简单粗暴地把所有商品都拿到京东上来卖，要选择最贴合消费者的商品。把商品"分好堆"就是要知道——哪些SKU是消费者最需要的，哪些是要赚净利的，哪些是赚毛利的，哪些是赚流量的。针对京东目前的商品量，必须要有数据和算法分析的帮助，才能更好地给商品分堆。

定价要考虑的因素很多，比如产品的生命周期、竞争信息、促销信息、是优先毛利还是净利，季节因素等。另外，还要考虑到消费者购买某种产品的时候，对价格的敏感性可能不同，比如购买大米可能主要考虑是否新米等。通过数学建模能够较好地解决智能动态定价的问题。

智慧预测技术被称为整个供应链的大脑。京东商城400万种在库产品库存周转天数是 37 天左右，京东正使用人工智能技术对所有的产品，未来 7 天、14 天、28 天、半年、全年的销售进行预测，指导库存的自动补货。京东从 2012 年开始打造智慧供应链，就在尝试这块业务。京东的专业人员先从个别品类的自动补货进行测试，扩展到图书、消费品等垂直领域，不同品类的算法并不一致，逐步完善。到 2017 年年底，在消费品、服饰家居、大家电、3C 数码四个品类自动补货系统将覆盖 80% 以上的采购场景①。

对外，京东正在对人工智能平台进行深入的打造和更平台化的建设，组建和抽离一些应用，正如 Y 事业部发布的 YAIR 平台（Y AI Platform for Retail Business），集成了预测平台、运筹优化平台、模拟仿真平台、舆情分析平台四大平台，将会逐步开放给京东的战略供应商使用。例如 2016 年京东"6·18 大促"中，某战略供应商通过协同平台与京东开展了联合销量预测及联合促销计划，"供货满足率"从 60% 提高到 87%，在京东商城的"产品有货率"从 78% 提高到 90%。2017 年 Y 事业部计划借助供应商协同平台，实现百家战略供应商接入京东智慧供应链系统，节省沟通成本，协同供应商进一步降低零售供应链的成本，提升效率，为消费者提供更好的购物体验。

可以说，智慧供应链的发展，不仅会全面提升制造业、零售业的效率，更会了解消费者的喜好，从而驱动企业作出更贴近消费者的商品，提供更贴近消费者的服务，对于商业的发展和消费者的选择将会是更进一步的升级。

在已经形成的智慧供应链基础之上，京东正在携手供应链合作伙伴成立"京东供应链学院"。目前，美国营运管理协会（APICS-SCC）、中欧供应链与服务创新中心、荷兰价值链学院（The Value Chain Academy）已成为"京东供应链学院"的第一批战略合作伙伴。毫无疑问，京东在智慧供应链这条道路上的探索将会成为京东最为重要的战略优势。

2022 年 5 月 20 日，京东召开 618 发布会，提出要用"有责任的供应链"全力守护人间烟火气。京东作为一家数实融合的新型实体企业，不仅连接下游众多消费者，还拥有大量上游厂家、商家资源。京东把这两端打通，并配备自己高效的物流能力，可以大大减少中间耗损，实现社会综合效益的巨大提升。京东从 2020 年就开展乡村振兴项目"奔富计划"，对接了 1000 多个农特产地及产业带。尤其是在大灾大难面前，京东更是充分彰显"有责任的供应链"的巨大价值。在上海疫情最严重的时期，京东在上海市内及江苏昆山的仓群因封闭无法生产出货。京东物流将上海的民生订单迅速切换，分配到华中、华南、西南等物流园区，在

---

① 2017 年 3 月 2 日，京东 Y 事业部战略发布会上公布数据。

全国各地仓群完成拣货、包装后运送到上海封控边界，更换为上海本地物流车头后再运入上海，通过上海分拣中心和配送体系完成最后的履约配送。虽然和本地生产相比，跨区代生产的履约成本明显提升，但为了保供给、保运力，京东采用了这种"不算账、不惜力"的配送模式。2021 年河南"720"特大暴雨洪涝灾害中，不到一天时间，20 余辆京东物流救援车运着矿泉水、方便面等物资到达灾区。之所以能这么快，是因为京东集团内部有一项规定：全国任何地方发生灾难，京东邻近库房的管理者都无须汇报，即有权捐出库房里灾区所需要的物资。

京东智慧供应链的责任感，让科技更加有温度，让智慧更加闪烁光芒。

思考以下问题：

(1)登录京东网站，找到"Investor Relations"板块，获取京东自上市以来的财务报告，从报告中摘取京东这几年的发展信息，尤其在物流与供应链建设上的投资和进展。

(2)了解京东整体的组织结构，京东的 X 事业部、Y 事业部在整体组织结构中处于什么位置？分别侧重什么业务？

(3)目前，京东在物流仓储在硬件设施上发展到了什么程度？在软件层面上京东在着力打造什么？

(4)京东的智慧供应链着力打造哪些功能？这些功能解决什么问题？怎么解决？对京东的战略发展有哪些帮助？

(5)结合京东打造"有责任感的供应链"，思考在科技洪流之下，应该如何看待科技公司的"责任"，以及如何打造科技公司的"责任感"。

案例

C 银行的 CRM 系统[①]

客户资源是商业银行在市场环境中生存发展的战略性资源，而客户资源中的中高端客户更是银行的"香饽饽"，被各商业银行定位为优先发展的目标客户群体。如何抓住和占领中高端客户资源成为商业银行在激烈的竞争中获胜的法宝。进行客户关系管理并实施客户关系管理系统可以帮助商业银行实现从"以产品为中心"转变为"以客户为中心"的转变，提升获取和挽留更多的高端客户，进行精准营销，为其定制个性化产品，向其提供差异化服务等，在为客户金融资产最大

---

① 本案例是在论文《中国建设银行 CRM 系统应用现状分析与对策研究》的部分内容基础上改编的。

化增值的同时，实现商业银行自身利润的增长。

1. C 银行的客户关系管理系统的整体应用架构

C 银行从 2005 年开始建设客户关系管理系统，到目前为止，伴随着银行业务的转型，C 银行的 CRM 系统也不断升级和完善。

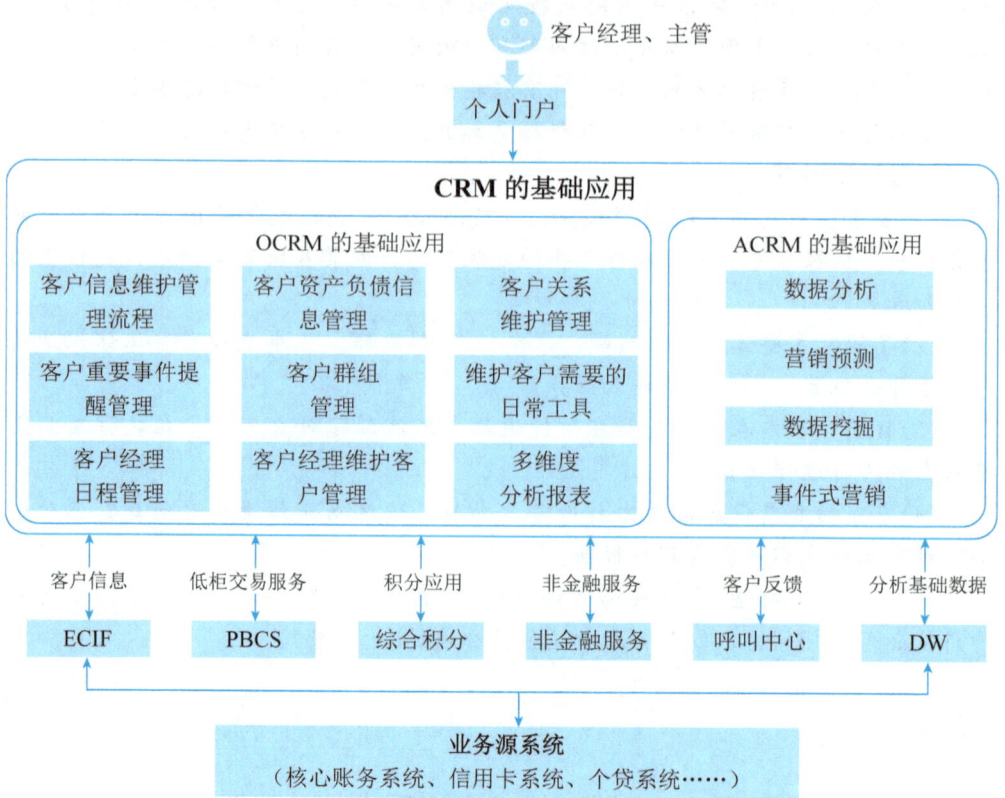

图 5-3　C 银行 CRM 应用架构

如图 5-3 所示，C 银行各业务源系统是它的所有业务办理类系统，主要包括核心账务系统、证券系统、个人贷款系统、理财产品系统、信用卡系统等。这些业务源系统为 CRM 应用提供主要经营数据，包含客户的性别、年龄、联系方式、职业、收入、教育程度等基本信息，客户的存款、贷款、银行卡、投资理财、中间业务等账户信息以及客户在高柜、低柜、电话银行、短信银行、手机银行、网上银行等各渠道的交易数据，是系统的基础数据来源。

企业级客户信息整合系统(Enterprise Customer Information Facility，ECIF)对来自各个业务源系统的客户信息数据进行整合，形成企业级的客户统一视图。

PBCS(Personal Banking Customer Sales System)，个人银行客户销售系统，又称低柜销售系统，主要为客户经理服务中高端客户提供非现金交易服务，主要部署在理财中心、财富中心、私人银行以及网点的非现金交易区。综合积分系统基于银行 ECIF 所建立的客户单一视图，将客户原有分散在信用卡、网银、个贷、理财等各业务产品中的积分整合得出客户在银行的唯一综合积分，有利于客户回馈的一致性，提升银行在客户心目中的形象。非金融服务系统是基于综合积分系统的基础上，根据客户对银行的贡献度，为符合条件的客户特别是中高端客户提供如健康服务、高尔夫服务、机场贵宾服务、汽车道路救援服务等。呼叫中心通过电话、短信等方式直接与客户进行接触沟通，了解客户需求、接收客户反馈、对客户进行营销销售，并将与客户接触沟通后的结果数据传送到主要应用中，便于进行下一步的专职客户经理后续跟进或进行数据分析、商机挖掘、行为预测等。数据仓库 DW 系统涵盖了银行所有业务源系统的经营数据，并根据 ECIF 系统提供的归并后的客户视图对源数据进行初步的统计汇总加工。

操作型客户关系管理系统主要功能是为理财中心客户经理、财富中心客户经理、私人银行客户经理维护金级、白金级、钻石级以及财富级和私人银行级等中高端客户提供客户关系维护的系统操作平台。分析型客户关系管理系统主要功能是数据挖掘应用、多维分析应用以及业务分析报告应用。这些应用对于银行了解客户，发现市场机会，从而精准营销，提高客户忠诚度，并协助管理层进行决策辅助，发挥了巨大的作用。

因为银行各种应用系统涉及极为敏感的客户隐私数据信息，系统用户，比如客户经理、主管等，通过个人业务统一门户进行身份认证后，根据用户的角色、岗位、信息查看范围等权限控制信息，进入各个业务系统进行操作。

C 银行的各种应用系统中，各种业务源系统是 C 银行的基础业务处理系统，也是所有经营数据的来源；企业客户信息整合系统和数据仓库是面向客户的数据基础平台；OCRM 是客户关系管理的前端操作平台，ACRM 是客户关系管理的后端分析平台，呼叫中心、非金融服务、低柜销售、综合积分等作为客户关系管理的周边支持，对客户关系管理的应用进行完善。

2. C 银行的客户关系管理的相关业务分析

C 银行的客户关系管理系统与零售网店转型匹配进行，在业务上，C 银行在客户获取、客户营销、客户服务和客户管理上进行了相关业务的设计和流程再造。

(1)客户获取流程

在 OCRM 系统和 ACRM 系统的辅助下，对通过推荐、主动申请及系统自动判断筛选等途径获取的新客户的资格进行认证，构建客户档案，包括基本信息、需求信息、价值信息和产品渠道偏好等，评估客户风险偏好。

（2）客户营销流程

客户营销流程，是要在合适的时间为合适的客户推荐合适的产品，主要包括制订客户联系计划并联系客户、评估客户金融需求、执行销售和售后跟踪等过程。

比如评估用户的金融需求过程中，客户经理通过 OCRM 系统提供的客户相关信息，深入分析客户，确定销售接触策略，以发现对客户的更多潜在商机，从而将销售过程演变为与客户建立长期关系的过程。在销售进行过程中，客户经理必定要与客户发生接触沟通行为，通过这些行为，进一步完善客户信息，并收集客户金融需求和个性化产品需求，为后续新金融服务和新产品的研发推出提供数据支撑。并且根据客户金融产品、服务需求、风险评估结果、金融投资偏好以及客户性格特征，为客户编制理财规划，并进行理财收益试算。

（3）客户服务流程

为了保证银行有限的服务资源和营销资源为更多的客户提供更高效、更完善的服务和营销，银行对客户进行了两级细分。一级细分为 ACRM 细分，通过数据分析、挖掘，进行客户市场细分。第二级细分是 OCRM 细分，客户经理根据日常收集了解的客户喜好和特征，进一步细分到自己所建立的各种群组中去。根据客户细分后的所属群体，为客户提供适合其细分群体的产品。例如客户经理建立的古董收藏爱好群组，将喜好古董收藏的客户添到该群组，一旦银行举办古董收藏投资讲座或组织客户参加古董拍卖会等活动举行时，可以及时地通知、组织客户参与，快捷、方便地为客户提供服务。

银行根据客户等级进行差异化服务。当客户来到营业网点办理业务时，大堂经理对客户进行识别，对于大众客户，大堂经理会根据客户的年龄、特征、办理业务种类，对客户进行引导分流，将客户分流至高柜办理现金类业务、低柜办理非现金业务、自助银行区域办理自助非现金业务等。对于 VIP 客户，主要是将客户引导至理财中心，交由专职客户经理为客户进行一对一的服务。

对于特征明显的中高端客户，银行在提供匹配的产品时，还为客户提供特色的个性化服务，比如举办各类型主题活动、讲座等。银行与第三方供应商合作，为客户提供完善的非金融服务，如提供医院挂号预约、合作商家消费打折、慈善自动捐赠等，以及为客户提供的机场贵宾服务、高尔夫合作、网球合作等项目。

（4）客户管理流程

客户管理流程主要是跟客户管理相关的一些流程和工具，比如客户转移工具、客户经理团队管理、金融资讯服务、联系策略和联系计划、综合查询、客户现金流分析和风险偏好评估等。

比如联系策略和联系计划方面，银行根据客户分层标准和国际通行的行业标准，制定客户经理联系客户的频率标准，即最低联系策略。OCRM 系统还提供了客户经理接触沟通客户的联系计划工具，全过程记录客户经理与客户的接触行为。为管理客户经理日常工作提供流程支持，为获取客户需求反馈，进行后续分析、跟进处理提供数据支持。

除了在客户获取、客户管理、客户营销和客户服务方面进行了定义和规范，C 银行对于零售网点转型，还进行了全行统一的网点硬件改造，包括网点装修色彩搭配、业务办理区重新划分规划、客户等待区的心理安慰设计等。

C 银行根据 CRM 理念对业务流程及管理流程再造，将 CRM 应用实施到产品、区域、部门、渠道等银行营运的各个方面，彻底摒弃过往的"以账户、产品为中心"的主导思想，树立了"以客户为中心"的理念。C 银行注重组织重构和业务流程重组再造，整合银行核心交易性系统、银行内部管理性系统和银行商业决策分析支持系统等信息化系统，完善联系客户、响应客户需求以及获取客户反馈的统一渠道，在客户印象中形成统一、规范、专业的产品和服务形象。最终以管理的差异化、个性化特点，从市场客户资源池中获取稳定的中高端客户资源，挖掘潜力客户贡献度的提升，挽留住有流失风险的中高端客户，从多方面提升商业银行的综合竞争实力。

思考以下问题：

(1)C 银行的客户关系管理基于什么样的战略考虑？

(2)C 银行的客户管理系统都包括哪些功能？它和其他信息系统之间的关系如何？

(3)C 银行的客户关系管理在业务上如何和系统匹配进行业务设计和流程再造的？

业界

CRM 的市场趋势[①]

根据海比研究的数据显示，CRM 领域 2012 年中国市场规模为 14.25 亿元人民币，2017 年增长为 43.48 亿元人民币，其中国产品牌市场规模为 30.62 亿元人

---

① 根据中国软件网 & 海比研究的《2018 中国 CRM 趋势洞察报告》改编。

民币，占比70.4%。这里，主要的是指销售管理市场，以及连接客户的营销管理市场，不包括呼叫中心、智能客户、营销技术、营销广告、数字营销等市场。

1. 细分市场

2017年CRM在各个细分市场的竞争格局已有了一定的层次结构。当前，CRM软件市场可以分为以下五大阵营，并呈现相互渗透的现象。

第一大阵营厂商的核心产品是销售管理、销售漏斗。这些厂商产品最大的价值是，帮助老板更有计划地完成自己的销售业绩，但这些产品本身不会对销售人员的工作有很好的促进作用，也不会带来销售额的额外提升。

第二大阵营厂商的核心产品是帮助销售人员做营销、实现销售人员连接客户。这些产品的最大价值是他们的出发点是帮助销售人员解决销售过程中的难题，并且在这个过程中将相关数据和流程收集起来，自动地为企业领导提供销售管理与预测服务。

第三大阵营厂商的核心产品是营销渠道的管理。这些产品的最大价值是帮助企业实现第三方电商、自有电商、线下商店、微店、电话营销等各个营销渠道的统一管理。这种产品能帮助企业更好地统筹各个渠道的销售管理，最大化地利用各个渠道的优势，能为企业带来更好的销售。

第四大阵营厂商的核心产品是客户服务。其产品的最大价值是提升客户服务的效率和满意度，并在此基础上更进一步地实现销售。典型代表有两类厂商，一类是智能客服，一类是呼叫中心等。

第五大阵营厂商的核心产品是数字营销内容及其管理。其产品的最大价值是帮助企业实现数字营销的制作、发布、管理及客户信息的反馈与回流，从而实现企业与客户的连接、转化等。他们能给企业带来更多的粉丝，并实现与他们的连接和互动，提升销售业绩。

2. 云化转型

无论是国外品牌还是国内品牌，无论是厂商还是企业用户，云化转型均是未来几年的关键词之一。从市场所占份额来看，目前CRM的SaaS占比为28.9%。SaaS模式与本地部署模式之间的竞争态势，呈现出以下三个特点：①SaaS厂商基本成为CRM各个细分市场的领头羊厂商；②从需求侧来看，SaaS还没有被大多数所接受。从现在的交付情况来看，很多企业客户，尤其是大型企业，还是要求本地部署；③传统本地部署的厂商开始加速向SaaS、向云转型。

3. 排名

总体来看，综合市场份额、产品竞争力、服务竞争力、品牌影响力等要素，海比研究分析认为，国内市场中CRM厂商排名如下：Salesforce、用友营销云、六度人和 EC、Oracle、销售易、红圈营销、神州云动 CloudCC、SAP、微软 CRM、纷享销客。但同时，这种格局并不稳定，尤其是来自国内品牌的竞争，未来会更为激烈。

国内品牌的 CRM 厂商在产品技术方面和 Salesforce 等国外厂商还存在较大差距。这种差距主要表现在产品顶层设计、框架设计，以及技术架构平台、与 AI 结合等方面。同时，在大客户尤其是跨国集团公司的竞争方面处于劣势。在客户全生命周期运营等先进理念的引领方面，也存在较大差距。

思考以下问题：

(1)CRM 软件的细分市场都有哪几类？各自侧重什么功能？有什么特点？

(2)CRM 为什么要向云端模式发展？

(3)CRM 的主要厂商都有哪些？通过 Gartner 关于 CRM 的魔力象限报告，总结国外 CRM 厂商都有哪些？国内厂商和国外厂商存在哪些差距？

本章参考文献

[1]管宁静. 青岛啤酒：供应链管理破解"啤酒效应"[N]. 中国信息化周报，2014-01-20.

[2]路沙. 青岛啤酒：信息化重塑百年企业新辉煌[N]. 中国信息化周报，2015-11-01.

[3]钟啸灵. 吉之岛：挖掘客户价值的金矿[J]. IT 经理世界，2010，1：82-83.

[4]罗皓月. 中国建设银行 CRM 系统应用现状分析与对策研究[D]. 西南财经大学，2014.

[5]中国软件网 & 海比研究. 2018 中国 CRM 趋势洞察报告[R]. 怡海软件网站，2017-12-25.

扫描二维码，获取本章微课视频。

微课视频	本章小结
	_____ _____ _____ _____

第6章 面向智能与知识的
企业信息系统

决策支持系统和知识管理系统都是企业中面向更高层次的管理和决策支持的信息系统类型。决策支持系统侧重于对企业中半结构化和非结构化决策问题采用各种算法模型进行数据的分析，或者基于大量数据的处理技术打造商业智能。知识管理系统应该有别于文档管理系统或者内容管理系统，更应该强调对于隐性知识以及拥有知识的人的定位和管理，通过适当的信息技术促进各种知识的共享、应用以及新知识的生成。这些信息系统不同于基础应用系统，数据、信息、知识的增值效果更好，有助于提高企业半结构化和非结构化决策的有效性，进而提升企业的核心竞争力。

本章学习目标

1. 掌握决策的概念和类型；掌握决策支持系统的概念、类型和构成，了解群体决策支持系统、智能决策支持系统等形式。
2. 掌握商业智能的相关概念、技术结构和应用场景。
3. 理解企业知识管理的重要性，掌握知识管理系统的概念和实现方式。

导入案例

智能决策的迪拜机场

从现在每年接待乘客数量9000万人到2020年的1亿人，迪拜机场无疑是世界上最繁忙的国际旅游机场。与这个增速同步的是机场管理方对于乘客满意度的重视。

MichaelIbbitson是迪拜机场负责技术和基础设施的执行副总裁，他介绍说，在未增加飞机跑道的前提下，如何提升旅客承载量，挖掘数据背后的价值，是他们的解决之道。

一般来说，机场进行一个人的安全检查需要10分钟左右，迪拜机场如何在5分钟或者更短的时间内让95％的乘客通过安检？他们的做法是，统计可能引发安全警报的情况和发生点，根据整个机场的人员流动情况，不断地动态调整安检口的人员部署，并且及时做好乘客的分流。

面对每年运送1.5亿件的行李规模，迪拜机场通过分析行李系统的数据，提高行李的流转速度，以确保乘客能尽快提取行李。因为已经装备了足够多的传感器，比如主要的行李系统和行李从飞机运到传送带的运输车，如果能够更早地获取包括飞机到达等信息，机场管理方就可以更好地安排地勤人员、协调资源，接待落地的飞机，让乘客不需要等待就能拿到自己的行李。

为提高场内摆渡车运行效率，迪拜机场引进智能交通系统(ITS)，主要用于优化T2远机位摆渡车的调度工作。该系统提供了一套全自动的分配、调度解决方案，确保摆渡车得到充分利用，使每辆车单程平均载客量从40人增加至60人。据测算，此项技术将使摆渡车周转次数降低20％，从而降低机场机动车油耗和碳排量。同时，地面车辆调度速度提高将缓解迪拜机场在航班高峰时段远机位旅客的等待和周转时间，进一步提高了机场的整体接待能力。

机场向来都是新技术应用的前沿领域，一方面在于科技创新是提升机场运行效率的有效手段，机场管理方重视对相关技术方案的引进，另一方面在于机场服务的人群具有高端特点，他们乐于接受各种新事物，这有助于新技术的试用与推广。相信，更多的科技将不断进入机场，它们在提高机场运行效率，解决因资源紧张而出现的排队拥挤问题的同时，也将给旅客带来安全、高效的乘机体验。

思考以下问题：

(1)案例中，迪拜机场在安检、行李和摆渡车方面都采用了什么方式方法？具体解决了什么问题？

(2)你还知道机场有哪些信息系统？分别用来解决什么问题？

6.1 决策支持系统与商业智能

6.1.1 决策与决策支持

决策是企业最重要、意义最重大的活动之一。美国诺贝尔经济学获得者、管理学决策理论学派的主要代表西蒙①(Herbert Simon)认为"管理就是决策"。

一般来说,决策就是作出决定或者选择,广义来讲,把决策看作一个包括提出问题、确立目标、设计和选择方案的过程。因此国家的大政方针政策的制定固然是一种决策,企业的战略制定也是一种决策,人们对日常问题作出的决定,比如吃什么午饭这么小的问题,也是一种决策。在组织中,决策是一种最基本的活动。

西蒙把决策的过程描述为4个阶段:情报:进行情报分析以发现识别问题、需求或者机会;设计:找出所有的可行性方案;选择:对每个方案进行评价,选择一个最合适的方案;实施:执行选中的方案,监测实施结果。

按决策问题的结构化程度不同可将决策划分为三种类型:结构化决策、非结构化决策和半结构化决策。

1. 结构化决策(structured decision)

结构化决策问题相对比较简单、直接,其决策过程和决策方法有固定的规律,能用明确的语言和模型加以描述,并可依据一定的通用模型和决策规则实现其决策过程的基本自动化。

2. 非结构化决策(unstructured decision)

非结构化决策问题是指那些决策过程复杂,其决策过程和决策方法没有固定的规律可以遵循,没有固定的决策规则和通用模型可依,决策者的主观行为(学识、经验、直觉、判断力、洞察力、个人偏好和决策风格等)对各阶段的决策效

---

① 西蒙极为博学,一生获得了9个博士学位,包括政治学博士学位、科学博士学位、法学博士学位、哲学博士学位、经济学博士学位等。他曾先后在加利福尼亚大学、伊利诺工业大学和卡内基-梅隆大学任行政学、计算机科学及心理学教授,还担任过企业界和官方的多种顾问。

果有相当影响。往往是决策者根据掌握的情况和数据临时作出决定。

3. 半结构化决策（semi-structured decision）

半结构化决策问题介于上述两者之间，其决策过程和决策方法有一定规律可以遵循，但又不能完全确定，即有所了解但不全面，有所分析但不确切，有所估计但不确定。这样的决策问题一般可适当建立模型，但无法确定最优方案。

组织中不同层次管理者的决策在结构化程度上会有所不同。一般来说，企业的权利和责任按层级或者金字塔结构来组织，可以分为高层管理者、中层管理者和基层业务人员。高层管理者的非结构化、半结构化决策居多。基层业务人员的决策绝大部分是结构化决策，而中层间管理者的决策更多的是半结构化决策（表 6-1）。

表 6-1　结构化、非结构化和半结构化决策的特点

决策问题	结构化决策	非结构化的决策	半结构化决策
程序性	决策者一般可以按照明确的程序步骤去处理	决策过程比较复杂，没有固定程序遵循	介于两者之间，有一定的过程可循，但不能完全确定
判断依据	可以根据明确的理论知识或者规则制度来进行判断	没有固定的决策规则和通用模型，往往依靠决策者的判断、经验和洞察力等	介于两者之间，决策中只有部分可以用常用方法规则提供答案
重复性	重复的、常规的	非重复、非常规的	介于两者之间
管理层	基层业务人员	高级管理层	中间管理层
举例	是否为客户提供打折 是否要补货，补多少货 是否报销某发票	决定哪种产品进入什么市场 长期战略目标的确定 ERP 实施中调整部门间利益冲突	制订生产计划 编制部门预算 对生产流程进行改进

决策者作出决定之前，往往面临不同的方案和选择，以及有关其决定后果的某种程度上的不确定性。因此，决策者为了实现一定的目标，需要收集相关的信息，借助一定的工具、技术和方法，对问题进行分析，探索决策方案，评价、预测和选择方案，以提高决策有效性。可见决策制定的过程，信息以及信息的处理具有十分重要的作用。以前，当信息不足的情况下，组织往往依靠个人的直觉、经验、阅历等主观行为进行决策，这是传统决策模式。信息时代，随着信息技术

和信息系统应用越来越普及和深入，企业可以在信息技术和信息系统的支持下，结合定量分析和定性分析，运用经济学、社会学、心理学、统计学、计算机科学等学科领域的模型和知识，进行科学决策。

对于结构化决策，因为决策有明确的处理步骤和规则，因此很容易采用软件的方式实现这些规则和步骤。企业信息系统，尤其是业务处理层面的信息系统处理的都是结构化决策，它能帮助企业在业务流程科学化规范化的基础上，把这些流程、步骤、规则固定下来，避免企业基础业务的随意操作，杜绝牟取不正当利益。

而对于企业中非结构化和半结构化的决策，并不像结构化决策具有那么明确的步骤和规则来处理，因此需要更高级的信息系统，能够更灵活、更智能地处理非结构化和半结构化的决策问题。很多时候，信息系统需要通过不断的人机交互，协助决策者发现和分析问题，探索解决方案，评价、预测和选择方案。这种信息系统称之为决策支持系统。

6.1.2　决策支持系统的概念、构成和类型

1. 决策支持系统的概念

决策支持系统(Decision Support Systems，DSS)是把大量的数据、复杂的分析模型、方法和工具，以及用户友好的界面整合成一体的强有力的计算机系统，来支持组织中半结构化或非结构化的决策。决策支持系统通过人—机对话，向决策者提供信息，协助决策者发现和分析问题，探索解决方案，评价、预测和选择方案，以便提高决策的有效性。

根据上述概念，决策支持系统具有以下特点。

(1)决策支持系统以管理科学、系统科学、行为科学和控制科学等为基础，其所采用的模型、方法和工具一般来自这些领域，但不仅限于这些领域。

(2)决策者在决策支持系统中占有主导作用，模型和方法的选择需要在决策者或者用户的参与下确定下来，因此最后提供的信息是受决策者和模型的共同驱动。

(3)主要是经过分析，解决半结构化或非结构化的决策问题。

(4)决策支持系统是一种交互式处理方式，即通过人—机界面实现人机交互对话，用户可以不断调整某些参数或者输入项，反复学习和探索，直到得到最终满意的结果。

（5）一般认为，决策支持系统强调对决策的支持，并不能替决策者进行决策。但现在借助于人工智能与其他相关学科的技术进步，决策支持系统已逐渐能在特定场景中实现商业经营的智能化与自动化。这对于决策支持系统来说是个重大进步。

2. 决策支持系统的构成和类型

1.2.1 节介绍了决策支持系统的诞生和发展。随着决策支持系统的理论发展和实践应用，出现了不同结构的决策支持系统。

早期的决策支持系统主要包含三个部件：数据库管理子系统、模型库管理子系统和用户界面子系统（图 6-1）。

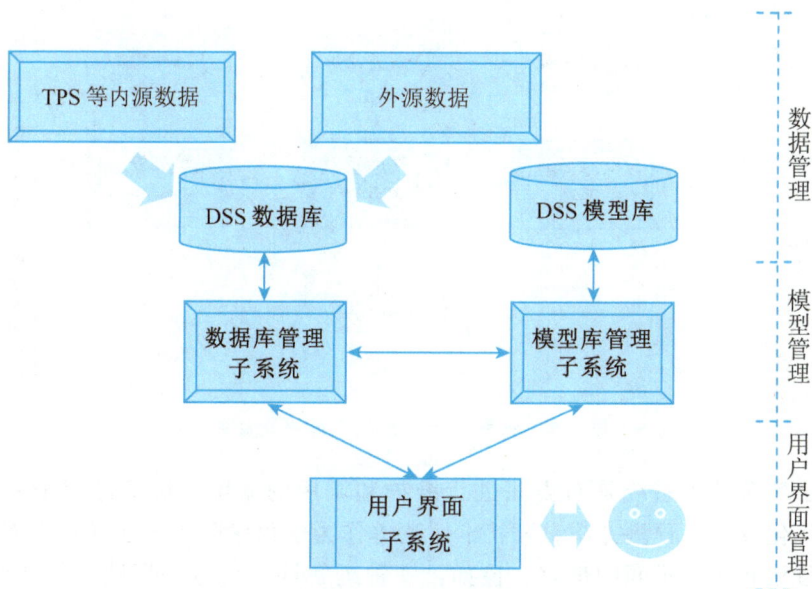

图 6-1 早期决策支持系统的三部件结构

决策支持系统中的数据库管理子系统，是对企业相关数据进行管理，数据可能来自公司内部的某些业务系统，也可能来自外部环境中的某些数据源。数据是最基础的决策资源，因此数据库是决策支持系统中最基本的一个库。

模型库管理子系统是在不同的条件下，决策支持系统通过模型来实现对问题的动态描述，把非结构化问题转化为结构化问题，探索或选择令人满意的解。模型库是存储在计算机中用于数据分析的各种模型的集合，比如预测模型、运输问题模型、灵敏度分析模型等。模型库管理子系统是决策支持系统的关键部件，DSS用户依靠模型库中的模型进行决策，因此早期DSS都是由模型驱动的。

用户界面子系统是为了方便用户和系统之间的对话互动，保证系统提供的是决策者需要的信息。一般来说，用户界面部分会把分析结果采用更加直观的形式展现，比如图形。用户界面子系统的好坏标志着决策支持系统的实用水平。

后来，模型库中分离出方法库，形成了由数据库、模型库和方法库形成的三库系统(图6-2)。

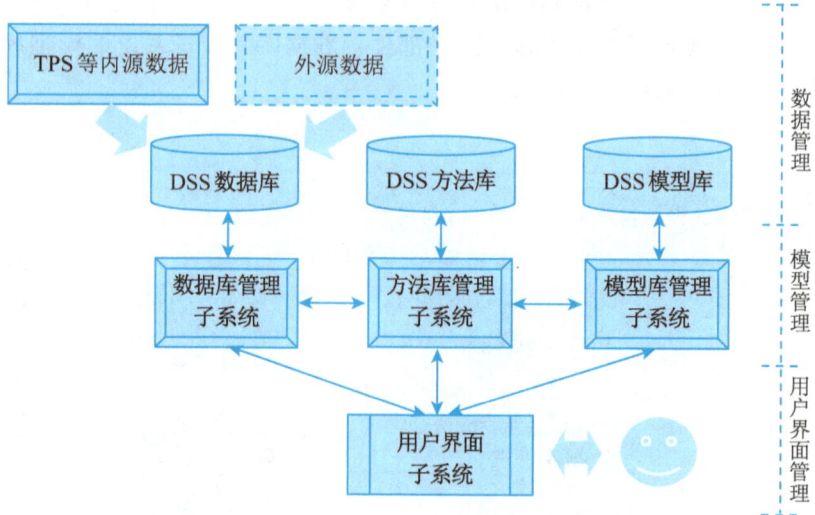

图6-2　决策支持系统的三库系统结构

方法库管理子系统是对方法进行维护和调用的系统，决策过程中常用的方法，如优化方法、预测方法、蒙特卡罗法等作为子程序存入方法库中。对模型与方法的看法有一些不同的理解。比如，一种理解认为模型是用数学结构来表示，而方法则用求解算法表示，像线性规划模型表示成目标方程和约束方程，而线性规划方法是单纯形法。还有一种理解把模型认为是算法加数据，而方法库则存放按算法编制的程序。在模型库中存放索引，该索引包括算法程序文件的地址和它所需数据的地址。在有的决策支持系统中，一个模型可以有多个不同的方法来实现，比如运输问题模型可以采用表上作业法、图上作业法、内点法等。而有时候多个方法共同完成一个模型，比如预测模型可以由相关分析方法和线性回归方法共同完成。因此，对于方法库与模型库的建设并无统一模式。

决策支持系统在三库结构基础上还可以增加知识库来提高智能效果，形成四库系统。知识库子系统是有关规则、因果关系及经验等知识的获取、解释、表示、推理及管理与维护的系统。知识库系统知识的获取是一大难题，但几乎与 DSS 同时发展起来的专家系统在这方面有所进展。6.1.3 节中将介绍专家系统和智能决策支持系统。

在决策支持系统的早期发展中，主要是上述模型驱动的模式。模型驱动的决策支持系统一般是一个独立系统，独立于公司的主要信息系统。它的分析能力也主要是基于强大的模型和方法。

随着企业中数据体量越来越庞大，数据分析的需求越来越强烈，数据仓库、OLAP 和数据挖掘等工具也逐步被引入决策支持系统中，尤其是一些大型的分析类决策支持系统。决策支持系统呈现出数据驱动的趋势。数据驱动的决策支持系统分析大量的公司系统中的数据，通过提取、分析大量有用的信息以支持决策。目前，大数据和人工智能技术的发展为决策支持系统带来了新的生命力。

6.1.3　各种决策支持系统

1. 专家系统与智能决策支持系统

智能决策支持系统(Intelligence Decision Support System，IDSS)是人工智能和决策支持系统相结合，应用专家系统技术使 DSS 能够更充分地应用人类的知识，如关于决策问题的描述性知识、决策过程中的过程性知识、求解问题的推理性知识，通过逻辑推理来帮助解决复杂的决策问题的辅助决策系统。

专家系统(Expert System，ES)是含有大量的某领域专家水平的知识与经验，能利用这些知识和解决问题的方法来推理和判断，处理该领域问题的智能计算机程序系统。因此专家系统通常由人机交互界面、知识库、推理机、解释器、综合数据库、知识获取等部分构成。

由于人工智能技术应用于决策支持系统的程度与范围不同，因此，构成 IDSS 的结构也不同，较完整与典型的 IDSS 结构是在传统三库 DSS 的基础上增设知识库管理子系统、知识库与推理机，在人机对话子系统中加入自然语言处理系统，形成智能人机接口，与四库之间插入问题处理系统而构成的四库系统结构。知识库负责存储专家知识和经验或者某个特定领域的专门知识。知识库管理子系统负责对知识库进行增、删、改、查等操作。推理机是基于知识库中的已知知识和事实推出新结论的软件程序。自然语言处理系统通过语法、语义结构分析等方法把问题描述转换为系统语言。问题处理系统是 IDSS 中最活跃的部件，首先要判断问题的结构化程度，然后对于结构化问题选择或构造模型，采用传统的模型计算求解，对半结构化或非结构化问题则由规则模型与推理机制来求解。

随着人工智能的发展，智能决策支持系统从广义上讲，不再仅仅是应用专家系统技术，还可以更广泛地采用其他人工智能技术，如机器学习等（图 6-3）。

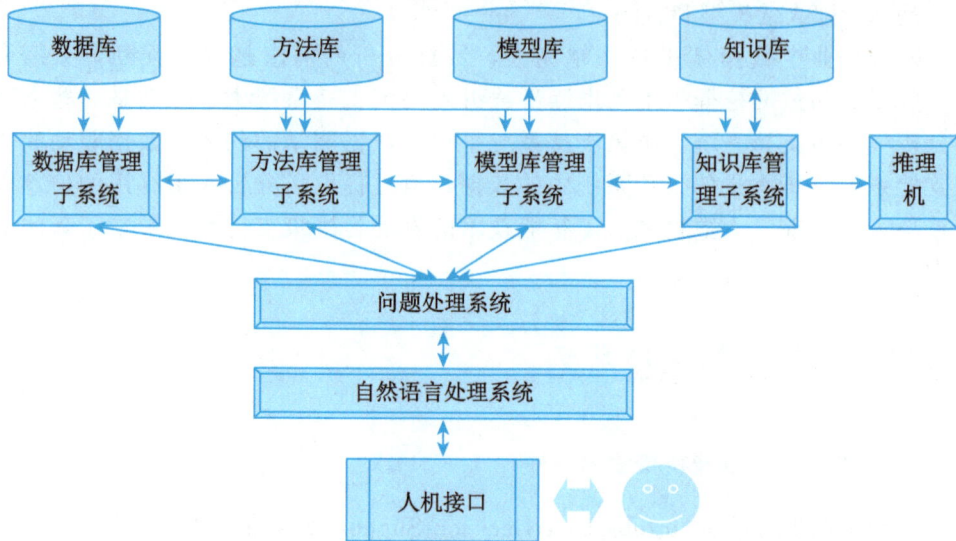

图 6-3　智能决策支持系统的结构

2. 群体决策支持系统

群体决策是相对个人而言的，指两人或多人聚集在一起，讨论实质性问题，提出解决某一问题的若干方案，评价这些策略各自的优劣，最后作出决策的过程。

群体决策支持系统（Group Decision Support Systems，GDSS）是在决策支持系统的基础上利用计算机网络和通信技术，通过某种规程，供多个决策者相互协作地探询半结构化或非结构化决策问题的信息系统。

与传统的会议决策相比，群体决策支持系统具有以下特点：一是不受时间和空间的限制；二是具有一定的规程，可使多个决策者充分交流、协作决策，减少片面性；三是减少群体中部分消极行为的产生，激发决策者的思路，限制小集团对决策结果的影响，保证了决策的客观性和公平性，提高决策者对决策结果的满意度。

群体决策支持系统可以分为四种类型：决策室、局域决策网、虚拟会议和远程决策网。决策室指的是决策者面对面地同时集中于一个房间进行群体决策，GDSS 设立一个与传统的会议室相似的电子会议室或决策室，决策者通过互联的计算机站点相互合作完成决策事务。决策室是相对较简单的 GDSS。局域决策网指的是，多位决策者在近距离内的不同房间里在决策周期内时间分散地参与群体决策，GDSS 建立计算机局域网，各位决策者通过联网的计算机站点进行通信，相互交流，共享存于服务器的公共决策资源，在某种规程的控制下实现群体决策。局域决策网的主要优点是可克服定时决策的限制，也就是决策者可在决策周期内时间分散地参与决策。虚拟会议是指利用计算机网络的通信技术，使分散在各地的决策者在某一时间内能以不见面的方式进行集中决策。在实质上与决策室相同，它的优点是能克服空间距离的限制。远程决策网充分利用广域网等信息技术来支持群体决策，它综合了局域决策网与虚拟会议的优点，可使决策参与者异时异地共同对同一问题作出决策。

理论上讲，GDSS 对群体决策是非常有益的手段，但 GDSS 要面对不同风格与偏好的个人，要综合决策科学、人工智能、计算机网络、运筹学、数据库技术、心理学及行为科学等多种学科的理论、方法与技术，实用系统研究与开发的难度非常大。目前国内外能投入实际运行的 GDSS 很少见。

3. 商业智能

商业智能（Business Intelligence，BI）是最近十多年在业界实践中经常出现的一种信息化解决方案。广义上来讲，商业智能就是用来帮助企业更好地利用数据提高决策质量的技术集合，是从大量的数据中钻取信息与知识的过程。如此看来商业智能与决策支持系统都是通过数据分析来实现更有效的决策，它们在概念上有很多交叉，但我们认为，这两个概念还是有所区别。比如在处理方式上，决策支持系统可以采用模型驱动或者数据驱动的模式，而经典的商业智能更侧重在数据仓库的基础上，通过 ETL、OLAP、数据挖掘以及可视化分析等处理方式来实现对数据分析，商业智能可以看作决策支持系统的一种解决方案。其实，我们没有必要过分强调这两个概念的区别，在对企业进行智能化决策支持的系统建设的时候，关键要把这些概念、技术和解决方案融会贯通、相互借鉴、综合利用，而不是拘泥于某一种模式。更何况，未来的决策支持系统或者商业智能，都会用到更多更新的技术来达到改善企业决策的目的，甚至会衍生出来更新的概念和模式，因此我们主要关注一下商业智能目前的主要模式及应用。

如前所述，商业智能就是一个完整的平台，通过把企业各个业务系统的相关数据资源集成起来，利用 ETL，即数据的抽取、转换和装载等方式，在数据仓库形成完备、规范化和统一的数据视图，然后用各种报表、查询方式、OLAP，甚至更复杂的数据挖掘技术对数据进行多角度的分析和探查，最终以企业信息门户的方式展现，服务于企业的战略、战术和操作层(图 6-4)。

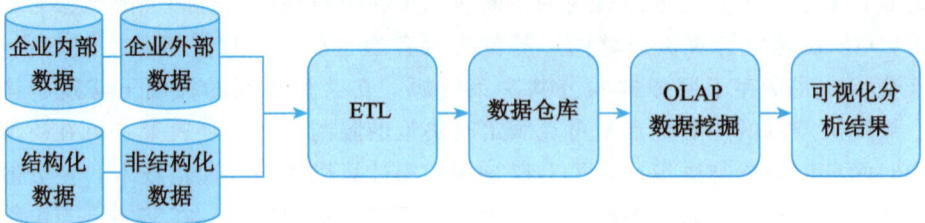

图 6-4　传统商业智能的体系结构

随着互联网、移动互联网的高速发展，海量、高维度且可实时接入更新的数据随之而来，为机器学习等人工智能前沿技术在各领域中的探索及落地提供可能，未来商业智能的智能化成分会越来越高。关于商业智能的主要技术——数据仓库、OLAP 以及数据挖掘乃至将来可能在商业智能中占有重要地位的人工智能技术等的基本原理，在第 4 章已经分别进行了介绍。本部分重点介绍商业智能的应用方面。

从应用的层面看，商业智能更注重企业整合和充分利用客户、供应商以及内部业务操作系统的各类有关信息来提高企业商务绩效。近年来商业智能在证券业、银行、零售、税务领域、金融风险控制、保险、客户管理等众多领域得到了越来越广泛的应用。

商业智能在零售业中，可以用于预测需求，根据预测结果更好地管理库存和供应链；可以对客户数据进行分析，了解"谁"买了什么东西，分析购买行为的特点和相似性，从而能更好地对客户进行营销；可以分析产品在不同环境因素下的销售趋势、促销策略等。

商业智能在保险业中，可以进行理赔分析，根据险种、保单持有人、理赔类型以及其他特征分析理赔趋势，以确定准备金的数量，理赔分析可以帮助识别保险欺诈；可以进行客户利润率的识别，分别按不同的品种、地区、代理人、客户群的服务成本和所得到的收益进行量化分析，找出利润率差异的原因，对于开发新品种、改进已有品种以及识别并维系高利润率顾客都有帮助；可以进行客户价值的多元识别，也就是企业除了关注高利润客户，也关心顾客具备在将来购买高利润率保险产品的潜力，或者会成为高利润率顾客的介绍人的可能等多元价值；可以进行风险分析，了解引入新险种和发展新客户的风险，通过整合不同渠道的数据，更全面准确地识别高风险客户群和能带来机会的客户群，减少理赔频率。

商业智能在金融业中，可以进行顾客利润率分析，了解各个顾客在当前的和长远的利润率，尽量提高对于高价值顾客的销售，减少用于低价值顾客的成本；可以进行信用管理，了解各种产品的信用状况，建立不同顾客群的信用模式，尽早帮助顾客避免信用问题的发生，预测信用政策变化所产生的影响，减少信用损失。

商业智能在制造业中，可以预测产品的需求，从而进一步控制库存和供应链管理；可以掌握供应商的成本、供货及时性等信息，对采购的价格和时间进行预测等。

商业智能在通信业中，可以对客户发展情况进行分析，依照客户的自然属性和消费行为属性等，进行客户总量分析、新增客户分析、客户流失分析、客户行为分析、客户信用度分析、客户风险分析等；可以对业务总量分析、业务增长和流失分析、网络通话流量及流向分析、热点区域分析、业务量结构分析、收益分析、呼叫特征分析等；可以对营销中的产品定价、市场需求、促销活动、营销渠道等进行分析；可以对竞争对手发展情况、供应商行为、代理商行为、合作商行为等进行分析；可以通过对服务质量的分析，了解目前客户最关心的问题，通过将客户流失和服务质量结合起来分析，了解客户为什么会流失以及什么因素会导致客户流失，从而采取有针对性的措施，减少客户流失量；可以总结各种骗费、欠费行为的内在规律，及时预警各种骗费、欠费，使企业损失尽量减少，并通过用户的缴费销账情况、社会身份、占用资源等，分信誉度给不同用户以不同的服务及优惠。

综上可见，商业智能系统或者软件在很多主要业务职能上都提供智能管理的功能，比如客户智能、营销智能、销售智能、服务智能、采购智能、流程管理智能、财务智能、交互中心智能等。但不同行业企业的具体业务流程具有不同特色，因此具体的算法编制上会有很大不同。

6.2　知识管理系统

6.2.1　知识概念和分类

知识是一个内涵丰富、外延广泛的概念。"知识是什么"的问题吸引了人类历史上很多哲学家的眼光，现在更为知识管理领域所关注。这个问题的探讨肯定还会继续下去，也许很难得出一个被广泛接受的确切的答案。为了更好地从信息系统的角度理解知识的管理，这里从两个视角对已有的知识定义进行总结，并在此基础上给出本文对知识的界定。

数据(Data)、信息(Information)、知识(Knowledge)是三个联系非常密切的词，虽然它们在意义上并不相同，但却经常被混用。Davenport 与 Prusak 在其著作《知识管理》中提到的"数据—信息—知识"层级观念，将三者的特性做了明确的定义与说明[9]。数据是未经过处理和解释的、对现实世界中的对象进行记录的符号。数据本身不具有关联性与目标，因此数据多未必是件好事。但是，数据是创造信息的重要原料，所以在获得信息的过程中，数据是不可或缺的。信息是经过某种加工处理后的数据，它通常具有某种特定的意义。Simon 说"信息是影响人改变对于决策方案的期待或评价的外界刺激"。对于知识，Nonaka 和 Takeuchi 认为知识是一种辩证的信念，可增加个体产生有效行动的能力。Davenport & Prusak 从组织的观点认为知识是一种流动性质的综合体，它包括结构化的经验、价值及经过文字化的信息，同时也包括专家独特的见解，为新经验的评估、整合与信息提供架构。人们为了完成任务和创造新的信息要在实践中运用知识。将数据提升为信息，需要对其进行采集、选择、组织、排序、归类等；将信息提升为知识，还需要根据用户的实际需要，对信息内容进行提炼、比较、挖掘、分析、概括、判断和推论。由此可见，信息管理是以信息资源的有序化和结构化为目的，注重信息外部形态的组织和整合；而知识管理则是以知识共享和创新为目的，重点解决信息过载而知识匮乏的问题。数据、信息、知识这三层概念的关系是：数据必须要经过有效的处理才可以变成信息，信息要经过专家的推论才有机会变成知识，如图 6-5 所示。

图 6-5　数据、信息、知识的关系

另外，对知识认识的不同也体现在现实组织中知识的存在方式和管理方式的不同，或者说由于知识所处的组织环境不同，对知识的理解也是不同的。联合国经合组织(OECD)在《以知识为基础的经济》报告中，将知识分成了四种：know-what、know-why、know-how 和 know-who。McQueen R. J. 结合现实组织知识的存在方式和管理方式，提出了对知识的四个不同角度的认识，见表 6-2。

表 6-2　McQueen 对知识的四个不同视角的认识

视　角	解释
知识是对信息的通路（Knowledge is access to information）	这种知识通常以显性方式表达，比如文档、数据库等方式，其概念范畴已经广义化，不仅包含知识，也包括了数据及信息。在这种情况下，知识管理的含义就在于实现数据、信息和知识的数据库和文件方式的存储以及能够实现对存储数据、信息和知识的灵活访问
知识存在于电子化交流中（Knowledge can be stored in repositories of electronic communication）	这种观点为大多数咨询公司所认可。由于咨询顾问的知识大多是具有浓厚个人色彩的隐性知识，所以建立起不同咨询顾问间通畅的交流渠道非常重要，比如群件系统 Lotus Notes 就可以使咨询顾问对感兴趣的问题进行充分交流
知识是一种规则的集合（Knowledge is a set of rules）	专家的显性知识可以通过规则的形式表示出来，并借由知识工程、机器学习等技术手段将专家知识提取，进而被大多数人所分享。另外，企业过程重组也被视为是一种用以表达经营过程设计的隐性知识的方法
知识是一种意会或者理解（Knowledge is knowing or understanding）	知识只存在于人而无法通过机械装置来实现。从这种观点来看，信息技术以及知识管理的作用就在于提供一定的技术手段以实现个人知识的增长，并帮助组织达成其目标

归结上述 4 个角度的认识，大体表现出目前对知识的两种认识。

一是知识通常是指被人消化、理解的信息，它强调了人的学习、理解的能动过程在信息转化成知识过程中的重要性。在这个过程中，以计算机为手段的各种技术可以起到一定的辅助作用。

二是知识是能够显性表示的信息。这个定义指出了人性化的知识可以映射为计算机化的知识，即存在于人脑中的知识通过强大的知识表示支持，是可以映射到计算机系统里而存在的。这个定义意味着改进 IT 技术有可能改善知识的利用，对于实现基于计算机的知识管理系统具有重要意义。

这些对于知识不同角度的理解给了我们对于知识的一个基本认识，即知识并不是一种可以用非常明确的方式界定的东西，这从另一个方面说明了知识的丰富性。

综上所述，"知识"是一种有用的信息资源，它具有特定的功能来解决特定的问题。这些信息经过人的思维处理而相互链接，彼此存在复杂的相互关系，并能通过信息与人之间的不断交互以及其他辅助技术对所蕴含关系的分析或所蕴含规律的应用而实现不断增长。

至于企业知识，从广义上来讲，应该是指企业所有的智力资产。这些智力资产形形色色、五花八门，很多学者为了把企业知识表述清楚，提出了各种分类法来描述企业知识。诸葛海在早期研究中提出了一个三维空间的知识网格模型来组织知识，这三维分别是：层次、类别和位置。此模型是一个适用于普遍知识的模型，因此在具有普遍适用意义的同时，又显得过于泛泛。在此模型基础上，我们对已有企业知识的分类进行总结，也从三个维度对企业知识进行描述，如图6-6所示。

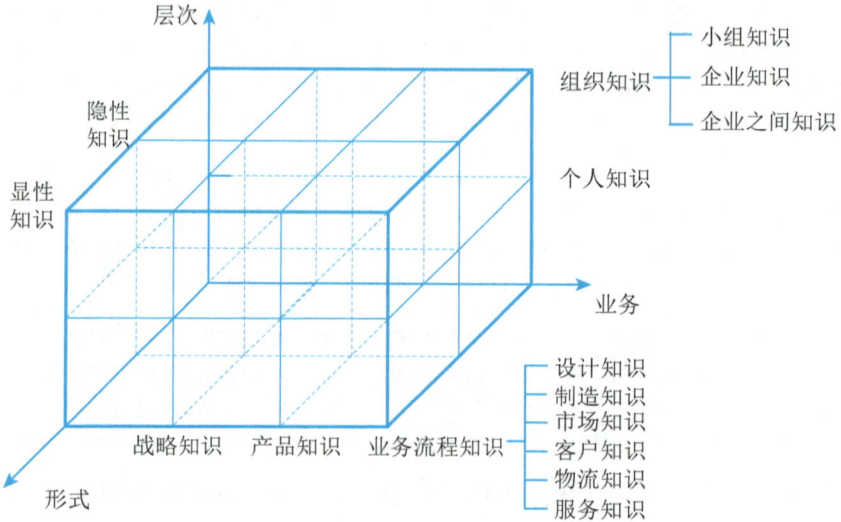

图6-6　企业知识分类模型

形式维度主要指知识是否能够被清晰地表示出来，以何种形态存在于企业中。Polanyi将知识分为显性知识（explicit knowledge）和隐性知识（tacit knowledge）。隐性知识主要存在于行动、经验或者某种特定的情境之下，他主要由一些认知的或者技巧的元素构成，主要靠实践摸索和体验来获得。显性知识是那些能够用一些符号或者自然语言清楚地表述出来并能进行交流的那些知识，对一个企业来说，书籍、设计图纸、工艺文件、手册、管理规程、数据库与计算机程序等载体中包含的就是这一类知识。隐性知识的存在方式，过去往往使人们忽略了对其价值的认识，甚至被简单地忽略。Polanyi对隐性知识和显性知识的分类的重要意义在于它揭示了显性知识的隐性根源。Nonaka提出的组织知识的SECI螺旋模型，从"四化"——社会化、外在化、组合化、内在化的角度说明了隐性知识与显性知识之间的转化过程，从而实现不断生成新的组织知识。

从"层次"维度来看，知识分为个人知识与组织知识（小组知识、企业知识、企业之间的知识）两大类。由于知识的产生来自人的实践与认识，知识是由个人产生的，离开了个人，组织无法产生知识。但是经济生活中，组织也有自己的知识，特别表现为企业所掌握的技术、专利、生产和管理规程，有的已嵌入了产品和服务之中。组织知识是将个人产生的知识与其他人交流而形成并结晶于组织的知识网络之中的。Nonaka 在阐述组织知识创新的 SECI 模型时，清晰地阐述了个人知识与组织知识的关系。个人只能获得与产生专门领域的知识，而在创新活动中，需要掌握各种知识，需要转化为生产力，这就需要组织知识。另外，由于个人知识是被个人所拥有，常常会因为个人的一些行为，比如退休、辞职或者故意隐瞒等，而造成组织的损失，因此组织急切需要在业务应用和知识共享的过程中收集和展示个人知识，并转化为组织所有的知识。

从企业业务角度来看，企业知识包括战略知识、产品知识和业务流程知识。战略知识包括企业的发展目标、文化、制度等与企业发展相关的宏观策略。产品知识主要是指嵌入产品中的知识，包括产品的几何图形、工艺、功能、材料、质量、仓储等方面的相关知识。业务流程知识主要是与企业业务流程相关的知识和规则，流程可以根据不同的企业类型深入分解，比如说制造企业的业务流程可以包括产品的研发、制造、市场销售、物流仓储和售后服务等。这个视角描述了知识的业务相关性和有用性，毕竟企业中的知识不是为了科学地演绎和推理，而是为了企业业务的应用。因此业务的范畴有多大，知识所对应的领域就应该有多大。而且对于业务不同粒度的划分，也会有相应的知识粒度与之相对应。

层次、形式和业务三个维度描述了企业知识所具有的最普遍的三个属性类别，从这三个维度以及对每个维度的细化分解，我们一般就可以描述清楚企业知识所具有的一些重要属性特征，从而便于知识的描述、定位和使用。

6.2.2　知识管理的概念和活动

知识管理（Knowledge Management，KM）是为了挖掘和保持知识价值而提出的一种新的管理理论和方法。信息时代，知识已成为最主要的财富来源，而知识工作者是企业最有生命力的资产，组织和个人的最重要任务就是对知识进行管理。知识管理将使组织和个人具有更强的竞争实力，并作出更好的决策。这里的知识管理指的是组织知识管理，是指组织为创造、存储、分发和应用知识资源而开发的组织过程的集合，它可以帮助组织将 IT 的信息处理能力同组织成员的创新能力结合起来，提高组织的适应力、生产力和竞争能力。

一般来说，知识管理的核心活动包括知识的获取、共享、应用和创新等一系列知识处理过程，如图 6-7 所示。

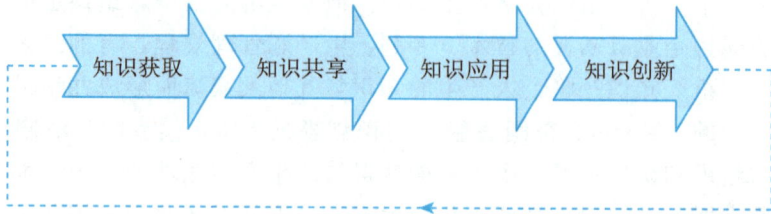

知识获取　　知识共享　　知识应用　　知识创新

图 6-7　知识处理过程

　　知识获取是指对现有知识进行收集、分类和存储的过程，其结果是把企业知识资源以清晰合理的模式和科学有效的模型加以表示和组织。知识共享在知识清晰表达的基础上进行交流，把知识传递给需要的人。知识应用是指获得所需要的知识后去解决问题的过程。而知识创新是在知识应用于实践的过程中，产生新的知识的过程。

6.2.3　知识管理系统的概念和实现

　　知识管理系统（Knowledge Management Systems，KMS）是企业实现知识管理的平台，通过将企业中的各种知识资源，包括显性知识和隐性知识，整合为动态的知识体系，以促进知识创新，通过知识创新能力的不断提高带动劳动生产率的提高，从而最终提高企业的核心竞争力。

　　在显性知识的组织方面，企事业单位应该充分借助于现代信息技术，建设自己的知识库。企业知识库是显性知识的存储库，它的建设应该以企业业务流程和企业知识体系结构为基础。对于显性知识，不仅需要对书籍、设计图纸、业务文档等进行管理，也应该重视组织中电子邮件、会议记录（包括视频）等资料的管理。

　　在隐性知识的组织方面，由于它存在于员工的头脑中或组织结构和文化中，无法用语言或书面材料进行准确描述，因此不易被他人获知，也不易被编码。但它在企业知识中的比重比较大，而且通常价值也非常高。因此一则企业必须重视和做好隐性知识显性化和编码化工作，二则可以在信息技术方面建立知识网络系统，利用索引和相应工具把知识定位于人，通过知识地图，为公司员工提供找到知识的途径，从而能够使需要知识的人与拥有知识的人之间进行交流，促进知识共享。

　　知识管理的实施需要从管理和技术两个层面相辅相成地综合进行。从管理层面，要建立相关的企业制度和企业文化。企业制度包括明确企业知识资产（比如制定知识资产框架、知识管理流程和规则）和制定员工激励机制，从而加强管理者对知识管理的重视并鼓励员工积极共享和学习知识。企业文化包括企业共享文化、团队文化和学习文化，帮助员工破除传统独占观念，加强协作和学习。从技术层面，需要建立知识管理平台，它是一个支撑企业知识收集、加工、存储、传递和利用的平台，通过互联网、内联网、外联网和知识门户等技术工具将知识和应用有机整合。在平台之上，要运行一套能够辅助实现知识获取、存储、共享和应用的综合系统，通过文件管理系统、群件技术、搜索引擎、专家系统、知识库等技术工具，使企业显性知识和隐性知识得到相互转化。

案例

非官方的人保财险知识管理平台①

美满 e 家是 2012 年 7 月底在人保财险官网上出现的一款组合险产品。这是保险业内首款实现"车、房、人"的网上一站式投保的产品，一经推出迅速成为非车险类网销产品中关注率最高的产品，当月销售也排名第一。

这款产品在推出之前，经过了周密的调研、产品设计、系统开发和产品测试等工作，在"用户测试"环节，改变了以往的小范围测试的方法，而且利用"人保财险知识管理平台"发起了一个"用户体验"主题活动。

由于人保财险从总公司到省公司再到县支机构，有着庞大而延绵的调研链条，但调研是否足够深入、研发产品是否适合全国各地的实际需求，经常是人保财险担心的主要问题。知识管理平台的出现大大缓解了这种担心和焦虑。美满 e 家用户体验主题活动在知识管理平台上的反应也出乎意料的好。短短的一个月时间，就有 2710 人次参加了这个体验活动，有 194 人在网上留言，发表了各自的意见和建议。参与者来自公司在全国的各个分支机构，而且涉及法律、理赔、技术等很多部门的员工。最后经过认真地梳理和分析，归纳出了近 60 条有价值的建议。为了奖励这些热情的员工，活动设置的仅有的 20 个获奖名额中，总公司的参与者中只预留了 4 个名额，其余 16 个名额都发放给了全国各地的基层员工。

这只是人保财险知识管理平台"知识创造价值、分享推动成长"的一个案例。一切还要从公司建设知识管理平台的起源开始说起。

人保财险，作为亚洲最大的财产保险公司，拥有 20 多万员工，拥有着国内最优秀的员工、最丰富的经营管理经验和大量成功的业务经验和案例。和其他知

---

① 参考《新金融世界》2013 年 3 月 26 日的"PICC 人保财险知识管理秘籍"进行撰写，网址来自蓝凌公司官网。

识密集型企业一样，人保财险也面临着如何更好地积累知识资本，如何更好地管理知识型员工等问题。国际知名保险公司通过知识管理在产品和服务创新、提升员工素质等方面取得的明显成效引起了人保财险的密切关注。

2010年6月，人保财险正式启动了知识管理平台项目，2012年12月，系统开始试运行。人保财险的知识管理平台项目一开始就与公司的战略紧密相连，总裁和副总裁都亲自参与到这个项目的规划、建设全过程，并强调这是公司全员层面的一个项目，不是哪一个部门的项目。人保财险总裁不仅亲自提出了建设人保财险知识管理平台的总体思路，而且在启动大会上对全系统进行了宣导，要求各级领导和广大员工争当知识贡献的排头兵，争当知识专家，并提出要通过知识管理平台挖掘公司人才专家，纳入公司后备专家队伍。总裁强调，知识管理平台要成为公司员工学习的平台、交流的平台和共享的平台，为公司打造开放、高效、透明、高度智能化的运营管理系统提供支撑。

定位于"人保智库"的人保财险知识管理平台，按照"人人参与、人人共享"宗旨，以"非官方、非正式、非业务"为原则，共建设了包括人保百科、人保爱问、人保专家、人保案例和主题讨论五个板块，实现了公司隐性知识显性化、显性知识集约化、个人知识组织化、组织知识系统化，最终推动公司知识资本的积累和增值。

人保爱问定位于大家帮助大家的保险业务问答中心。功能上，是基于搜索的互动知识问答分享平台。在该板块，用户可针对工作中的问题或困难提问，获得多人回答。为提升答案的价值，实现知识的显性化和集约化，特别设置了"最佳答案"功能，即专家可根据专业领域，判断哪个用户提供的答案最有价值、最准确，从而实现人人互助。

为了破解总体架构的稳定性与新知识层出不穷之间的矛盾，人保财险知识管理平台的架构借鉴"蜂巢理论"，根据蜂巢的无限延展性和无边界性，选择了由员工自行创建二级及以下目录的方式拓展知识体系，通过wiki方式创建完善内容，以满足日益涌现的新知识。在项目设计过程中，始终强调知识管理平台一定要能够形成一种内生机制，变"被参与"到"主动参与"，让"人人既是参与者，又是分享者、受益者"。

在知识管理平台的内容管理方式上，人保财险没有采用传统的行政管理方式，而是改由用户自愿组成的蚂蚁团，对知识管理平台进行志愿型的管理。

知识管理平台正式上线后，总裁及总公司部门领导在平台发起提问，征集员工意见建议，激发了员工的参与积极性。系统"人人参与，人人创造、人人分享"的知识分享氛围逐渐浓厚，知识管理平台日访问量从2011年1月正式上线之初的 955 人上升为 2013 年 2 月的 5505 人次。

为了避免出现知识平台建成后脱离工作实际的现象出现，项目组发起组织了一系列的针对实际工作有所帮助的活动。如除激励员工自发创建财产险知识外，还根据公司业务和员工需求，组织开展了适用公司的知识创建工作。

在人保百科组织创建了知识地图，指导不同岗位员工开展工作，并将百科内容从保险基础知识名词解释，扩展到分公司和员工经验技能的总结。在人保爱问组织开展了月度主题讨论和产品用户体验，征集业务员对公司发展和产品的意见建议；梳理员工常见问题，请专家解答，做成精彩问题专辑；针对全国范围暴雨多的现象，组织专家开展水淹车专题问答。知识管理平台在一定程度上成为员工辅助解决日常工作问题的工具。

作为"人人参与，人人共建"的知识管理平台，由普通用户自愿申请、自生长的蚂蚁（栏目管理员）和专家队伍是维护秩序和质量的团队，为此，知识管理平台将蚂蚁和专家分栏目进行管理，并为其制定了工作章程。

同时，根据公司机构多、分布广的特点，知识管理平台指定了分公司管理员，负责对员工的组织与发动，从而形成了志愿＋行政任命相结合的管理团队。

针对不同机构和用户，知识管理平台提出五大激励，即专家激励、蚂蚁团激励、积分激励、排行榜激励和财务激励，并专门设立了知识管理基金，每年定期奖励在知识管理平台表现优秀的集体和个人。通过每月通报和年终评奖等精神和物质的双重奖励，人保财险内部专业人员的积极性和创造性极大地被调动起来。

人保财险的知识管理平台既是公司业务交流平台，推动员工讨论、研究业务，提升了个人业务处理能力和工作效率；又是员工建言献策平台，促进系统直接、自下而上的沟通，提升了公司快速响应能力和反应速度。俨然已成为推进人保财险"专家治司、技能制胜"战略的重要推手。

作为典型的知识型企业，人保财险着力于通过知识管理平台，形成一种互动的知识碰撞与裂变，变静态的、单向的和等量的知识管理为充满活力，不断裂变的，"1＋1＞2"的管理，成为与应用、实际工作紧密结合的"主渠道"，而不是配角。这正是人保财险知识管理平台项目区别于以往其他企业知识管理项目的创新亮点之一。

在人保财险，知识在不断交流、裂变和增长，思想在不断激荡、交融和碰撞。人说，聚沙成塔，而在人保财险，知识管理平台正在把如点点繁星的知识之沙，聚成一座璀璨的"保险大厦"。

思考以下问题：

（1）在美满 e 家项目中，知识管理平台发挥了什么作用？

(2)人保财险为什么进行知识管理平台的建设？

(3)人保财险的知识管理平台是如何设计建设的？

业界

商业智能软件的市场格局

2017 年，Gartner 公司发布了《2017 年商业智能和分析平台的魔力象限》①，报告描述了商业智能和分析平台的发展走势(图 6-8)。Gartner 认为，商业智能和分析平台市场的主流已经从 IT 主导分析报表转向以商业为中心的可视化的敏捷分析。

图 6-8 2017 年 Gartner 的商业智能和分析平台魔力象限图

① Gartner Group. 2017 Magic Quadrant for Business Intelligence and Analytics Platforms. Gartner Website，2017-02.

数据分析的可视化作为现代商业智能平台的标志性特色，起步于 2004 年。之后，商业智能市场逐渐转型。现代 BI 和分析平台的特点是，可以用简单易上手的工具支持全面的分析工作，不需要 IT 通过在前期定义数据模型来为分析做准备。加上大数据、人工智能等领域和技术不断地融入商业智能的范畴，现在，商业智能供应商正在面临着抉择：是继续沿着传统的功能封闭的 BI 供应商之路前行，还是做行业破坏者的新型 BI 供应商？

2017 年 Gartner 公司的 BI 魔力象限图中，在领导者象限、挑战者象限、有远见者象限以及特定领域者象限中的不同厂家的产品呈现了不同的态势。

1. 领导者象限

公司发展前景的完备性和执行能力方面均得高分的行业领袖往往是大型的成熟公司、拥有大量客户群并且在市场上知名度极高。行业领袖在市场中有巨大的拉力，甚至有实力影响市场的整体发展方向。2017 年这一象限有 Microsoft、Tableau 和 Qlik 三家公司的产品。

Microsoft 原本在 SQL Server 和 Excel 等产品上就具有数据管理和分析的优势。Excel 很早就支持了数据透视表，并基于 Excel 开发了相关 BI 插件，如 Power Query、PowerPrivot、Power View 和 Power Map 等。Microsoft 整合上述数据分析功能，推出了 Power BI，使得 Microsoft 在执行力和未来前景上都大幅提高，在 2017 的魔力象限中已经超越了 Tableau。

Tableau 从 2013 年开始至今一直位列"Gartner 商业智能和分析平台魔力象限"领导者象限。Tableau 作为一个敏捷、易用的商业智能平台，能帮助人们轻松实现海量数据的整合、清洗、分析和呈现。使用 Tableau，业务人员不必依赖技术部门便可以自行分析数据，工作效率大大提升。

Qlik 连续七年位列"Gartner 商业智能和分析平台魔力象限"领导者象限。Qlik 主要提供两大系列产品——Qlik View 和 Qlik Sense，以应对企业基于 BI 的可视化分析应用。

目前，处于领导者象限的三家厂商的商业智能产品均以自助式的敏捷分析为主要特征，它们解决了传统 BI 解决不了的问题，比如项目实施周期长，灵活性不足，当需求变更时，就必须改底层，需要 IT 人员重新建模或修改已有的分析模型等。新型自助式商业智能工具不需要建模，可以快速提供数据给用户，用户可以自助分析，短时间内就能做好一个数据分析。因此，这种 BI 也称为轻型 BI。

2. 挑战者象限

挑战者象限的厂商执行能力高，但缺少强劲的发展势头。挑战者往往是大型一点的成熟厂商并且不愿打破其当前的发展计划。随着公司的发展它们完全有实力成为行业领袖。2017 年，挑战者现象空白，说明竞争大格局开始走向稳定，一时难有黑马异军突起。

3. 有远见者象限

有远见的厂商一般了解市场动态并且有潜力进行创新，但也许尚缺乏执行这些的能力，它们常常要么是设法实现的小企业，要么是不想按常理出牌的大厂商。

SAS、MicroStrategy、SAP 和 IBM 等都是传统的重型 BI 厂商，它们都曾经是商业智能市场上的领导者，但是在轻型 BI 的冲击下，它们都已经退居有远见者象限。这些重型 BI 因为前面所述的一些问题，执行力下滑，但在产品前景方面仍然不错。而且，这些厂商都有各自的一些优势，比如 SAP 的优势在于其在整个企业业务流程上的超长产品链条，其 BI 代表产品 Business Objects 作为 SAP ERP 的数据分析和决策支持的重要工具，一直占据国际 BI 市场的重要位置；IBM 的 SPSS 和 Cognose 一直具有较为稳固的客户基础，尤其随着 Watson 产品在 IBM"认知商业"战略中隆重推出，对 IBM 在 BI 市场上的地位具有一定程度的影响力提升，但 Watson 的前景还需拭目以待。

此外，Salesforce、ClearStory Data、Sisense 等厂商都从以前的特定领域者成功闯入有远见者行列。

4. 特定领域者象限

这一象限的厂商在发展前景的完备性和执行能力方面都还有所欠缺，但已经有了一定的市场份额，虽然规模比不上大厂商。这些公司通常关注功能性或其他特定领域，要么也有可能是新成立的公司。

2017 年处于特定领域者象限中的 Oracle 产品，之前几年也曾经处于领导者的地位，2016 年从魔力象限中跌落，2017 年又再度杀入特定领域者象限。Oracle 的 BIEE 是中规中矩的传统商业智能产品，整个商业智能解决方案和 Oracle 产品线紧密地绑定在一起，不够开放。Oracle 作为传统的商业智能提供商，再加上在数据库方面的优势地位，其实力依然不容小觑。

虽然在魔力象限中并没有中国商业智能厂商的名字，但商业智能在中国的发展速度非常之快，而且具有自己的特点。总的来说，由于中美文化差异、人口差别、工作强度不同等因素，相比美国，中国将技术落地的加速度更快，新兴商业模式拓展力强，但中国商业智能业务的发展仍缺乏全面性与标准化。目前，中国通过单点突破弯道超车，并开始重视精细化运营，由局部优逐渐向全局优势靠拢。尤其是依托大数据、人工智能以及各种应用场景的迅猛发展，很多技术创新型和应用服务创新型的商业智能企业不断涌现。

思考以下问题：

(1)当前，BI 的发展趋势呈现什么样的特点？

(2)结合书上内容，并通过各种途径搜索了解领导者象限中的三家公司及其 BI 产品，试分析它们的 BI 产品的特点。

(3)什么是重型 BI 和轻型 BI？它们各自的优缺点何在？

(4)通过各种途径，了解中国 BI 产品的情况，试列举 5 个中国品牌的 BI 产品。

实验

Excel 中的数据分析工具

无论在决策支持还是在某些情况下的决策制定或者方案推荐中，信息技术都发挥着极其重要的作用，比如 Oracle、IBM、SAP、SAS 等信息技术公司都提供数据仓库和 OLAP 工具来支持企业的数据分析和决策支持。微软 Excel 软件虽然简单，但也提供了一些先进的工具，对决策支持非常有效。本实验不讨论 Excel 的基础知识和操作，只介绍 Excel 的自动筛选、条件格式和数据透视图三个数据分析方法。本实验的目标不在于详尽地讨论每种功能是如何实现的，而是关注每种功能在决策支持任务中的重要作用。

通过此实验，掌握 Excel 软件的自动筛选、条件格式和数据透视图、方案管理器等工具方法，理解 Excel 对数据分析和决策支持的作用。

1. 自动筛选

自动筛选能通过筛选一个列表，只把特定的信息显示出来，这些信息满足你指定的标准，而将其他的信息隐藏起来。自动筛选适用于从较大规模的列表中创建较小的列表。

(1)把第 4 章中"罗斯文 2007"示例数据库中的"订单"表中的数据导出保存为 Excel 文件，如图 6-9 所示。

(2)如果想查询来自北京的货主的所有订单信息，那么单击列表中的任意单元格，单击菜单栏中的"数据"—"筛选"。Excel 列表将在每一标签或列标题邻接处设置下拉组合框箭头。单击"发货省/市/自治区"的下拉框并选择"北京"，则 Excel 就只显示出筛选过的北京发货的订单列表，如图 6-10 所示。

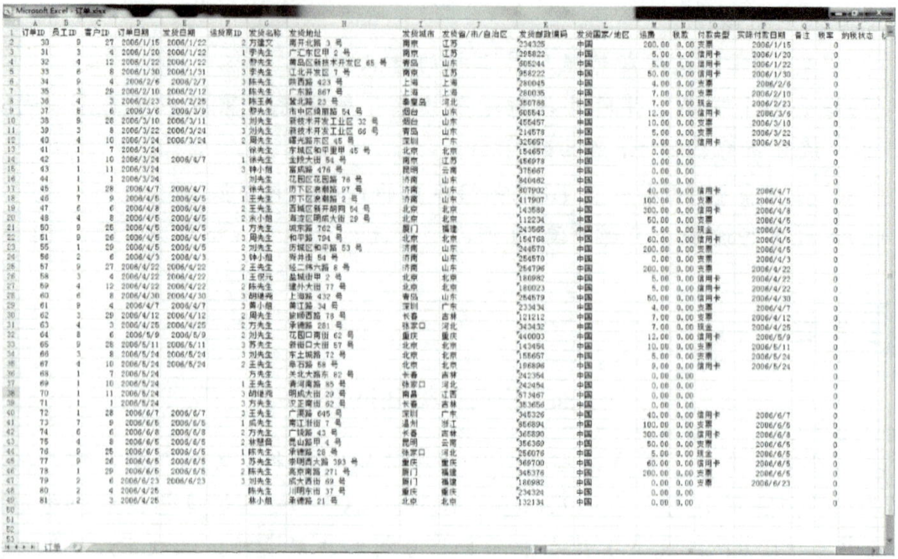

图 6-9　订单数据列表

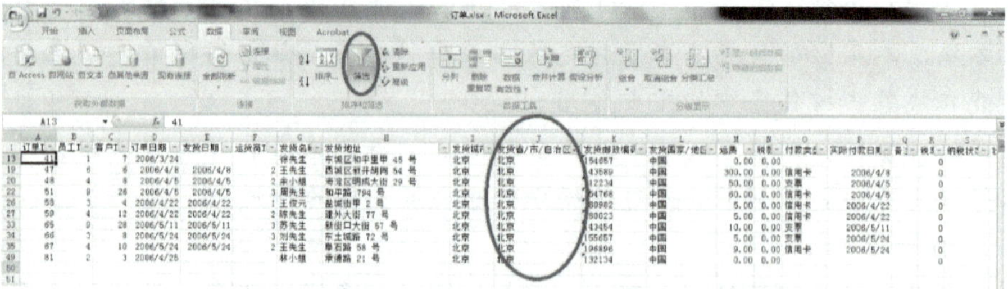

图 6-10　利用筛选功能查看北京发货的订单信息

也可以在列标题邻接处的下拉组合框中选择多个选项，或者单击"文本筛选"中的"自定义筛选"，从而对筛选的条件进行编辑。

（3）如果想查询 4 号员工处理的用信用卡进行支付的北京地区发货的订单信息，那么在第（2）步基础上的单击"员工 ID"下拉框，选择"4"，然后单击"付款类型"下拉框，选择"信用卡"，如图 6-11 所示。

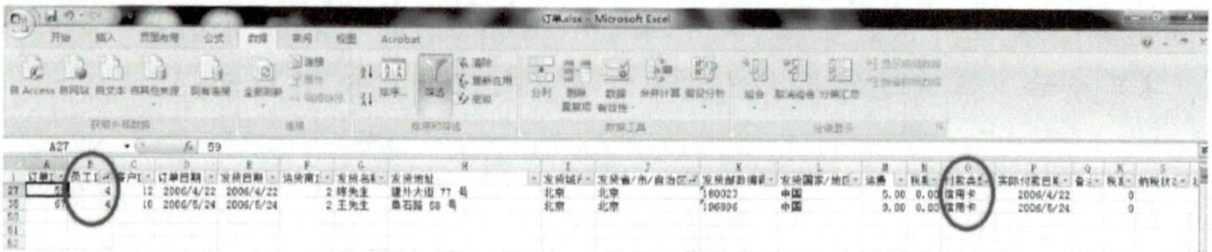

图 6-11　利用三重筛选产生列表

2. 条件格式

自动筛选的实现方式是通过隐藏不需要的信息而显示出想查看的信息。作为另一种选择，你可能希望在高亮显示指定信息的同时，仍然能看到其他信息。如果是这样，可以利用条件格式功能（图 6-12）。

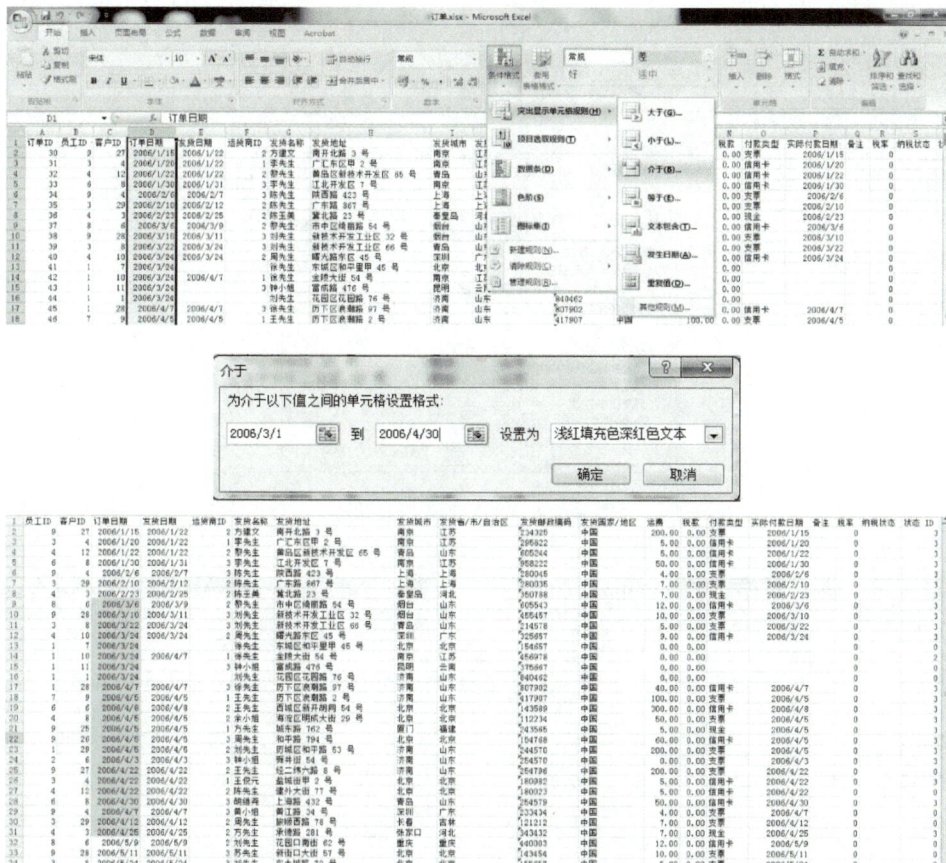

图 6-12　利用条件格式高亮显示需要的信息

（1）如果你希望将整个订单列表显示出来，而且希望高亮显示订单日期在"2006/3/1"到"2006/4/30"之间的订单，可以选择整个"订单日期"列。

（2）单击菜单中的"开始"—"条件格式"—"突出显示单元格规则"—"介于"，弹出"条件格式"对话框，输入条件，并选择高亮显示的格式。最后能够得到在订单日期列中高亮显示日期在 2006/3/1—2006/4/30 之间的单元格中。

3. 数据透视表

数据透视表是交互式报表，可快速合并和比较大量数据。你可旋转其行和列以看到源数据的不同汇总，而且可显示感兴趣区域的明细数据。

（1）单击图 6-9 的 A1 单元格，单击菜单栏中的"插入"—"数据透视表"，弹出"创建数据透视表"对话框，单击"确定"按钮，如图 6-13 所示。得出数据透视表界面，如图 6-14 所示。

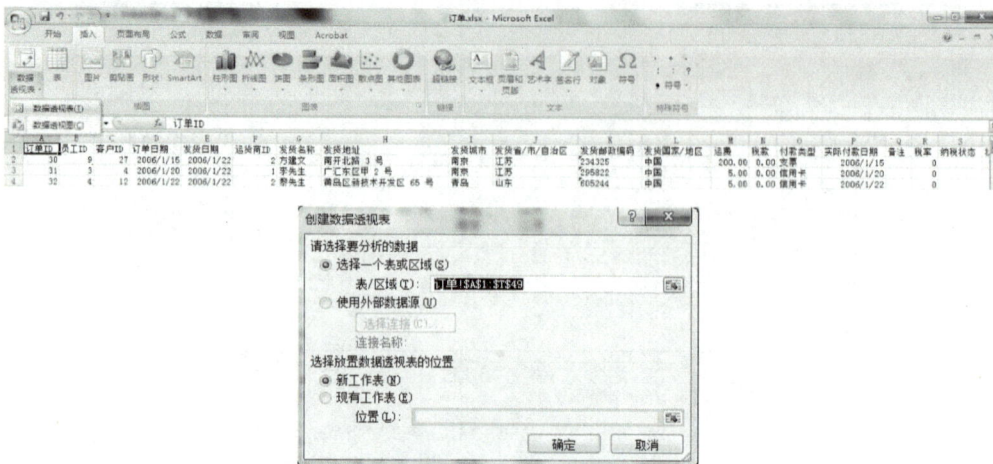

图 6-13　创建数据透视表

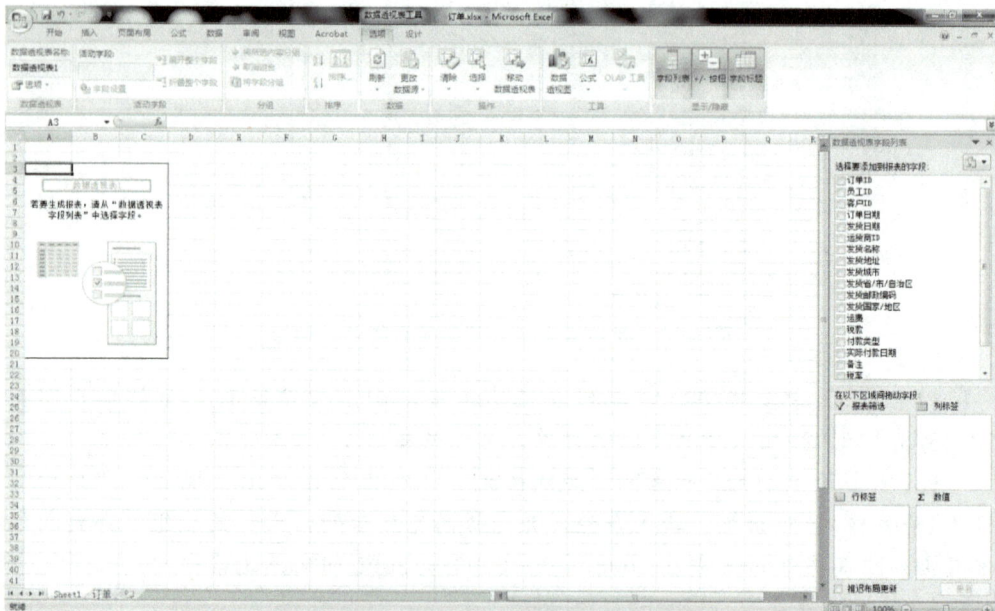

图 6-14　数据透视表界面

（2）如果想按照发货省进行订单计数，那么从数字透视表字段列表中把"发货省/市/自治区"字段拖到图 6-14 右下角的"行标签"框中，将"订单 ID"字段从数据透视表字段列表中拖到图 6-14 右下角的"数值"框中，右击"数值"框中"求和项：订单 ID"的下拉箭头，选择"值字段设置"。在弹出的"值字段设置"窗口中，汇总方式中选择"计数"（注意：订单 ID 进行求和没有任何意义，应该进行计数操作）并单击"确定"，从而得到如图 6-15 所示的数据透视表，反映了发货自北京、福建、广东等 12 个省/市/自治区的订单数量。

图 6-15　按照发货地区统计订单数量

（3）在第（2）步的基础上，从数字透视表字段列表中把"发货城市"字段拖到"行标签"框中，位于"发货省/市/自治区"字段的下方，把"运货商 ID"字段拖到"列标签"框中，并对"数值"框中的"求和项：订单 ID"的"值字段设置"中的汇总方式仍然选择"计数"，那么就得到如图 6-16 所示的数据透视表，该透视表按照发货省/市/自治区、发货城市、运货商 ID 三个维度统计了订单数量。

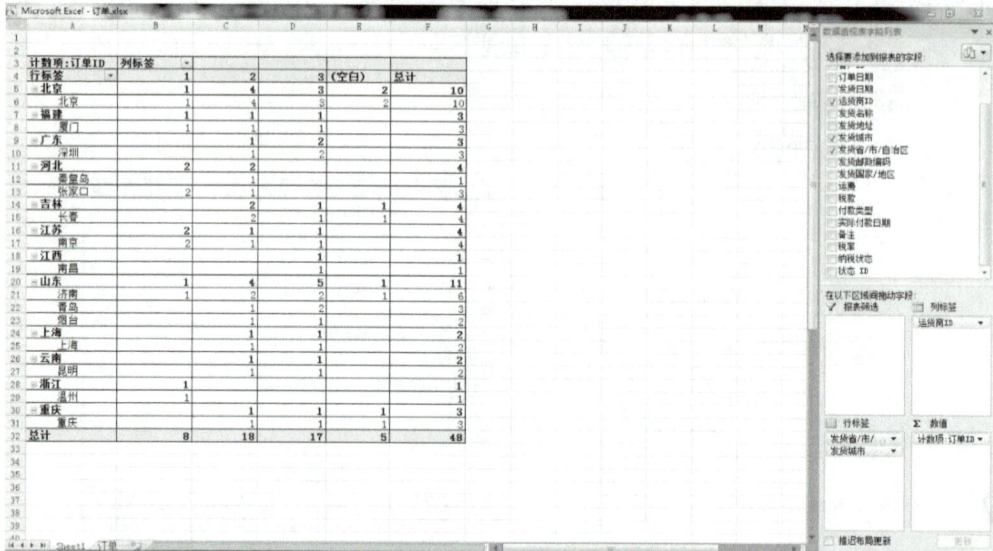

计数项:订单ID	列标签				
行标签	1	2	3	(空白)	总计
北京	1	4	3	2	10
北京	1	4	3	2	10
福建	1	1	1		3
厦门	1	1	1		3
广东	1		2		3
深圳	1		2		3
河北	2	1	1		4
秦皇岛			1		
张家口	2	1			
吉林		2	1	1	4
长春		2	1	1	4
江苏	2	1	1		4
南京	2	1	1		4
江西			1		1
南昌			1		1
山东	1	4	5	1	11
济南	1	2	1		
青岛		1	1		2
烟台		1	1		2
上海		1	1		2
上海		1	1		2
云南		1	1		2
昆明		1	1		2
浙江	1				1
温州	1				1
重庆		1	1	1	3
重庆		1	1	1	3
总计	8	18	17	5	48

图 6-16　按发货省/市/自治区、发货城市、运货商 ID 三个维度统计的订单数量

4. 方案管理器

在企业的生产经营活动中，由于市场的不断变化，企业的生产销售受到各种因素的影响，企业需要估计这些因素并分析其对企业生产销售的影响。Excel 提供了称为方案的工具来解决上述问题，利用其提供的方案管理器，可以很方便地对多种方案（即多个假设条件）进行分析。下面结合实例来说明如何使用方案管理器进行方案分析和管理。

某企业生产产品 A、产品 B、产品 C，在 2014 年的销售额分别为 200 万元、400 万元和 300 万元，销售成本分别为 120 万元、280 万元和 160 万元。根据市场情况推测，2015 年产品的销售情况有好、一般和差三种情况，每种情况下的销售额及销售成本的增长率如图 6-17 所示。

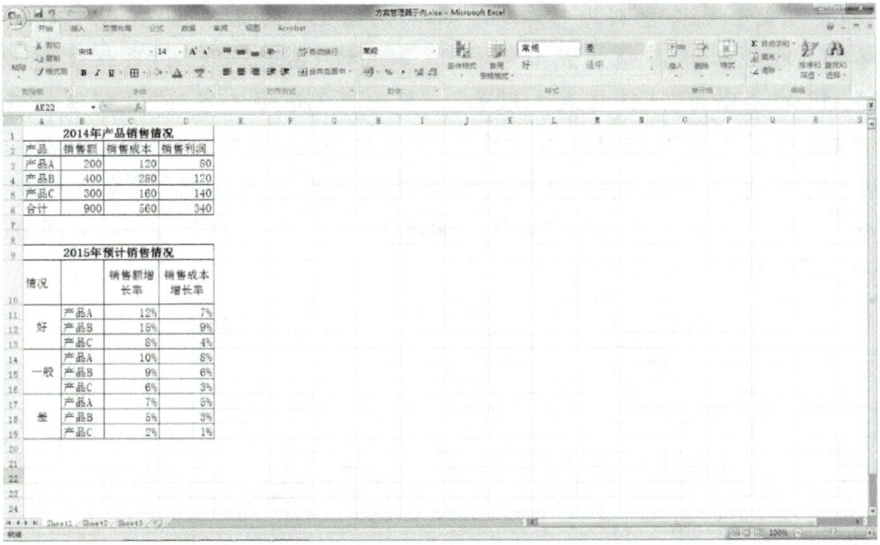

图 6-17　2014 年产品销售情况及 2015 年预计增长率

根据以上资料，在图 6-17 中建立 2015 年方案分析。

(1)如图 6-18 在原有数据右侧建立 2015 年方案分析计算的格式，在单元格 G7 中输入公式"＝SUMPRODUCT（B3：B5，G4：G6）＋B6－SUMPRODUCT（C3：C5，H4：H6）－C6"。

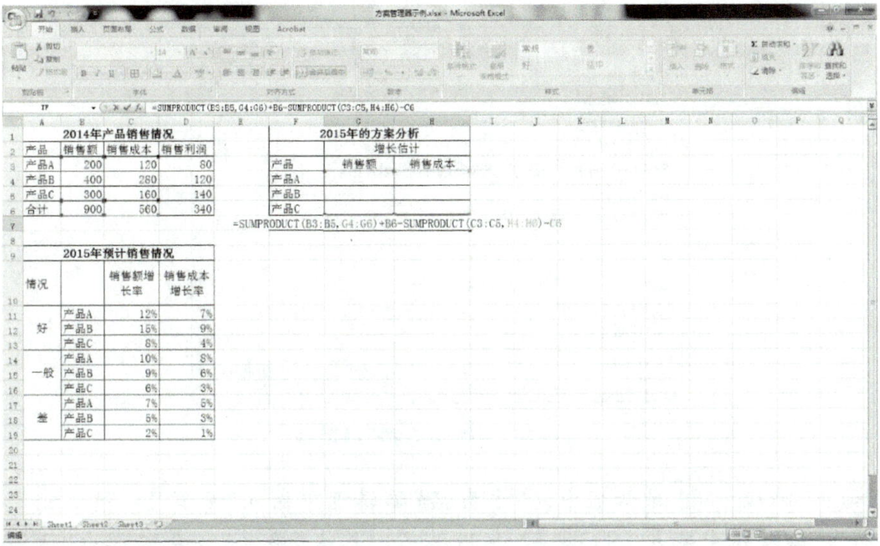

图 6-18　建立 2015 年的方案分析格式及计算公式

(2)将可变单元格分别进行命名，即单元格 G4 的名字为"A 销售额增长"，单元格 H4 的名字为"A 销售成本增长"，单元格 G5 的名字为"B 销售额增长"，单元格 H5 的名字为"B 销售成本增长"，单元格 G6 的名字为"C 销售额增长"，单元格 H6 的名字为"C 销售成本增长"，单元格 G7 的名字为"总销售利润"。

(3)在"数据"选项卡上的"数据工具"组中，单击"假设分析"，然后单击"方案管理器"，弹出"方案管理器"对话框，如图 6-19 所示。单击"添加"，系统弹出"编辑方案"对话框，如图 6-20 所示。

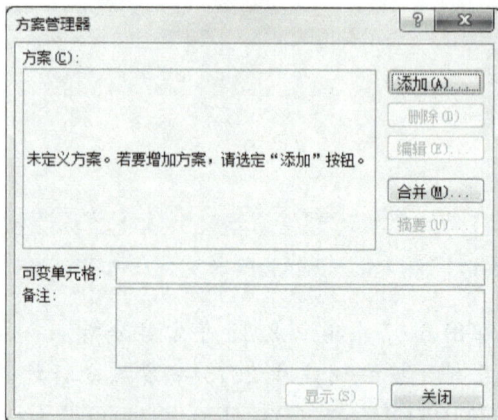

图 6-19 "方案管理器"对话框

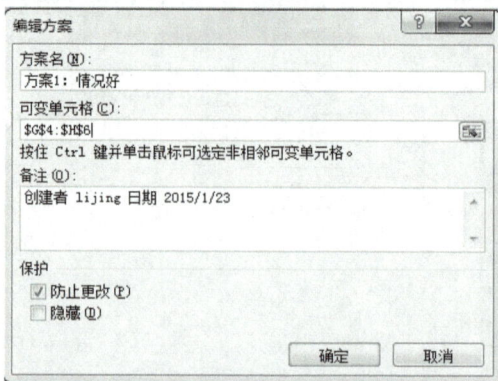

图 6-20 "编辑方案"对话框

(4)在"编辑方案"对话框中的"方案名"编辑框中输入"方案 1：情况好"，"可变单元格"编辑框中输入"＄G＄4：＄H＄6"，单击"确定"，系统弹出"方案变量值"对话框，如图 6-21 所示。

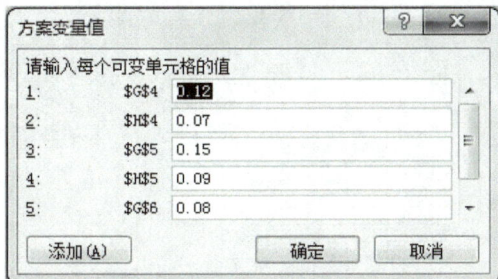

图 6-21　"方案变量值"对话框

（5）在"方案变量值"对话框中输入每个可变单元格的值（这里要按行输入），完毕后单击"添加"，系统会弹出如图 6-20 所示的"编辑方案"对话框，对第 2 个方案按照"情况一般"的数据进行输入；待所有方案输入完毕后，单击"方案变量值"对话框中的"确定"，系统返回到"方案管理器"对话框，如图 6-22 所示。此时，可单击"关闭"，回到工作表。

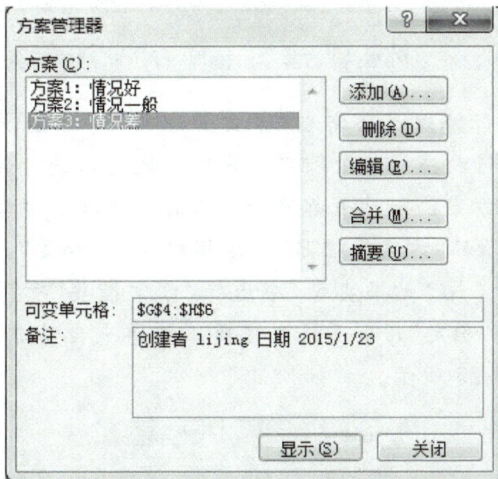

图 6-22　方案建立完毕后的"方案管理器"对话框

方案制定好后，任何时候都可以执行方案，查看不同的执行结果，方法如下。

（6）单击图 6-22 的"显示"，则系统就自动显示出该方案的执行结果，如图 6-23 所示。

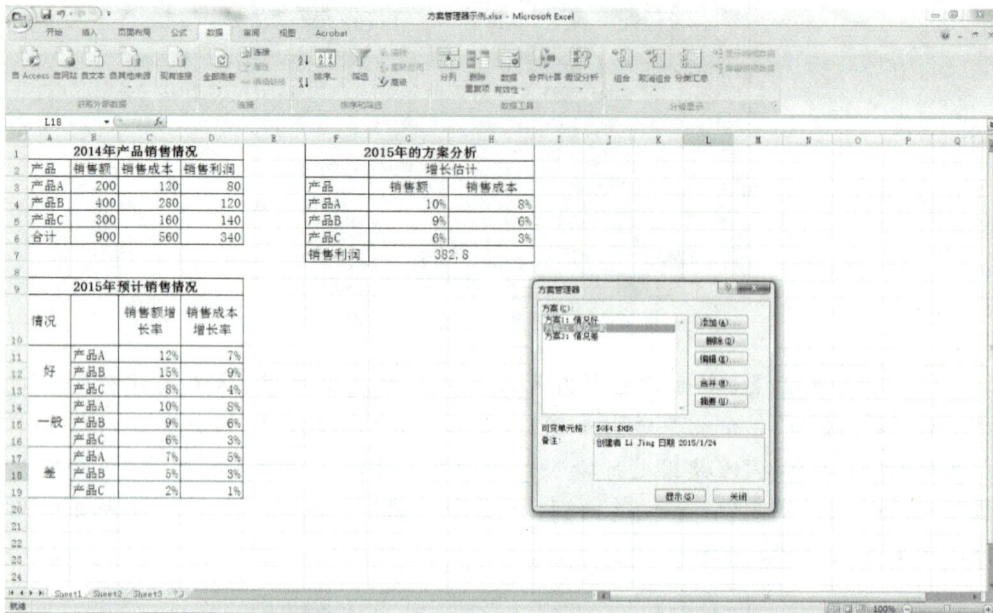

图 6-23　当方案为"方案 2：情况一般"时的执行结果

对做好的方案进行修改，只需在"方案管理器"对话框中选中需要修改的方案，单击"编辑"，进行相应的修改即可。同理，还可以进行删除和增加操作。

当需要将所有的方案执行结果都显示出来时，可建立方案报告，方法如下：

(7)在图 6-23 所示的"方案管理器"对话框中单击"摘要"，弹出"方案摘要"对话框，如图 6-24 所示，在"结果类型"中选择"方案摘要"项，在"结果单元格"中输入"G7"，然后单击"确定"，则系统在当前工作簿中自动建立一个名为"方案摘要"的工作表，如图 6-25 所示。

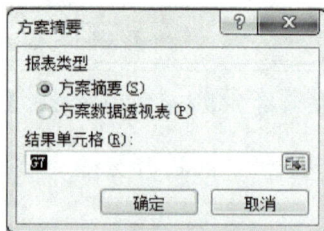

图 6-24　"方案摘要"对话框

方案摘要		当前值：	方案1：情况好	方案2：情况一般	方案3：情况差
可变单元格：					
	A销售额增长	10%	12%	10%	7%
	A销售成本增长	8%	7%	8%	5%
	B销售额增长	9%	15%	9%	5%
	B销售成本增长	6%	9%	6%	3%
	C销售额增长	6%	8%	6%	2%
	C销售成本增长	3%	4%	3%	1%
结果单元格：					
	总销售利润	382.8	408	382.8	364

注释："当前值"这一列表示的是在
建立方案汇总时，可变单元格的值。
每组方案的可变单元格均以灰色底纹突出显示。

图 6-25　"方案摘要"报告

5. 练习：百货公司销售人员的相关数据分析

M 百货公司是 N 城市商业区最负盛誉的商场，有女装、男装、童装、鞋类与箱包、化妆品、家居用品、餐饮等几大部门，每个部门都有一批训练有素的销售人员。为了更好地鼓励销售人员的辛勤工作，公司销售部门主管制定了如下的薪酬支付方法。

在公司内部，销售代表进行分级，并按照他们的工作经验和在本公司的工作年限领取薪水。销售代表如果超额完成他们的分配份额任务将会得到一份提成。因为销售人员的工作时间是不同的，所以销售任务分配就基于工作时间来定。例如，如果一个销售代表一小时销售任务是 100 美元，并且他工作 5 小时，那么他一天的销售任务就是 500 美元。对于超过 500 美元的销售，销售代表将会得到一定提成。表 6-3 是时工资时销售任务表。

表 6-3　时工资和时销售任务

销售员 级别代码	销售职位	时工资 （美元）	时销售任务 （美元）	分成率（%）
AM	经理助理	20.00	200.00	3
PT1	销售助理	8.50	100.00	1
PT2	销售伙伴	8.75	125.00	1.5
S1	销售合伙人	10.50	150.00	2
S2	销售顾问	12.00	175.00	2.5

每周工作一结束，销售部门主管都要作每周的销售报表，格式如表 6-4 所示。

表 6-4　周销售报告示例

M 百货公司周销售报告						
雇员编号	职位	部　门	周销售额（美元）	工作时间（小时）	基本工资（美元）	提成（美元）	薪水总额（美元）
00001	AM	男装部	4000.00	8.0	160.00	72.00	232.00
00003	S2	化妆品部	456.76	2.5	30.00	0.48	30.48
00004	S1	家居用品部	450.98	3.0	36.00	0.00	36.00

周销售报表总结了员工的销售表现（表 6-4 中的数据只是起到一个示例，报表格式和数据可以适当调整）。这个报表详细说明了员工的编号、级别、所属部门、周销售额、工作时间、基本工资、提成和薪水总额。每周初，把每个销售人员上一周的销售额和工作时间输入周销售工作表，而基本工资、提成和总工资需要参考表 6-3 中的相关参数进行如下计算获得：

基本工资＝时工资×工作时间

提成＝（周销售额－时销售任务×工作时间）×分成率

薪水＝基本工资＋提成

基本工资公式利用销售员工的销售级别来检索适当的小时工资，然后把时工资乘工作时间，使用 VLOOKUP 函数把基本工资等级算法编入基本工资。提成公式由相应的提成率和基于这个提成率的销售额部分来计算。因为提成公式包括查找和计算，你需要把 IF 和 VLOOKUP 函数嵌套进去（你可以阅读系统在线帮助来查找 IF 和 VLOOKUP 函数以及怎样嵌套的方法）。

现有 M 百货公司上个星期的销售人员工作情况的记录，如表 6-5 所示。

表 6-5　销售人员上星期的工作情况

员工编号	级别	部门	周销售额（美元）	周工作时间（小时）
00001	AM	男装部	20000	40
00002	PT2	男装部	50326.15	40
00003	S2	化妆品部	2283.8	12.5
00004	S2	家居用品部	2254.9	15
00005	AM	餐饮部	3253.75	30
00006	PT1	鞋类与箱包	1253.9	20
00007	PT1	儿童部	7500	20
00008	S1	儿童部	0	0

续表

员工编号	级别	部门	周销售额（美元）	周工作时间（小时）
00009	PT1	男装部	2500	20
00010	PT1	儿童部	7014.9	20
00011	PT2	化妆品部	0	0
00012	S2	儿童部	4365.4	25
00013	S1	鞋类与箱包	22503.35	25
00014	S1	化妆品部	1781.3	37.5
00015	S1	家居用品部	7501.25	25
00016	PT1	女装部	1250	20
00017	PT1	鞋类与箱包	7348.9	25
00018	PT2	鞋类与箱包	37510.15	10
00019	S1	化妆品部	0	0
00020	AM	家居用品部	4452.35	40
00021	PT2	鞋类与箱包	0	0
00022	PT2	化妆品部	5000	25
00023	S1	儿童部	5500	30
00024	AM	女装部	6010.1	60
00025	PT2	儿童部	999.95	20
00026	S1	家居用品部	4012.3	40
00027	S1	餐饮部	250	40
00028	S2	餐饮部	7514.8	20
00029	PT1	家居用品部	0	0
00030	AM	鞋类与箱包	12500	60
00031	PT2	家居用品部	0	0
00032	S1	男装部	0	0
00033	S1	男装部	0	0
00034	S2	餐饮部	984.45	5
00035	S2	男装部	0	0
00036	PT1	女装部	1253.75	10

续表

员工编号	级别	部门	周销售额（美元）	周工作时间（小时）
00037	S1	餐饮部	4253.15	32.5
00038	PT1	餐饮部	1256.8	15
00039	S1	鞋类与箱包	0	0
00040	AM	儿童部	11995	60
00041	PT2	男装部	7733.9	40
00042	PT2	餐饮部	9540	40
00043	S2	男装部	10798.45	60
00044	S2	女装部	0	0
00045	S1	女装部	4106.8	35
00046	PT1	女装部	1729.8	10
00047	AM	化妆品部	8830	50
00048	S2	女装部	0	0
00049	S2	男装部	0	0
00050	S1	女装部	1172.25	32.5
00051	S1	鞋类与箱包	0	0
00052	PT2	化妆品部	11125	40

根据上述内容的描述和数据，完成下列任务。

（1）采用 Excel 软件建立一个符合案例情景描述要求的工作表。

（2）销售报表需要统计销售额、基本工资、提成、总工资的总计、平均值、最小值和最大值。

（3）应用数据透视表分析销售数据，并制作：

①比较不同部门的销售情况；

②比较不同部门、不同级别的提成；

③比较不同部门、不同级别的总工资

（4）采用 Excel 提供的各种分析工具，回答以下问题：

①上周哪十个销售代表得到了最高的提成？

②如果销售人员至少应该完成他的销售任务的 50%，哪些销售人员没有完成这个目标？

③对于每一个部门，哪个销售人员的销售额最高？

④平均来说，销售人员在多大程度上完成了销售任务？

⑤按照销售职位分类，基本工资、提成和总工资分别是多少？

⑥哪一个部门的销售人员完成销售任务的情况比其他部门要好？

(5)打印每一份工作表(包括图和数据透视表)，并提交能正常使用并符合案例情景和说明部分要求的电子工作簿拷贝。

(6)打印一份工作表的公式。

(7)提交上面问题的答案。

(8)准备一个口头报告，阐述上述(1)~(4)中的各项问题。

实验

JG 公司的知识管理方案的设计

JG 公司是一家主要为银行、证券、保险等金融机构提供业务咨询、培训、应用软件和 IT 系统实施的专业服务公司，并重点专注于客户关系管理和财富管理领域。公司总部设在北京。公司组织机构如图 6-26 所示。

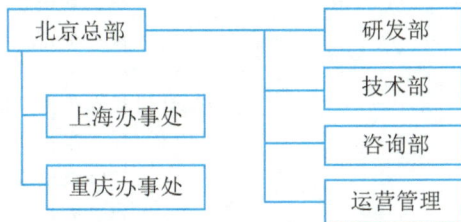

图 6-26　JG 公司组织结构

在咨询业务方面，JG 公司目前主要为客户提供以下两种形式的服务：一是以"咨询项目"的形式帮助客户解决问题；二是为金融机构从业人员提供服务、营销、理财知识方面的"专题培训"。

管理咨询工作本身就以知识为核心的业务。目前，公司咨询业务繁忙，业务扩展迅速，对知识获取和共享的需求十分明显。但目前，公司在知识管理上仍然存在以下问题。

(1)企业业务多以项目为单位开展，但目前项目管理相对独立，项目中的文档无法在项目之间查询和共享。

(2)公司管理人员和咨询顾问工作地点分散在全国各地，工作地点经常变动，地理上的分隔为知识的共享设置了障碍。

(3)咨询顾问的评价和管理没有更科学、准确的标准。目前，咨询顾问的绩效考核主要参考以工作时间计量的工作量，由于知识管理的欠缺还不能实施以知识贡献和业务贡献为基准的考核办法。

（4）不同知识资产对公司核心竞争力的重要程度不同，但目前对于这些知识资产的重要程度的划分和文档可获取标准还没有建立，导致重要知识资产的外流。

随着业务的不断发展，JG公司希望通过实施"知识管理系统"将各项咨询业务中不断获得的信息和经验进行收集、管理和分享，挖掘和共享高价值知识，提高知识的利用效率，从而改善企业的创新能力和应变能力。

JG公司对于知识管理方面的具体需求如下。

（1）不同类型的用户使用该系统时对知识的操作权限不同

系统用户包括总经理、部门经理、项目经理和咨询顾问四级知识管理和操作人员。另外还需要有系统管理员作为系统的主要维护人员。在系统中各种用户的主要使用功能如表6-6所示。

表6-6　用户和他们的使用功能

角色	使用功能
总经理	知识访问权限设置 知识查询 提交知识
部门经理	知识访问权限设置（部门级） 知识审核 员工绩效管理 知识查询 提交知识
项目经理	知识访问权限设置（项目级） 知识审核 员工绩效管理 知识查询 提交知识
咨询顾问	知识查询 提交知识
系统管理员	知识库维护 统计报表

（2）按照不同的方式管理企业中的知识

咨询项目从开始到完成通常经历售前沟通、项目启动、调研、诊断分析、方案实施、总结验收等几个阶段，每个阶段都会产生大量的文档资料，重要文档如表 6-7 所示。

表 6-7　项目文档

项目阶段	文　　档
售前沟通	《方案建议书》《项目合同》
项目启动	《项目工作说明书》《启动会汇报材料（PPT）》
调研	《项目分析问题树》《调研工具》（包括：访谈提纲、客户调查问卷、观察记录表……）、《客户提供文档资料》《通过公开途径收集相关项目资料》《调研反馈资料》（包括访谈记录、客户调查问卷统计表……）
诊断分析	《调研报告及项目实施方案》《调研汇报材料》
方案实施	《项目实施周报》
总结验收	《总结汇报材料》
其他	《项目实施中提供的专题培训》

除了和项目相关的正式文档资料之外，公司的员工还经常收集或者总结各种和业务相关的资料、信息，这些文档的格式以及描述比较自由。

希望通过 KMS 能将上述各种格式的文档进行汇总保存，并实现以下管理功能：文档相关信息的记录：包括所属项目、创建人、最后修改日期、文档摘要描述等；文档及相关信息的更新。

（3）知识搜索

公司希望至少能够实现以下几种基本的搜索方式：按照项目、阶段进行搜索（找到某项目、某阶段全部资料）、按照关键字进行搜索（找到某主题相关资料或者包含某些关键字的资料），并希望能够提供其他更为方便的搜索思路。

（4）对信息提供者进行评分

为了鼓励咨询顾问能够积极、主动地提供自己的经验，分享自己掌握的信息和知识，我们希望 KMS 能够提供一种评分机制，根据每个信息提供者提供信息的数量、有效性（价值）进行定量评价，通过某种积分制度进行鼓励。

针对上面描述的实际情景和问题需求，初步为 JG 公司设计一个知识管理的方案，阐述你所提供的功能，对知识进行管理的方式方法。该方案需要充分发挥你的创新意识，利用你对于信息技术和信息系统的理解，深入挖掘企业对知识进行管理的手段和方法。

以小组为单位采用 Word 软件提交一份书面报告，并进行口头汇报，小组之间交流设计思路，共享创新。

本章参考文献

[1]艾瑞咨询. 2016 中国商业智能市场研究报告[R]. 艾瑞网，2016-05-09.

[2]王众托. 知识系统工程[M]. 北京：科学出版社，2004.

[3]Davenport T H，Prusak L. Working Knowledge：How Organizations Manage What They Know [M]. Boston：Harvard Business School Press，1998.

[4]Simon H. A. The New Science of Management Decision [D]. Prentice Hall College Div，1977.

[5]Nonaka I，Takeuchi H. The Knowledge Creating Company [M]. New York：Oxford University Press，1995.

[6]经济合作与发展组织（OECD）. 以知识为基础的经济[M]. 北京：机械工业出版社，1997.

[7]McQueen R J. Four Views of Knowledge and Knowledge Management [A]. Proceedings of the Fourth Americas Conference on Information Systems [C]，Association for Information Systems，1998：609-611.

[8]董颖. 知识服务机制研究[D]. 中国科学院软件研究所，2003.

[9]Zhuge H. A Knowledge Grid Model and Platform for Global Knowledge Sharing [J]. Expert Systems with Applications，2002，22(4)：313-320.

[10]Nonaka I. A Dynamic Theory of Organizational Knowledge Creation [J]. Organization Science，1994，5(1)：14-37.

[11]张杰. PICC 人保财险知识管理秘籍[J]. 新金融世界，2013-03-26.

[12]Gartner Group. 2017 Magic Quadrant for Business Intelligence and Analytics Platforms [R]. Gartner website，2017-02.

扫描二维码，获取本章微课视频。

微课视频	本章小结
	_____ _____ _____ _____

第7章 电子商务

电子商务是管理信息系统依托互联网平台发展的新范畴。互联网不仅使很多传统商务活动能以新的平台、新的方式得以实现，而且在新的竞争环境和规则下带来了许多超越以往的创新性的商业模式和商务活动。本章从电子商务的广义视角出发，介绍了这些新竞争环境和规则，并结合案例着重分析了几种主流经典的基于互联网的商业模式。

本章学习目标

1. 掌握电子商务的概念和分类。
2. 掌握互联网带来的竞争环境和规则的变化和商业模式的创新。
3. 了解中国网络购物的发展，理解网络购物的概念、商业模式和生态体系的构成。
4. 理解社交网络的理论基础和主要形式。
5. 掌握搜索引擎的基本原理和盈利模式。

导入案例

FlowerPlus 花加

也许你在朋友圈曾经看过这样的广告：

"与其等待，不如好好爱自己"

"一杯咖啡的花费，拥抱一周好心情"

嗯，听起来似乎很有道理。这些广告来自鲜花电商 FlowerPlus 花加。

在欧美国家，鲜花作为一项日常生活用品非常普及。放在桌上的鲜花，能让整个空间变得有生气，让人心情变得愉悦起来。但在国内，这个模式并不普及。2015 年中外鲜花消费市场上，中国的日常鲜花消费占比只有 5%，而绝大部分鲜花消费是因为像情人节、教师节、母亲节这样的礼品鲜花消费模式，如图 7-1 所示。随着消费升级、人均可支配收入的增加，小部分中产阶级人群在满足基本的物质需求外，开始对生活品质有了更高的要求，而这也就成了 Flowerplus 花加的种子用户。

国家	礼品鲜花市场占比(%)	日常鲜花市场占比(%)	全国鲜花市场容量(亿元)	备注
英国	43%	57%	248.9	67%的鲜花在超市购买
荷兰	40%	60%	310.4	80%出口，20%国内消费
日本	70%	30%	337.6	以线下花店业态为主
美国	60%	40%	571.6	超市和电商业态兴盛
中国	95%	5%	415.6	主要以传统礼品鲜花市场为主，日常鲜花需求刚刚兴起

图 7-1　2015 年中外鲜花消费市场比较[①]

Flowerplus 花加于 2015 年 4 月在上海成立，专注日常鲜花订阅服务，以传递美好的生活方式为品牌核心定位。成立一年内，先后获得 3 轮融资，城市覆盖、单月订单额等运营数据增长迅速。2016 年 Flowerplus 花加总覆盖城市 50 座，月订单额超过 6000 万元。

如图 7-2 所示，客户通过微信端下单包月定制宅配套餐，FlowerPlus 花加采用产地直销模式，接收到消费者订单后，根据用户信息以及鲜花的价格波动自动形成采购订单，发送至合作的花源基地，反向定制。花农根据订单

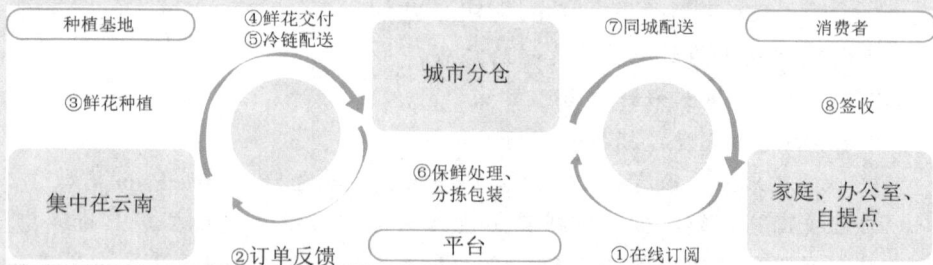

图 7-2　FlowerPlus 花加的产地直销模式

① 艾瑞咨询. 中国鲜花电商行业案例研究——FlowerPlus 花十. 艾瑞网，2017-05.

需求可以提前半年进行选品种植。而驻扎在全国各主要花田的鲜花采购团队，每周设法挖掘时令鲜花新品种，直接从花田采购，通过冷链运输至各个城市鲜花工厂，进行保鲜、打包和分拣处理，48 小时送达客户手中。整个环节里，传统鲜花行业的一级、二级中间商都不存在。

1. FlowerPlus 花加的供应链管理

FlowerPlus 花加投入很多精力来保证花的新鲜度。创始人王柯认为，"供应链上，影响鲜花新鲜度的环节主要有两个：一是花刚摘下来时的预处理，二是最后一公里的配送。"

具体来说，花的采后处理有两个小步骤：休眠和杀菌。但由于操作难度较高，再加上花田分散，中国花农在这一步上普遍做得比较粗糙。在这一点上，FlowerPlus 花加会向其有深度合作关系的花农提出明确要求，强调预处理过程。目前，Flowerplus 花加所有订阅鲜花多数来自云南，在云南已有 6000 多亩花田和专业基地。Flowerplus 花加采取买断和合作两种方式，和花农签订合作协议，从花源控制花的品类和价格，以确保用户体验。

因为鲜花是一个非常娇嫩的产品，作为生鲜品，它对温度、湿度包括运输都有很高的要求。所以在采摘后第一时间要做的是"保鲜处理"，Flowerplus 花加之前用的是空运，但是为了提供更好的品质，现在全部改为冷链运输，鲜花到了仓库后，因为还处于休眠状态，所以还得将它们唤醒，然后再进行终端配送。花加在上海、北京等七大城市建立了仓储中心，并装备完备的冷链运输体系，达到仓储核心的鲜花 12 小时内必须出库，次日配送的鲜花当天晚上 8 点必须出库，次日中午 12 点前必须配送结束。

这一整套供应链系统就是花加推崇的 C2F 模式。C2F 是指终端消费者面向工厂，直接向工厂定制个性化产品，由企业一站式负责生产、发货、包装及售后服务的一种新型网上购物模式。

2. 产品的细分和服务的定位

FlowerPlus 花加的产品线根据花材品种和用户属性定位分为 Mini、简花、惠花、奇花、悦花、繁花、迷藏、大师等系列的鲜花套餐，价格涵盖从 79 元/月到 399 元/月的区段，并针对节庆日和特别主题开发了主题鲜花礼盒，以丰盛的产品线满足用户多场景、多维度的需要。而且，Mini 系列不同于其他系列，在首次配送时提供了 2 个花瓶，不论是单瓶还是多瓶组合，可以适应和美化各种场景，这也更好地满足了客户对细分场景的需求。

FlowerPlus 花加不仅卖花，更要打造一个代表生活方式的品牌。它近两年在跨界合作上有很大突破。2017 年年初，花加联袂 Costa 咖啡打造的鲜花咖啡空间火遍了上海。近 3 万朵鲜花、6 名花艺师、耗时 18 小时，让 COSTA

的整个门店融化在花海里。5 月 13 日，2017 ELLE active 全球女性盛会在上海西岸艺术中心举办，现场是由花加 3 万朵鲜花装扮下的花海，成为盛会最引人注目的一道风景。订阅鲜花不仅是为了鲜花自身，更重要的是装潢环境、美化空间以及愉悦身心。花加的跨界合作可以充分挖掘消费者的生活圈，让鲜花进入更多人的生活场景，进而完善整个消费产业链。花加已经把鲜花订阅升级到环境解决方案，其愿景就是将一切美好体验带给用户。

3. 线上平台的传播和客户维系

FlowerPlus 花加除了精心打造线下各项业务，也很重视线上模式的开发。考虑到目前它的用户群主要是伴随着互联网成长起来的"80 后"到"90 后"，尤其以女性客户为主，她们具有消费频次高、拥有自传播意识的特点。加之鲜花订阅也不需要多么复杂的功能设计，因此，FlowerPlus 花加选择通过微信公众号让用户简单快速地了解、定制和传播自己的产品和产品背后的生活理念。而微信也在传播和客户维系上为 FlowerPlus 提供了很好的支持。

鲜花是一个带有正能量的产品，它可以在朋友圈形成自传播，这种传播效率非常高，只需要产品能够让用户产生传播冲动，就能带来大量新用户。关于传播，花加的方法论是把一招用到极致，简单讲就是找到自传播的触发点，然后再不断去将触发点放大。比如，自传播的一个触发点是"在朋友圈展示自己的生活情趣"，花加团队在设计花盒和鲜花的时候，除了考虑如何保障鲜花新鲜以及运输过程不被碰伤之外，还考虑了美观性，以及收花之后不用任何工具，可以徒手简易地拆开每一层包装，这样客户收到花之后会形成一级传播。再如，花加有一个"填写老客户手机号码，给新客户送花瓶"的活动，这个可以形成二级传播甚至是三级传播，老客户和新客户的积极性都很高，这个活动给花加带来了很多精准的客户。花加目前用户 90% 以上来自微信用户的口碑传播，10% 左右来自朋友圈广告。

通过公众号留存的用户信息和数据，可以分析客户需求，给不同客户进行画像，制定不同的产品和服务送达，用于提高产品和服务的质量，以达到留存的目的。例如，他们会给新客户配送比较容易养的鲜花或者大家都认识的花，老客户会配送有一定养护难度的花，孕妇会避开对孕妇有影响的花，同一个办公室同一次配送，会尽量配送不同品种的花等。

在公众号自定义菜单中，除了展示产品套餐、提供基本的售后客服，花加还提供了一系列与"花"相关的配套服务。花加公众号上"花加社区"提供了一个互动社区，给用户分享和交流养花心得，同时运营者也可以及时了解用户反馈，"鲜花养护"帮助用户正确地打理花束，传授用户不同鲜花的养护知识。此外，通过招募花加生活家，花加可以主动发掘粉丝中的生活达人、创业家和社交媒体控，粉丝中的 KOL（关键意见领袖）可以为花加品牌提供更好的推广。花加的粉丝有个名称叫作"花粉"。花加团队也探索了很多与"花粉"进行线上线下互动的方式，比如"花艺课""花艺沙龙""闪购""花艺师插花直播"等。这些活动能起到很好的品牌推广效果，能够带动更多"花粉"一起学习花艺知识，增加花加与用户之间的互动，也积累了很多忠实粉丝和鲜花代言人。

微信粉丝也给花加团队反馈了一些好的运营思路和想法，比如粉丝们希望花加可以有花剪，后来花加为用户订制了花剪。现在，花加还提供了一些其他鲜花周边产品，如保鲜液、围裙等，将来会开发更多的周边产品满足"花粉"日常鲜花养护需求。

鲜花是感情属性很强的商品，它也代表着生活的态度、品位和期待。花加要打造一种生活方式平台，满足用户的升级需求，像传递鲜花一样向用户传递更多美好的生活体验。

思考以下问题：

（1）鲜花电商是在什么背景下诞生并得到了市场认可的？除了花加，还有哪些鲜花电商？他们的运作模式和花加有哪些异同？

（2）花加的物流与供应链管理有哪些特殊考虑？是如何实现的？

（3）花加是如何考虑产品细分和服务定位的？

（4）花加的线上平台的开发具有哪些功能？微信平台如何满足了花加线上功能的需要？

（5）花加是如何基于互联网来打造鲜花生活平台的？它体现了哪些互联网思维？

7.1 电子商务

国家统计局数据显示，2020 年，中国电子商务交易额达 37.21 万亿元，同比增长 4.5%。随着中国手机网民规模不断增加，移动互联网使用习惯不断加深，网购交易也从传统 PC 端转向移动 App。另外，在中国消费升级的背景下，鲜花、生鲜、奢侈品、海外购等垂直电子商务模式蓬勃发展

中国的鲜花消费兴起于 20 世纪 80 年代中期，早期多集中在会议、婚宴和节假日礼品等需求。传统鲜花产业运作模式存在很多问题，比如中间流转层次多，耗损率过高而且层层加价；供需信息不畅，上游种植商在对产品的产量、品质的

把握上不稳定，对品种的开发设计单一等。近几年，供需市场和基础设施共同推动了鲜花电商的发展。从供给侧来看，生产数量和生产地面积逐步提升，鲜花品种也日益丰富，市场投放加快。需求侧来看，主要是消费升级以及"她经济"崛起，鲜花消费场景多元化，日常生活中鲜花订阅需求兴起，礼品鲜花也向高端定制方向发展，给鲜花电商市场带来了新机会。此外，物流方面的进步，特别是冷链物流的发展和日益完善，都推动了鲜花电商的发展。

目前鲜花电商除了 FlowerPlus 花加，还有花点时间、野兽派、roseonly、爱尚鲜花、泰笛鲜花、宜花、花集网等各有不同商业模式（图 7-3）。

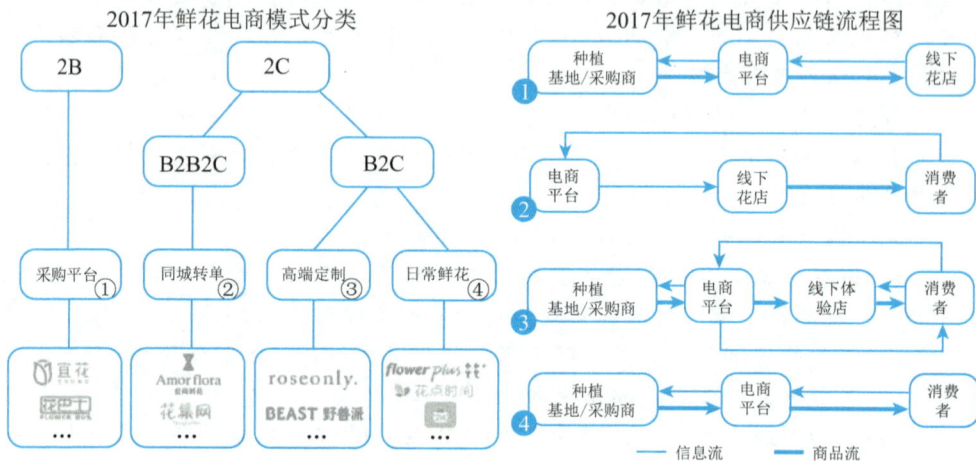

图 7-3　鲜花电商的不同模式①

在 FlowerPlus 花加案例中，线下的产品开发设计、跨界服务和营销活动以及供应链管理等是其商业运作中的基础和关键，而微信网上平台在销售、传播、客户维系、服务反馈等方面也发挥了十分重要的作用，线上和线下业务紧密配合衔接。FlowerPlus 花加基于互联网的商业模式的运作也体现了互联网思维，在产品设计、运输、营销等各个环节上都要"以用户为中心"去考虑问题，从细节上抓住用户体验，把产品、服务和用户体验做到极致，超越用户预期。并利用好社会化思维和共享平台，通过微信口碑传播声誉，塑造消费者的消费理念，不仅销售产品，更重要的是打造一种生活态度，在消费者心目中树立起鲜明的企业形象。

FlowerPlus 花加是中国电子商务近些年快速发展的一个企业缩影。那么到底什么是电子商务，有哪些基于互联网的商业模式创新和发展，下面进行介绍。

---

① 艾瑞咨询. 中国鲜花电商行业案例研究——FlowerPlus 花＋. 艾瑞网，2017-05.

7.1.1　电子商务的定义和分类

1. 电子商务的定义

企业通过包括互联网在内的计算机网络来开展各种业务,我们一般称为电子商务。在不同情境下,电子商务的概念可有广义和狭义之分。广义电子商务(Electronic Business)是指用数字技术和互联网执行企业中的主要业务活动,这些业务活动包括企业内部管理的主要活动,也包括与供应商和其他企业伙伴之间的各种活动,同时也包括狭义电子商务(Electronic Commerce)所涉及的通过互联网买卖产品和服务以及支持这些市场活动的广告、推销、客户支持与服务、支付等业务职能。在此需要说明的是,2016 年提出的"新零售"概念认为"电子商务"会成为传统概念,未来会是线下、线上、物流结合的"新零售"模式。我们认为此处所说电子商务指的是狭义电子商务的概念,广义电子商务远不只零售那么简单,新零售的含义主要对应的是狭义电子商务中的网络购物方面。

2. 电子商务的分类

电子商务常见的分类方式是按照交易的性质或者交易参与方之间的关系进行分类,常见的电子商务模式有以下几种。

企业—企业(business-to-business,B2B):企业与企业之间进行的商务模式,比如阿里巴巴国际站是阿里巴巴旗下面向国际批发市场的 B2B 网站,1688 是阿里巴巴旗下面向国内批发市场的 B2B 网站。

企业—消费者(business-to-consumer,B2C):企业面向个体消费者提供产品和服务的零售商业模式,比如戴尔网站面向消费者进行计算机销售或者京东自营的商品销售模式,都是 B2C 电子商务模式。

消费者—消费者(consumer-to-consumer,C2C):消费者直接与其他消费者进行交易,比如阿里巴巴旗下的淘宝网就是 C2C 模式。

企业—企业—消费者(business-to-business-to-consumer,B2B2C):一个企业向另一家企业或者平台提供某些产品或服务,再通过这家企业把产品和服务提供给消费者。比如很多企业品牌入驻阿里巴巴旗下天猫商城,并把产品销售给消费者,这种模式就是 B2B2C。

消费者—企业(consumer-to-business,C2B):这种模式可以包括个人消费者利用互联网向企业销售产品或服务,也可以包括个人消费者寻求卖主,对产品或服务进行报价,还可以包括个人消费者驱动企业生产的"定制化"模式等。比如priceline 网站"name your own price"模块,用户在时间、位置和酒店档次等信息的基础上自行叫价，让酒店来应标的业务模式就是 C2B，再比如大众汽车推出的 C2B 汽车定制。

7.1.2　中国电子商务的发展

2017 年 11 月 11 日，天猫"双 11"交易额达到 1682 亿元人民币，创下历史新高。11 月 11 日零点仅过了 3 分 01 秒，2017 天猫"双 11"成交额已突破 100 亿元人民币，6 分 05 秒成交额超过 200 亿元。而 2016 年，天猫"双 11"成交额突破 100 亿元用时 6 分 58 秒。2012 年，天猫"双 11"创造的 191 亿元成交额被看作天文数字的报道，也就在 5 年前。

除了疯狂的网络购物发展速度，中国各种电子商务模式几乎在这十多年的时间集中爆发。比如，根据 CNNIC 的数据，截至 2017 年 6 月，在网上预订机票、酒店或者旅游度假产品的网民规模有 3.34 亿人，而截至 2010 年 6 月网上旅游预订还仅有 3612 万人。长期处于低位的网上旅行预订在 2014 年时用户年增长达到 194.6%，是增长最为快速的一年。即时通信方面，截至 2017 年 6 月，用户规模是 6.92 亿，而截至 2010 年 6 月，用户规模是 3.04 亿。很多电子商务应用最近五年更是从无到有，发展迅猛。截至 2017 年 6 月，网上外卖用户规模达到 2.95 亿，网约车用户规模达到 2.87 亿，共享单车用户规模达到 1.06 亿，在线教育用户规模 1.44 亿等。

今天，电子商务已经成为我们的一种生活方式。无论是身居闹市还是地处偏远，无论是吃穿住行还是交友婚恋，我们都能感受到电子商务的便捷、迅速与神奇。但在 20 多年前，这一切几乎不可想象。

1999 年之前信息化水平低，大众对电子商务缺乏了解，加上互联网泡沫等因素影响，电子商务网站大都举步维艰。一个名为"72 小时网络生存"的实验见证了当时电子商务网站和整体环境的艰难。但就是 1999 年，中国第一家在线销售软件、图书的 B2C 网站"8848"创办；创立于 1998 年的腾讯，发布了 QQ；阿里巴巴、第九城市、携程、盛大、当当、百度等都相继创立；招商银行推出个人网银——招行一网通。1999 年，被称为中国互联网的本命年。

2000—2002 年，互联网泡沫破裂，电子商务问题暴露，大批资金撤离，市场重新洗牌，超过三分之一的网站销声匿迹。2002 年，美国 eBay 以 3000 万美元收购易趣网 33% 的股份，成立 eBay 易趣。借此可见，当时中国电子商务正处在一个调整阶段。

2003—2007 年，电子商务网站进入复苏成长期，开始讲究务实经营，大批网民逐步接受网络购物。而且国家政策也不断支持，基础环境不断成熟，物流、支付、诚信等瓶颈问题逐步得到解决。2003 年 5 月阿里巴巴旗下的淘宝成立，

2004 年推出了支付宝。2005 年腾讯拍拍网上线，C2C 形成了 eBay 易趣、淘宝和拍拍的三足鼎立之势。2007 年京东商城成立（1998 年京东公司成立），开启家电 3C 网购新时代。

2008 年全球金融海啸导致全球市场萎靡，以外贸为主的出口导向型电子商务平台首当其冲，慧聪网、阿里巴巴等网站都遭受重大危机，而内需市场正好相反，需求急剧膨胀。2008 年中国电子商务交易规模达到 1257 亿元，首次突破千亿。内需导向型以及垂直型网站获得高速发展。2008 年特卖电商唯品会上线。2009 年天猫推出"双 11"大促活动。不少传统企业也开始重视和涉及电子商务领域，大量传统企业和资金流入电子商务领域，网民数量和物流快递行业都快速增长。阿里巴巴 2010 年提出"大物流计划"。2011 年中国电商经历了"千团大战"，团购网站开启了生活服务电子商务时代。团购成为 O2O 生活服务电子商务的先驱。为此，2011 年被称为 O2O 元年。

2013 年至今，中国电子商务快速增长，布局呈现多行业多领域全方位生态圈式的特点。2013 年，支付宝与天弘基金合作推出余额宝，打破了旧金融的规则；而微信 2013 年也推出支付功能，并于 2014 年春节前推出红包功能，大大促进微信支付的普及；2014 年 5 月和 9 月京东和阿里巴巴分别在美国纳斯达克和纽约证券交易所上市；2015 年的互联网最热非"合并"一词莫属，滴滴和快的两大打车平台、58 同城和赶集网两大分类信息平台、美团与大众点评两大 O2O 平台、携程和去哪儿两大在线旅游平台都进行了合并，较劲了多年的劲敌结成一家亲，市场逐渐向资本垄断靠拢。2016 年，"新零售"的概念提出，认为"电子商务"会成为传统概念，未来会是线下、线上、物流结合的"新零售"模式。

中国电子商务经过 20 年的发展，市场不断优化。一方面，电商由综合网购不断向母婴、跨境、农村、生鲜、鲜花等细分领域发展；另一方面，线上线下结合、企业合纵连横、大数据技术的运用，都象征着中国电子商务走向生态化发展道路。而企业不断打通生态入口、产品、服务和场景，对自身生态体系内的资源重新整合，打破行业边界。

7.1.3　电子商务的商业模式

商业模式是企业存在的一种形态，任何企业都有自己的商业模式。随着互联网带动各种创新性商业模式的兴起，商业模式的研究日益受到学界和企业界的关注。奥斯特瓦尔德（Alexander Osterwalder）认为，在商业模式这一价值体系中，企业可以通过改变价值主张（Value Proposition）、客户细分（Customer Segments）、渠道通路（Channels）、客户关系（Customer Relationships）、关键业务（Key Activities）、核心资源（Key Resources）、重要伙伴（Key Partners）、收入来源(Revenue Streams)和成本结构(Cost Structure)等因素来激发商业模式创新(图 7-4)。

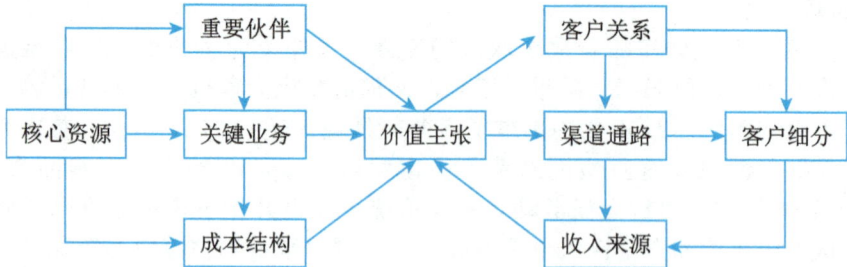

图 7-4　奥斯特瓦尔德的九要素商业模式

　　价值主张指的是为特定细分客户创造价值的系列产品和服务；客户细分指的是一个企业想要服务的不同人群或组织；渠道通路指的是企业是如何沟通接触其细分客户并传递其价值主张的；客户关系指的是企业与特定客户细分群体建立的关系类型；关键业务指的是为了确保其商业模式可行，企业必须做的最重要的事情；收入来源指的是企业从每个客户群体中获取的现金收入；核心资源指的是让商业模式有效运转所必需的最重要的因素；重要伙伴指的是让商业模式有效运作所需的供应商与合作伙伴的网络；成本结构指的是运营一个商业模式所引发的所有成本。

　　互联网带来的商业模式创新会在上述某一个甚至多个环节上引发改变，比如可以帮助企业以新的方式创造和捕捉利润，对现有产品增加附加值，帮助企业创造出崭新的产品和服务。尽管互联网平台上不断涌现出很多创新性的商业模式，但总结起来可以归纳为以下几种，见表 7-1。

表 7-1　互联网上的商业模式①

类　别	描　述	例　子
虚拟店面	直接销售物理产品给消费者或个别企业	京东、亚马逊
在线市场	提供一个数字环境，买卖双方可会晤，搜寻产品，显示产品，建立这些产品的价格，可服务于 C2C 或 B2B 电子商务，也可提供在线拍卖和反拍卖	淘宝
信息经纪人	提供产品、价格和可用的信息给个人和企业	58 同城

———————

① 改编自：[美]肯尼斯 C. 劳顿，简 P. 劳顿. 管理信息系统[M]. 薛华成，编译. 11 版. 北京：机械工业出版社，2011.

续表

类　别	描　述	例　子
交易经纪人	用处理在线交易节省用户的钱和时间	携程
内容提供商	通过网络提供的数字内容，如数字新闻、音乐或者影视	iTunes
服务提供商	提供 Web 2.0 应用，如照片分享、影视分享和用户产生的内容等服务，以及其他服务，如在线数据存储和恢复等	YouTube；Dropbox
门户网站	提供进入网络的入口，并伴有其他内容或者服务	新浪
社交网络	提供在线社交或者会议的平台，在那里具有相似兴趣的人可以互相沟通，获得有益的信息	Facebook、新浪微博、人人网
搜索引擎	是服务提供商的一种，提供信息搜索服务，也提供基于搜索的广告服务	百度、谷歌

表 7-1 中所举例子往往具有多种商业模式，并不只具有对应类别中所说的一种模式。比如，京东起家以虚拟店面的方式自己直接销售 3C 及其他产品给消费者而闻名。但京东近几年也为第三方卖家提供在线销售平台，类似在线市场的商业模式。

7.1.4　互联网带来的新的竞争规则

基于互联网的商业模式创新，需要考虑有别于工业时代的竞争规则和环境的变化，比如长尾现象、网络效应等。

1. 长尾现象

长尾现象（或长尾效应，The Long Tail）是网络时代兴起的一种理论，由美国《连线》杂志主编 Chris Anderson 于 2004 年提出。长尾主要是指那些原来不受到重视的销量小、种类多的产品或服务由于总量巨大而累积起来的总收益超过主流产品的现象。

工业社会中，"80/20 法则"是管理思想领域最重要的概念。由 19 世纪经济学家帕累托提出，也称作"帕累托法则"。帕累托最初用"80/20 法则"阐释社会结构特征，后来发现几乎所有的经济活动都受该法则的支配，比如 20% 的客户带来 80% 的销售额，20% 的产品创造 80% 的利润等。因此，"80/20 法则"更看重的是少数畅销产品，而多数的冷门产品被看作不具有销售能力而且无法获利的。在

"80/20 法则"的指导下，很多企业都在打造着自己的明星产品，这些明星产品也为企业带来了大部分的收益。

但长尾理论认为，互联网的崛起打破了这项铁律。在互联网平台上，商品储存、流通和展示的场地与渠道已经足够宽广，商品生产成本将会下降，以至于个人都能进行生产；同时，商品的销售成本急剧降低，几乎任何以前看似需求极低的产品，只要有卖，都会有人买。这些需求和销量不高的产品所占据的共同市场份额，可以和主流产品的市场份额相比，甚至可能更大。比如，一般的 Borders 书店藏有 10 万种图书，但亚马逊的书籍销量有四分之一是由排名在 10 万名之后的书籍贡献的。这些"冷门"书籍的销售比例还在不断增长，预估未来可占整个书市的一半甚至更多。

图 7-5 是根据书籍的流行度排序的顾客消费数据曲线，纵坐标是销售量，横坐标是按照流行度排序的商品品种。

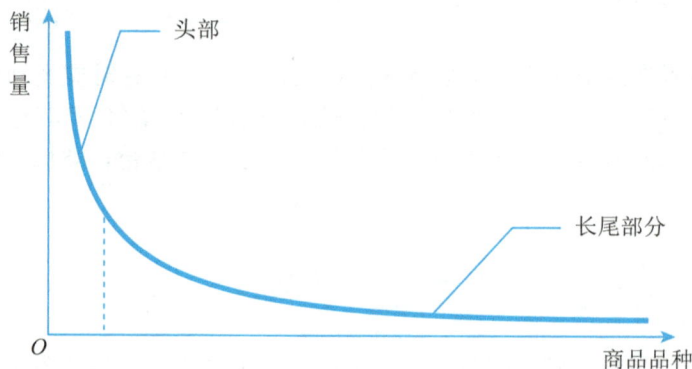

图 7-5　顾客消费数据长尾曲线

可以看出，在曲线的头部，大热门书籍被购买的数量依然非常高；接下来，曲线随着书籍流行度的降低陡然下降，但它一直没有见到零点。在统计学中，这种形状的曲线被称作"长尾分布"。因为相对头部来讲，它的尾巴特别长，这便是"长尾理论"的来历。除了书籍，很多在互联网上销售的产品或者服务都具有这种长尾效应，比如网络视频、网络音乐、搜索服务等。在这个曲线中，尾部意味着个性化和多样化，意味着个人的兴趣和创造力，这比头部那个枯燥单调的明星产品在未来市场上更具有增值空间和发展前途。

长尾市场也称之为"利基市场"，"利基"是英文"Niche"的音译，是指针对企业的优势细分出来的市场，它是更窄的确定的某些群体，这个市场不大而且他没有被服务好，或者说有获取利益的基础。利基市场上的利基产品一定是针对性、专业性很强的产品。通过对市场的细分，企业可以集中力量于某个特定的目标市场，或严格针对一个细分市场，或重点经营一个产品和服务，创造出产品和服务优势。

互联网环境下，商业和文化的未来不在于传统需求曲线上那个代表"畅销商品"的头部，而是代表"冷门商品"经常为人遗忘的长尾。这意味着无论是生产者，还是消费者，或者是连接生产者和消费者之间的方式，都将发生重大变化，崭新的商业模式也将要崛起。"案例　Lulu：拖着'长尾'的自助出版平台"展示了出版社 Lulu.com，其运作模式充分利用互联网平台提供的长尾优势，从而成为传统行业进行互联网创新的一个典范。

2. 网络效应

网络效应，也称网络外部性或需求方规模经济（与生产方面的规模经济相对应），是指产品价值会随着购买这种产品及其兼容产品的消费者的数量的增加而不断增加。

信息产品一般存在着互联的内在需要，因为人们生产和使用它们的目的就是更好地收集和交流信息。这种需求的满足程度与网络的规模密切相关。只有一名用户的网络是毫无价值的。如果网络中只有少数用户，他们不仅要承担高昂的运营成本，而且只能与数量有限的人交流信息和使用经验。随着用户数量的增加，这种不利于规模经济的情况将不断得到改善，每名用户承担的成本将持续下降，同时信息和经验交流的范围得到扩大，所有用户都可能从网络规模的扩大中获得更大的价值。

目前，很多的信息技术的应用，尤其是互联网上的商业模式都具有网络效应。比如，社交网络就凸显了网络效应在其运作过程中的价值。社交网站可以利用人与人之间社会网络关系的扩张来提高其网络效应，从而为网站创造更高的网络价值。虽然目前的 SNS 网站还没有找到一种明确的、稳定的盈利模式，但如此之高的网络价值也让很多业内人士和专家相信 SNS 的前途是光明的。

3. 信息产品边际成本几乎为零

所有数字化产品或可被数字化的产品，都可以视为信息产品，比如电子书籍、电影、软件、App、虚拟商品等。信息产品生产的固定成本很高，比如开发 Windows 操作系统的资金和人力投入非常高，而且这些固定成本绝大部分是沉没成本，即使生产停止也无法收回成本。但是增加拷贝的可变成本很低甚至可以为零，这与传统的实体物品的生产制造完全不同。

正是因为信息产品边际成本几乎为零的特征，导致生产经营信息产品的企业卖出去越多的信息产品，所获得的利润会越高。"案例　网络游戏的生存之道"正说明了这一点。尤其是纯粹通过网络传递的信息产品，几乎不需要物理库存和物流配送，这也是实体物品销售所无法比拟的优势。因此，越来越多的网上书店致力于把纸版书籍转变成电子书籍进行销售，即使以比纸版书低得多的价格，依然可以回报丰厚。

下面我们把虚拟店面、在线市场、社交网络和搜索引擎几个主流经典的互联网商业模式进行介绍，并在案例中对这些模式的典型代表进行深入的介绍和分析。

7.2　网络购物

7.2.1　网络购物的概念和现状

国家统计局数据显示，2020 年，全国网上零售额达 11.76 万亿元，同比增长 10.9%（图 7-6）。实物商品网上零售额 9.76 万亿元，占社会消费品零售总额的比重为 24.9%。中国互联网络信息中心（CNNIC）数据显示，截至 2020 年 12 月，网络购物用户规模 7.82 亿，网购用户占全部网民比例已达 79.1%。

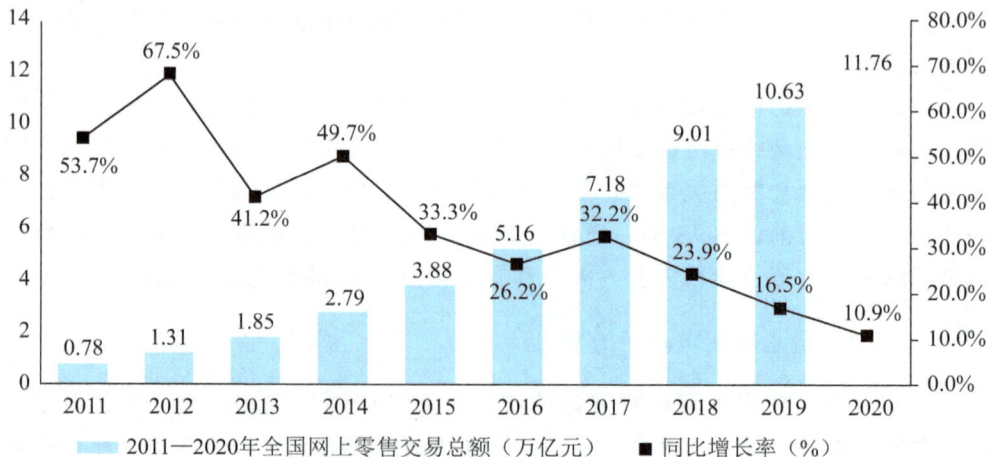

图 7-6　中国网络零售市场规模

资料来源：国家统计局，商务部《中国电子商务报告》。

中国电子商务行业的发展，从最初的网络零售，到后来形式多样的C2C/B2C模式，再到实施开放平台策略后的B2B2C模式，以及线上线下融合的O2O模式，逐步发展成为一个涵盖信息技术、在线交易、物流配送、金融支付、网络广告等多领域协同发展的完整的生态系统。

电子商务生态系统的核心部分，就是包括电子商务平台、商家、消费者、支付体系、物流体系、营销服务、售后服务、市场研究、软件服务等几大要素的商务模式。而电子商务平台、支付体系、物流体系和售后服务是现阶段电子商务发展的关键。虚拟店面和在线市场是电子商务平台的主要平台形式，其中最典型的代表就是以虚拟店面形式运作的亚马逊和以在线市场形式运作的淘宝。通过"案例 淘宝vs亚马逊"，我们可以看到，淘宝和亚马逊作为网络购物最受欢迎的两大平台，各具特色，不仅体现了虚拟店面和在线市场在运作模式上的不同，也深层次地折射出了不同互联网购物平台的经营理念。在电子商务支付方面，线上线下不断融合是大势所趋，货到付款的线下支付方式的推广是电商发展重点，而支付宝、微信支付等开启的在线支付模式开启了未来支付体系发展的市场机会。物流是电子商务生态系统发展中较为关键的环节，其覆盖范围和配送效率直接影响客户体验。目前，电子商务行业的发展速度和推广投入，远远快于物流和快递行业，线下的配送仓储和快递服务已经成为电子商务规模发展的短板，一些电商，如京东，斥巨资自建物流体系来突破电子商务物流发展的瓶颈。

而电子商务在技术层面，除了数据处理、网络存储、网络安全等主要方面外，更是不断融入社交网络、位置服务（Local-based Service，LBS）、个性化推荐、大数据分析、云计算等技术，增加电子商务平台服务的效果和效率。目前，电子商务企业拥有的最大财富是用户和数据。在大数据时代，企业通过数据采集、海量数据快速处理进行个性化商品推荐，以促进用户购买行为，并可通过SNS增强推荐力度和客单转化，在LBS应用的支撑下实现实时购买、高效配送，从而促进电子商务生态系统各个生态链协同发展。

7.2.2 网络购物新趋势

1. 社交电商

社交电商是电子商务的一种新型业态模式，成为除了自营电商、平台电商外的第三大类电商模式。目前社交电商主要包括拼购类、会员分销类、内容直播类及社区团购类四种类型。其中，直播带货模式在新冠疫情的背景下得到了全面激活，各行各业积极参与。商务大数据监测显示，2020 年 1—12 月重点监测电子商务平台累计直播场次数量超过 2400 万场，累计观看超过 1200 亿人次，直播商品数量超 5000 万个。

2. 分享经济

2020 年我国共享经济市场交易规模约 33773 亿元。受疫情影响，共享住宿、共享办公、交通出行等需要通过线下活动完成交易闭环的领域出现了显著下滑，但知识技能、医疗共享等领域市场规模大幅增长。共享经济可以提供大量灵活就业岗位，2020 年我国共享经济参与者人数约为 8.3 亿人，其中服务提供者约为 8400 万人。

3. 农村电商

商务大数据监测显示，2020 年全国农村网络零售额 1.79 万亿元，占全国网络零售额的 15.3％。农产品的网络零售额达 4158.9 亿元，同比增长 26.2％。

由于农业基础薄弱，农产品生产的组织化、规模化、标准化上的程度较低，同质化严重，深加工不足，产品附加值偏低，品牌意识和管理薄弱等诸多原因，我国农产品上行相对滞后。农产品上行，需要整合农产品供应链，包括采购、仓储、包装、物流、运输、配送、售后等，还需要进一步整合产业链，从农产品选地、选种、播种、施肥、灌溉、收获一直延伸到餐桌。

2020 年，中央一号文件继续支持农村电商发展，相关部委出台了各种促进农村电子商务发展的政策，电商扶贫效果凸显。

4. 跨境电商

跨境电子商务概念有广义和狭义之分。广义的跨境电子商务是指分属不同关境的交易主体通过电子商务手段达成交易的跨境进出口贸易活动。狭义的跨境电子商务概念特指跨境网络零售，指分属不同关境的交易主体通过电子商务平台达成交易，进行跨境支付结算、通过跨境物流送达商品，完成交易的一种国际贸易新业态。跨境网络零售是互联网发展到一定阶段所产生的新型贸易形态，并各有经营模式（表 7-2）。

表 7-2　中国主要跨境电商经营模式分类

经营模式	平台型	自营型
跨境 B2B(出口)	阿里巴巴国际站、中国制造网、环球资源网、敦煌网	略
跨境 B2B(进口)	1688.com、海带网	略
跨境电商零售(出口)	速卖通、eBay、Amazon、Wish	兰亭集势、DX、米兰网
跨境电商零售(进口)	天猫国际、淘宝全球购、洋码头	网易考拉、京东全球购、聚美优品、小红书

2015 年，中国消费者购买最多的商品来源国 TOP10 为：美国、日本、德国、韩国、澳大利亚、荷兰、法国、英国、意大利、新西兰，这些国家的商品尤其受到中国消费者的青睐。

从进口品类看，母婴用品、个护美妆品和营养保健品是拉动中国跨境电商零售进口的三大主营品类。综合来看，随着中国消费者对涉及健康、安全、绿色等产品品质要求的提高，跨境电商零售进口已经成为购买这些产品新的重要渠道。

从城市消费力角度来看，中国一线城市的消费者人均消费最高，且人均消费增长速度最快，其次是二线城市。一线城市中，上海是人均消费最高的城市，显示出高线城市对跨境电商进口产品的消费成熟度较高。相对于一至三线城市，四至六线城市的消费总金额和购买人数增长更快，显示了低线城市消费者已经开始尝试用跨境电商购买进口商品，并且具有极大的发展潜力。

7.3　社交网络

7.3.1　社交网络的理论基础

六度分隔理论(Six Degrees of Separation)假设世界上所有互不相识的人只需要很少中间人就能够建立起联系。这一理论来自哈佛大学心理学教授斯坦利·米尔格拉姆于 1967 年做过的连锁信实验，尝试证明平均只需要 5 个中间人就可以联系任何两个互不相识的美国人。这种现象，并不是说任何人与人之间都必须要通过 6 个层次才会产生联系，而是表达了这样一个重要的概念：任何两位素不相识的人之间，通过一定的联系方式，总能够产生必然联系或关系。

六度分隔理论是社交网络的理论基础，尤其是基于互联网的社交网络的理论基础。"社交"指社会上人与人的交际往来，是人们运用一定的方式传递信息、交流思想，以达到某种目的的社会活动。互联网诞生后，人们的部分社交活动从线下转移到了线上，针对人们的社交需求而推出的互联网应用也较多。

7.3.2　社交类应用

"六度分隔"和互联网的亲密结合，显露出了巨大的商业价值。人们在近几年越来越关注社交网络的研究，很多网络软件也开始支持人们的社交需求，建立更加互信和紧密的社会关联，这些软件被统称为"社交类应用"（Social Applications）或者社会化媒体（Social Media），包括社交网站（SNS）、微博、即时通信工具、博客、论坛，等等。此外，垂直社交网络更关注不同的细分目标群体的特殊社交需求，将成为社交网络的发展趋势。比如，"案例　LinkedIn 的职业社交"中，人们通过 LinkedIn 更容易在全球找到和自己有相同或者相似职业志趣的人、更容易发现职业机会。

7.3.3　社交网络的功能

社交网络是建立在交流基础之上的，包括直接交流和间接交流。直接交流是两个用户在社交网络中的一对一的交流。研究表明，大多数人只能与大约 150 个人保持有意义的朋友关系，包括线上和线下，这个数字就是众所周知的邓巴数字（Dunbar's number），即使你的 Facebook 上有成千上万的"好友"。这主要是因为人的认知能力和时间的有限性。因此，一个人在社交网络中的直接交流会遵从邓巴数字。那么对于其他大多数的"好友"，我们采用什么交流方式？那就是间接交流，也就是我们在社交网络中与"其他"成百上千的人联系主要通过阅读消费他们所提供的内容。当我们也阅读社交网络中其他人的状态更新和帖子时，我们感觉他们在和我们交流。

在交流这一基础功能之上，社交网络一般还具有社会化内容发布、社会化娱乐和社会化商务等功能，这些功能为社交网络带来了更大的增值空间（图 7-7）。

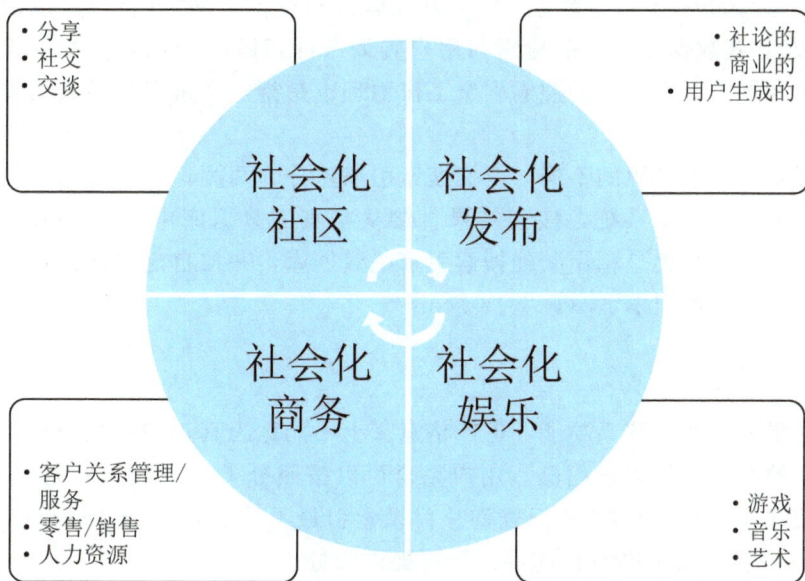

图 7-7　社会化媒体的四个区域①

7.4　搜索引擎

搜索引擎指自动从互联网搜集信息，经过一定的整理以后，提供给用户进行查询的系统。互联网上的信息浩瀚万千，而且毫无秩序，所有的信息像汪洋上的一个个小岛，网页链接是这些小岛之间纵横交错的桥梁，而搜索引擎，则为用户绘制一幅一目了然的信息地图，供用户随时查阅。

7.4.1　搜索引擎的分类

1. 全文索引

全文搜索引擎是名副其实的搜索引擎，比如，Google（www.google.com）、

---

① 资料来源：特蕾西·塔腾，迈克尔·所罗门. 社会化媒体营销［M］. 李季，宋尚哲，译.
北京：中国人民大学出版社，2014.

百度(www. baidu. com)，等等。它们从互联网提取各个网站的信息(以网页文字为主)，建立起数据库，并能检索与用户查询条件相匹配的记录，按一定的排列顺序返回结果。下面介绍的搜索引擎工作原理也是指全文索引的搜索引擎的工作原理。

根据搜索结果来源的不同，全文搜索引擎可分为两类，一类是拥有自己的网页抓取、索引、检索系统，搜索结果直接从自身的数据库中调用，Google 和百度属于此类；另一类是租用其他搜索引擎的数据库，并按自定的格式排列搜索结果，如 Lycos 搜索引擎(www. lycos. com)。

2. 目录索引

目录索引虽然有搜索功能，但严格意义上不能称为真正的搜索引擎，只是按目录分类的网站链接列表而已。用户完全可以按照分类目录找到所需要的信息，不依靠关键词(Keywords)进行查询。目录索引最具代表性的是 Yahoo Directory 和 DMOZ，但这两个网站目前都已不再提供服务。

3. 元搜索引擎

元搜索引擎(META Search Engine)接受用户查询请求后，同时在多个搜索引擎上搜索，并将结果返回给用户。比如，InfoSpace(www. infospace. com)、Dogpile(www. dogpile. com)等。

7.4.2　全文索引的搜索引擎的工作原理

1. 搜集信息

每个独立的搜索引擎都有自己的网页抓取程序，即被称为"网络蜘蛛(spider)"的自动搜索机器人程序。Spider 顺着网页中的超级链接，连续地抓取网页。被抓取的网页被称为网页快照。由于互联网中超级链接的应用很普遍，理论上，从一定范围的网页出发，就能搜集到绝大多数的网页。

2. 整理信息

搜索引擎抓到网页后，还要做大量的预处理工作，才能提供检索服务。其中，最重要的就是提取关键词，建立索引文件。其他还包括去除重复网页、分词(如果是中文网页的话)、判断网页类型、分析超链接、计算网页的重要度及丰富度，等等。

3. 提供检索服务

用户输入关键词进行检索，搜索引擎从索引数据库中找到匹配该关键词的网页。目前，搜索引擎返回主要是以网页链接的形式提供的。为了用户便于判断，除了网页标题和 URL 外，还会提供一段来自网页的摘要以及其他信息。

对于搜索结果的展示顺序，不同搜索引擎会采用不同的方法。一般来说，搜索结果排序越靠前，被用户点击的可能性越大。因此，目前大多数搜索引擎会把靠前的位置或者比较醒目的特殊位置留出来，通过竞价或者其他的付费方式展示推广信息或者赞助商的链接。这也成为大部分搜索引擎的主要利润来源。

7.4.3　垂直搜索

垂直搜索是针对某一个行业的专业搜索引擎，是搜索引擎的细分和延伸，是对网页库中的某类专门的信息进行一次整合，定向分字段抽取出需要的数据进行处理后再以某种形式返回给用户。

垂直搜索引擎是相对通用搜索引擎的信息量大、查询不准确、深度不够等提出来的新的搜索引擎服务模式，通过针对某一特定领域、某一特定人群或某一特定需求提供的有一定价值的信息和相关服务。其特点就是"专、精、深"，且具有行业色彩，相比较通用搜索引擎的海量信息无序化，垂直搜索引擎则显得更加专注、具体和深入。

垂直搜索引擎的应用方向很多，比如企业库搜索、供求信息搜索引擎、购物搜索、房产搜索、人才搜索、地图搜索、MP3 搜索、图片搜索……几乎各行各业各类信息都可以进一步细化成各类的垂直搜索引擎。

案例

Lulu：拖着"长尾"的自助出版平台

Konrath 在写作领域很是著名，出版过不少的图书。2009 年 4 月开始尝试自助出版电子书，很快他就意识到，切断中间商，也就是那些传统出版商，他在一本售价仅仅 2.99 美元的电子书上就赚到了很多钱，收效和他以前出版的 25 美元一本的精装书并没有什么区别。"我开始能够以电子书的形式支付我的抵押贷款，然后用电子货币支付我的账单，"Konrath 说，"我今年要赚超过 10 万美元，而这其中的很多钱都来自被那些传统出版商拒绝的图书。"Konrath 将他在亚马逊上的强劲销售归功于用户对他作品的喜爱和好评，以及他的电子书的低价。

1. 自助出版行业的出现及现状

相信很多写作爱好者，即便是一些名家，都知道传统出版行业图书作品出版的"规则"。太多的作者都经历过书稿石沉大海的情况，因为传统出版商十分在意你是否是个有影响力的作者，即使辗转多次终于找到愿意接受作品的出版商，也需要经过一系列的编辑审核、校稿，甚至必须要按照出版社的意愿来修改自己的书稿，否则便出版无望。很多时候还需要作者自掏腰包支付一笔不小的出版刊印费用。再到申请书号、制作插图、封面设计、定价、印刷来来回回半年的时间也未必能出版一本图书。当图书进入到书店，摆在书架上，真正能热卖，成为畅销书的又有几本呢？进入市场销售的图书还要面临出版商和零售商的抽成，最后真正到作者手中的利润所剩无几。这让很多人对图书出版都望而却步。

由于传统出版行业带来的供需缺口，在 21 世纪初，网络自助出版模式产生了。2005 年，一场网络自助出版热潮爆发，这场席卷大半个世界的浪潮至今仍未退去。根据 bowker 公司的数据统计，在 2006—2011 年这六年间，网络自助出版增长率高达 400%，呈爆发式发展；在 2011—2016 年这六年间，增长率为 218.33%。

2. Lulu 的创建

Lulu 自助出版平台的创始人 Bob Young 也曾有过和 Konrath 类似的经历。在传统出版流程下，他出版了一本图书《雷达之下》，但在扣除成本后，他最终获得的利润却只有 2331 美元。复杂的出版流程也让人有些头痛。优秀的人面对问题时不会退缩，而是想出办法解决难题，很快，一个创新性的想法在这位企业家的头脑中诞生了：利用互联网建立一个出版平台，使想要出版图书的人可以在这个平台上出版任何自己的作品，不需要超长的出版周期，也不需要高额的出版费用，还可以帮助作者发行销售。于是 2002 年，Lulu 自助出版平台（www. lulu. com）诞生了。

Lulu 是一家网络自助出版平台，也是一家基于互联网背景的技术公司。英文字典将"lulu"定义为"卓越的人或突出的事情"，这也是 Lulu 名字的由来。Lulu 致力于帮助人们创造并分享他们非凡的想法与世界。它利用尖端技术提供免费出版工具，让每个人都有机会分享他们的知识，讲述自己的故事。15 年来，它生产出高质量的电子书和按需印刷产品。Lulu 在 2013 年时，就已经产生了超过 200 万册（本）书。可以说，它的创立彻底改变了出版业。而 Lulu 在 2016 年增加了 75 243 本自助出版作品，出版数量在自助出版行业排名第三，占据 9.56% 的市场份额。

3. Lulu 的商业模式

如果你是一个图书出版用户，打开 Lulu 的网页，你首先会看到"创建你的图书""商店""出版导航""专业服务""出售你的书""大宗购买折扣"这样几个按键，它们很明显地占据了整个网页。向下还可以看到 Lulu，Amazon，iBooks，Kindle 等几个零售商的商标——它们都是 Lulu 的合作商，出版者可以根据自己的喜好在这几家零售商中任意选择作品的销售平台。页面最下面，Lulu 介绍了平台的用户人群，可以说，"客户至上"和"特色需求至上"在 Lulu 的理念中十分突出。

下面一起来体验一下 Lulu 的自助出版流程。

（1）图书编辑

首先要在 Lulu 网站进行注册和登录，然后点击"Create your book"，选择自己想要出版的作品类型，这里的类型是指纸质书、电子书、照片集和日历。如果发布一本纸质图书，首先要选择图书的规格，也就是纸张的大小、类型、数量，出版图书为平装书或是精装书，以及图书为黑白或是彩色（如图所示），这些都可以根据图书的内容和作者的喜好自行选择。当然不同规格的图书成本价格也不同。例如，如果出版一本旅行日记，书中有大量的照片插图，就可以选择彩色打印，因为其他旅行者一看见这本书，就可以被优美的景色和丰富的文化所吸引。

之后再根据 Lulu 平台的使用说明将自己已经完成的作品取名并写上作者的名字，并选择作品在哪里发布。图书可以在 Lulu 平台上出版并销售，也可以选择在零售商的平台上进行出版，当然，如果你不希望作品被别人看到，也可以将图书设置为"仅自己可见"。这一步完成后，将作品的电子稿以规定格式上传到平台，其中 PDF、DOC 等常见格式都被允许，但在作品上传之前要根据所选图书纸张的大小对文本进行格式化。

下一步可以在 Lulu 出版平台上直接申请一个免费的 ISBN，即国际标准书号。在 Lulu 建立伊始并没有免费获取 ISBN 这一项服务，但是为了提升用户体验，增加市场份额，使作者可以正式出版被市场认可的图书，Lulu 为客户们提前购买了 ISBN，每当作者出版一本图书都可以获得一个相应的免费书号。

下面是为作品增光添彩的一步——进行图书设计，包括图书的封面、插图、内页设计等。这一环节可以选择 DIY，也可以通过 Lulu 平台雇佣专业的设计师个人为自己的图书进行编辑设计，这里也包括文本编辑设计，无论是字体大小还是标题样式都可以 DIY。如果想自己动手进行制作，可以选择 Lulu 平台提供的不同颜色的封面样式，也可以自己上传相应规格的图片。如果需要专业人员的帮助，就需要支付一笔设计费用，同时在编辑、营销方面 Lulu 也提供专业人才。

Pre-Publishing 把图书带到下一个层次：让 Lulu 的专家们用专业的编辑、格式化和封面设计来打磨作者们的手稿。

最后，回顾检查自己的作品，查看是否有需要改动的地方，确定之后，这本图书就诞生了。

2008 年 Lulu 增加电子书项目。在 2009 年到 2010 年，Lulu 的出版量增加了十万册，是前一周期的 5 倍之多。与纸质书不同的是，电子书的编辑更为简练，不需要选择纸张，也不需要格式化文本，只需要按照 Lulu 规定好的格式（其中 DOCs、DOCX、RTF、ODT、EPUBs 等格式都被支持）上传到平台即可。当然，也没有纸张和打印的成本费用，其他步骤与纸质书相同。电子书的意义主要在于丰富了自助出版的形式，大大增加了自助出版的使用量，自助出版平台也收获了更多的客户和利润。

2014 年，Lulu 推出了一个新的板块——Lulu Jr.。其中包括我的书、我的漫画书、IlluStory 和 IlluStory Junior 四部分，这是一个专门让孩子们出版图书的地方。Lulu 与 Easy 学生出版公司签订了独家授权协议，Lulu 成为 Easy 作品的来源渠道之一，也就是说孩子们在 Lulu 上发表的作品可以拿到 Easy 发行。可想而知一个小朋友如果能拥有一本自己出的书，大概会高兴地跳起来；同样地，父母也不会放过这种锻炼孩子想象力和才能的独特机会。Lulu Jr. 产品的这些图书制作工具允许孩子们创作自己的书籍，完成自己的故事和艺术作品。这也促使 Lulu 进一步拓展了用户的人群，大大扩展了它的能力，让所有年龄段的人都能表达自己的热情，以新的、有意义的方式讲述自己的故事。

2015 年 12 月，Lulu 重新启动了图片网，这是一个致力于在画布上创作照片和图片的网站。任何用户都可以在上面使用 Lulu Studio 工具创作自己的画册、照片集和日历，可以和自己的朋友、家人、队友，甚至是商业伙伴分享照片。

以上两种特色出版方式在编辑时与普通的图书出版有异曲同工之妙，例如在纸张的选择上需要选择专门的相册纸、日历纸，打印时采用彩色打印，当然特色出版在成本价格上普遍会高于纸质书与电子书。

（2）定价

"自助出版"的定价也是 DIY 的。根据在选择纸张数量和种类时 Lulu 平台自动计算的成本价格，作者对自己的图书进行定价，可以设定心目中的任何价格。输入自己心目中的价格后 Lulu 平台会自动计算出去除成本和 Lulu 平台及零售商抽成后的价格。如果是纸质书，作者最后可以获得自定价 80% 的收益；而如果是电子书，作者则可以获取 90% 的收益。

收入是怎么返回给用户的呢？如果你已经在网站上发布和销售内容，那么收入的相关信息将会在"我的 Lulu"中的"我的收入"框中出现。用户可以选择通过 PayPal 或纸质支票接收自己的收入。

（3）营销与销售

为了帮助作者拓宽自己的销路，卖出更多的图书，Lulu 平台可以提供专业的营销服务。有专业的人士帮助作者设置自己的网站，进行网络营销，社交媒体广告的设计与宣传也必不可少。与图书专业化内置设计相同，此项营销服务也需要作者支出相应的费用。

图书销售可以选择"只在 Lulu 出售"，如果直接在 Lulu 出版并售卖，定价＝利润＋成本＋Lulu 分成。也可以选择"在 Kindle、iBooks、amazon 等零售商出售"。如果在其他零售网站售卖，定价＝利润＋成本＋Lulu 分成＋零售商发行费用。Lulu 与上述第三方零售网站进行合作，用户们在 Lulu 平台出版的图书可以在定价后，将信息挂在这些第三方零售网站上，如果有人下单，就将图书进行印刷，通过物流送到读者手中，再将卖书的利润返回到用户手中，第三方公司从中抽成。

（4）按需刊印

传统出版行业一般会在图书出版时一次性进行批量印刷，而自助出版是在作者将出版物上传到网络平台后，根据读者的预订量进行印刷，读者在零售商下单，零售商根据单数印刷图书，并通过物流将书送到读者手中。而自助出版的电子书不存在刊印问题，有读者预定付款后，零售商会将 pdf 等格式的电子版发给作者。

总体来说，Lulu 的商业模式包含了图书编辑发布到后期出版销售的全过程，使图书更有效率地从作者到达读者手中。纸质图书出版和电子书作为 Lulu 业务的重头戏，Lulu Jr. 和图片网对纸质书和电子书不能覆盖的产品和客户群进行补充。另外，Lulu 与第三方零售商合作，将用户出版的作品在这些图书销售商的网站上进行销售，与 bowker 合作为用户购买 ISBN。再辅之以印刷、物流业务，将图书送到读者手中。这样，一个完整的 Lulu 模式就诞生了。

自助出版平台既不需要考虑图书销量问题，也不需要考虑运营过程中的库存等成本，需要付出的主要是技术开发与更新成本，例如 Lulu 每年能够从几十万册的出版图书中获得不菲的收益，这几乎是"坐享其成"的好事。因此，即使出版后的图书销量十分有限，自助出版平台也不会对作品进行干涉。于是，作者们也有了一个将自己的作品出版发行的机会。这更促进了小众图书的出版与发行，成千上万的小众图书开始变得有利可图，这些图书即使一次只能卖掉一两册，但是其累计的利润也丝毫不会逊色于畅销书。

在过去的十多年里，Lulu 引领了自助出版行业的崛起，连续多年占据市场前三的位置，百万的图书出版数量和不断更新的业务，以及涉及全球 80 多个国家的地域范围，足以证明 Lulu 的成功。

思考以下问题：

(1)理解 lulu. com 在编辑审校、印刷装订、市场营销、物流配送、定价等方面的特点，比较传统出版社和网络出版各自的优势和劣势。

(2)如何理解网络自助出版的长尾效应？

案例

淘宝 vs 亚马逊[①]

2014 年 9 月 19 日，阿里巴巴在美国上市，当天市值高达 2314.39 亿美元。而当天亚马逊在纽约证券交易所的交易价格为 325 美元，市值达 1502 亿美元。作为全球最大、最著名的两大网络销售平台，淘宝和亚马逊在基因上与生俱来的不同最终导致了它们行为方面的巨大差异。

1. 与生俱来的不同

在淘宝诞生之前，中国网购市场上的佼佼者易趣已经耕耘了将近 4 年(1999年成立)。易趣模仿美国 eBay 进行 C2C 的在线交易，这是当时非常流行的一种网购模式。2003 年 6 月易趣被 eBay 以 1.5 亿美元全资控股。淘宝诞生于 2003 年5 月，也采取类似易趣的 C2C 在线市场模式，不过没有采用拍卖的方式，而是由卖家对商品进行一口价定价。淘宝采取免费模式对抗在商品推广、上传商品、交易抽成等方面向卖家收费的 eBay 易趣，迅速吸引了数十万注册会员，其中不少就是易趣的会员。2004 年 12 月，淘宝还推出了致力于解决早期网络交易中买卖双方的信任和交易风险问题的"支付宝"——买家将货款打入淘宝提供的第三方账户，确认收到货物之后再将货款支付给卖家。这两个举措使得淘宝的卖家和买家数量节节攀升，市场逐渐火爆起来。

亚马逊 1994 年车库创业伊始的定位是成为"地球上最大的书店"。1997 年成功 IPO 后，亚马逊的定位改为"最大的综合网络零售商"。这两个阶段中，亚马逊一直采用的是自营的 B2C 运作模式。随后数年时间里，亚马逊一直大力扩展品类，为此于 2001 年开始推广第三方开放平台，想把很多卖家吸引到平台上，

---

① 参考《天下网商·经理人》2013 年 8 月"环境决定特质：淘宝 vs Amazon Marketplace"等进行撰写。

丰富商品种类的同时还为消费者努力提供和自营一致的购物体验。当时，亚马逊的主要竞争对手同样也是 eBay，eBay 已经几乎占领了美国在线个人交易市场。亚马逊针对 eBay 模式中的不足，主要依靠两招吸引了很多大卖家：第一，区别于 eBay 以拍卖为主的交易方式，亚马逊着眼于一口价交易。第二，为了进一步吸引大卖家参与第三方开放平台，亚马逊在费用上也给出了优惠条件。亚马逊对大卖家（月销量超过 40 件）收取 39.9 美元的每月固定费用，以及 0.99 美元的每笔订单抽成，相对于 eBay 收取的每件商品展示费 0.25～80 美元，以及每笔交易 2～5 美元抽成来说，大卖家在亚马逊第三方开放平台销售更加划算。亚马逊第三方开放平台诞生之时，亚马逊的自营 B2C 运作已经精耕细作了 7 年，具有很强基础和实力，也积累了良好的用户口碑和多达 3000 万的成熟消费者群体，这也非常吸引卖家加入开放平台。

纵观两个交易平台的发展过程，并对它们进行横向对比。

淘宝从诞生之初模仿易趣采用 C2C 的模式运营在线市场，但又有所不同和创新。淘宝身为市场管理员，在成立伊始对刚刚加入淘宝平台的小卖家们管理得十分松散放纵。这种运作模式可以汇聚海量商品，也为淘宝的发展带来了巨大的利润，但也埋下了隐患。

亚马逊诞生之初采用 B2C 的模式自营产品，自己采购货品并运营仓库、供应链和网站销售，形成了一个虚拟店面。即使 2001 年推广第三方开放平台之后，亚马逊依然有强大的自营业务。亚马逊依靠多年形成的市场形象和地位对加入开放平台的卖家有较强的示范、约束和管理能力。这种运作模式虽然利润率不如淘宝的在线市场那么高，看似也比较死板，但管控能力更强。尤其当网络购物发展到更深层次，消费者对商品和消费体验要求不断升高之后，这种模式会显得游刃有余。

正是由于淘宝和亚马逊与生俱来的不同，它们在很多行为表象上也十分不同。

2. 商品的组织与展示

淘宝和亚马逊的商品组织与展示的方式截然不同。简单来说，淘宝是从店铺出发来组织商品，由店铺个性化地设置商品展示页面进行介绍；而亚马逊则是按照产品来组织商品，因此产品介绍是非常标准化的。

淘宝鼓励店铺品牌建设，现在的"天猫原创"大部分都是从一个店铺品牌做起来的。淘宝不仅提供了收藏店铺的基础功能，还允许各个店铺装修出个性化的风格来吸引消费者。因为淘宝以店铺的方式组织商品，很多店铺提供的商品重复率很高，同样商品在不同店铺中的描述展示方式也是个性化设置的，即使完全相同的商品，展示介绍方式也可能相差很多。有的卖家会展示商品相关的各种内容，比如大量图片（自己拍摄的和/或官方发布的）、商品参数、促销活动、售后政策、配送政策、官方授权、店铺宣传、其他相关产品等，有些卖家可能只是非常简单地介绍，简单到只有寥寥数语。因此，当在淘宝上搜索商品时，得到的搜索结果往往会包含大量可能相关的商品。例如，用"iPhone 5s"作关键词搜索时会在手机分类下搜到 7149 件宝贝（此为 2015 年 2 月 1 日 13:30 的搜索结果），消费者面对如此大量的商品信息，往往觉得眼花缭乱，不知从何处下手。为了帮消费者找到他们真正想买的那台 iPhone 5s，淘宝在搜索结果的筛选和排序上做了很多努力，可以从综合、销量、信用、人气、价格等多个方面进行排序和筛选。除了页面展示信息外，淘宝还设置了阿里旺旺这样的即时通信工具，淘宝上的消费者在下单前有问题一般都会通过旺旺和卖家进行交流，包括咨询产品问题、讨价还价、询问物流或者要求免除运费等。

亚马逊则没有考虑不同卖家的问题，主要是从产品的角度去组织介绍商品。举例来说，iPhone 5s 是苹果公司生产的智能手机，它们都属于同一产品（可能有很多规格）。因为产品都是由生产商决定的，因此对于某一具体规格来说，不管哪个卖家销售，其产品内容应该是相同的。而亚马逊所销售的商品，是在产品的基础上，再加上卖家所额外提供的一些服务，比如价格、配送、付款方式、售后服务等。基于上述理念，亚马逊认为网页平台上的产品展示内容，所有卖家可以共享同一个详情页面，除了部分图片外，具体介绍信息都应该用参数表示出来。亚马逊展示内容力图标准化，卖家几乎没有可以自由展示的个性化设置内容，尤其要避免通过企图软件来美化商品，或者使用诱导性语言影响消费者的购买决策。除了标准化的展示内容之外，卖家所不同的只是他们提供的服务。它们必须集中精力在价格、配送等服务上。亚马逊认为卖家为客户提供的真正有"价值"的东西不在于如何美观地、个性化地描述介绍产品，而是在标准化产品介绍的基础上，提供更优质的物流配送服务和更实惠的价格。亚马逊一直在诱导商家多修炼内功，而少练习招式。

综上可见，淘宝的商品组织模式会使得淘宝的商品资源非常丰富，尤其一些非主流的个性产品，只要你能想得出描述它的关键词，在淘宝上似乎总能找到你需要的东西。但淘宝在商品信息展示上的模式为消费者、卖家和淘宝都带来了沉重的负担和很多隐患。而亚马逊的商品组织和展示模式让消费者的挑选变得更加简单，消费者获得的实惠也更多。

3. 商品的营销方式

"双 11"已经成为淘宝招牌性的活动，甚至整个电商界都在跟风参与"双 11"

的角逐。"双 11"是淘宝商品营销方式的一个缩影——淘宝在销售形式上，进行了非常多的尝试，但主流思想就是"促销"。淘宝可以把卖货这件事包装出很多种花样——"聚划算""双 11""双 12""天猫购物节"等，这些只是其中最有名的一些活动。卖家深谙淘宝生存之道，除了要修炼内功，很多卖家都积极"出镜"。即使参加各种促销活动会少挣钱甚至不挣钱，但是促销能带来客源，提高销售额，提高店铺等级，在搜索页面中，排序的时候就有希望再往前多排几名。参加了多年各种各样促销活动的消费者也变得精明起来，那些所谓的"史无前例"的折扣如果天天有、月月有的话，还算是史无前例吗？

在亚马逊平台上，推荐更常见。推荐，也称"个性化推荐"，亚马逊会根据消费者的浏览历史和购买历史以及商品的参数性质来分析消费者的需求，然后为消费者提供其可能感兴趣的商品。比如，亚马逊会按照"Inspired by Your Wish List""Inspired by Your Shopping Trends""More Top Picks for You""Your Recently Viewed Items and Featured Recommendations""Recommendations for your(Baby)"等多种方式进行推荐。

综上可见，促销为淘宝带来了很大的商品销售额，也是淘宝一直在主推的营销方式，其影响力足以淹没淘宝也在推行的推荐模式。而亚马逊平台上商品的销量是和消费者的兴趣以及商品本身的品质相关的。亚马逊一直以来秉承"以客户为中心"的原则，在亚马逊看来，低价固然是消费者所看重的，但如果通过低价促销卖给了消费者他们并不十分需要的东西，那么也算不上真正的"以客户为中心"了。

很久以来，电子商务市场的重心一直在美国。亚马逊是美国最著名的网络零售商，它挫败了实体零售商包括沃尔玛，并成功进军云计算、智能手机和货物投递等领域。互联网经济时代，中国是幸运的。因为当互联网这波趋势来临之时，中国企业没有错过这班车。当 Yahoo、亚马逊在美国诞生之时，仅仅过了几年，中国的阿里巴巴、腾讯等日后的互联网代表公司便也应声而至。这使得中国企业第一次与美国企业站在了同一起跑线上，有时甚至还占得一定的先机。中国的电子商务，不再仅仅是跟在美国后面亦步亦趋的小兄弟。但中国电子商务在摸索出了一条自己的道路的同时，也存在很多问题和隐患。

完成下列任务：

(1)登录并使用淘宝和亚马逊两个网站，感受两个网站在商业模式上的不同。

(2)在互联网上搜索并获取淘宝和亚马逊最近 3～5 年的财务数据，包括商品交易总额(GMV)，净利润等。

结合案例内容以及上述操作环节，思考以下问题：

(1)淘宝和亚马逊所谓与生俱来的不同都有哪些？是由哪些因素造成的？

(2)淘宝的商品组织和展示模式为消费者、卖家和淘宝都带来了哪些问题和隐患？而亚马逊的商品组织和展示模式有哪些问题？

(3)淘宝和亚马逊在商品营销上各采取何种主流方式，各有什么问题？

(4)根据你拿到的财务数据分析两家公司的盈利模式以及盈利能力。

(5)除了案例中的不同，淘宝和亚马逊还存在哪些差异？

案例

LinkedIn 的职业社交①

社交网络世界，LinkedIn 相比于 Facebook，更加专注于商务社交、职业社交。LinkedIn 创立于 2003 年。2014 年，LinkedIn 正式进入中国，中文名称为"领英"。2016 年 6 月，微软宣布以 262 亿美元全现金收购 LinkedIn。2019 年 10 月，LinkedIn 新进入 Interbrand 发布的全球品牌百强榜，排名 98，品牌价值超过 48 亿美元。截至 2021 年 5 月，LinkedIn 在全球会员达到 7.56 亿，注册公司超过 5700 万家，覆盖 200 多个国家和地区，其中在中国拥有超过 5100 万用户。

LinkedIn 相对比较成熟的营收渠道包括人才解决方案(Talent Solutions)、营销解决方案(Marketing Solutions)和高级订阅服务(Premium Subscriptions)。

1. 人才解决方案

为企业提供招聘服务是 LinkedIn 最大的营收来源。2013 年第 1 季度财报显示，人才解决方案的收入大约占 LinkedIn 总收入的 57%。

2002 年刚创立时，LinkedIn 仅仅是一家提供在线简历服务的网站。几经更迭，LinkedIn 的运作模式已经发生了巨大变化——以运作管理个人职业社交关系网络为基础，在此之上为企业提供人才招聘服务，使得双方寻找合适职位和合适雇员的过程更加有效率也更加精准。2012 年，LinkedIn 通过其人才解决方案帮助沃尔玛仅用了 6 周时间就成功招募到了亚洲电商业务管理团队。

人才解决方案能够为公司和招聘人员提供优质招聘工具，帮助他们找到契合度最高的员工及合作伙伴。专业用户使用 LinkedIn 并不仅仅为了找工作，他们也想要建立和推广自己的个人品牌。这正好符合招聘企业及招聘人员的需求，他们能在 LinkedIn 获得比其他招聘门户网站更详细、更全面的专业人士档案，建

---

① 参考《Forbes》2012 年 6 月 16 日"How LinkedIn Has Turned Your Resume Into A Cash Machine"及《新商务周刊》2013 年 09 期"LinkedIn 为何这么值钱"进行撰写。

立更精确的人物画像。LinkedIn 人才解决方案有助于他们找到更优秀的候选人，也方便他们从竞争对手的公司中挖走高级人才。

LinkedIn 提供的人才招聘服务不仅更准更快，也力图让企业把招聘成本控制到更低的水平。根据 2013 年 5 月的相关报道，LinkedIn 的旗舰产品"Recruiter"大多针对大型企业，当时最低订单每年购买三个职位，每个职位的费用约是 7000 美元，总价为 2.1 万美元。而当时在美国市场上，一个职位需要给中介机构的费用大概最多为 2 万美元。"Jobs"是针对小型企业的招聘产品，其价格更低，一个职位每月基础价格为 35 美元，然后按照每次点击付费，一次点击最低付费为 1 美元，并且每月至少出价 50 美元，因此一个月最低付费只需要 85 美元。2013 年，《财富》100 强企业中的 86% 都通过 LinkedIn 的付费服务进行招聘。

2. 营销解决方案

LinkedIn 的营销解决方案除了基础的公司展示页面外，还提供可以展示在新闻 Feed 流中的赞助内容，能够直达 LinkedIn 收件箱的邮箱广告和传统的文本广告。

LinkedIn 的定位导致其用户相对集中和高端。数据显示，74% 的用户拥有大学或以上学历，38% 拥有硕士学位；而 69% 的用户年收入超过 6 万美元，39% 年收入超过 10 万美元。LinkedIn 的定位为其积累了雄厚的高端资源和数据，除了有利于迅速笼络人才，企业用户也希望利用 LinkedIn 的优势为其品牌形象和营销推广提供平台。与 Facebook 相比，LinkedIn 上适合投放的广告类型会有所局限，但也更加精准，其广告价格也更高。

2013 年数据显示，LinkedIn 线下交易的市场营销方案主要针对大型企业，起步价为 2500 美元/月，CPM30 美元—76.50 美元不等；而针对中小企业的自主广告系统的账户激活费 5 美元，CPC 和 CPM 最低 2 美元，每月 300 美元~1 万美元不等。而 Facebook 的平均 CPC 为 40 美分，平均 CPM 为 22 美分。这样，针对大型企业的市场营销方案和中小企业的自主广告系统，为 LinkedIn 的总体营收贡献了 23% 的比率。

3. 付费订阅服务

LinkedIn 的付费高级账户允许用户解锁免费用户无法使用的某些功能，满足他们更加个性化的需求。这些功能包括职业发展、商务拓展、业务开发、人才招聘等(如图 7-8 所示)。尽管只有不到 20% 的用户购买付费服务，但它在 2017 年 1 季度的收入还是接近 10 亿美元。

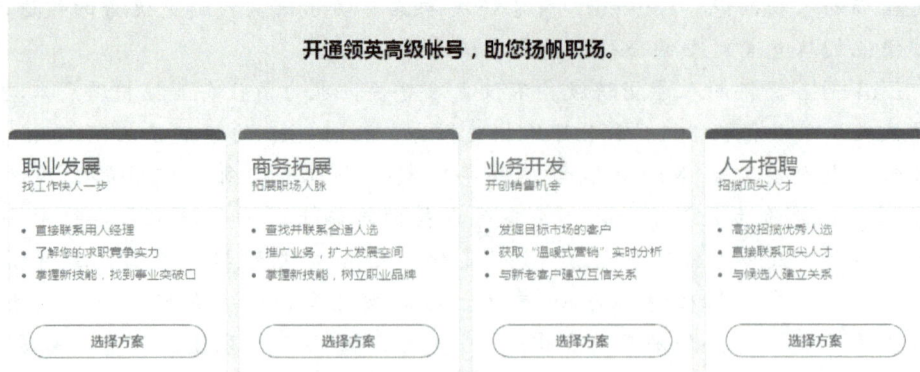

开通领英高级帐号，助您扬帆职场。

职业发展
找工作快人一步

- 直接联系用人经理
- 了解您的求职竞争实力
- 掌握新技能，找到事业突破口

选择方案

商务拓展
拓展职场人脉

- 查找并联系合适人选
- 推广业务、扩大发展空间
- 掌握新技能，树立职业品牌

选择方案

业务开发
开创精彩机会

- 发掘目标市场的客户
- 获取"温暖式营销"实时分析
- 与新老客户建立互信关系

选择方案

人才招聘
招揽顶尖人才

- 高效招揽优秀人选
- 直接联系顶尖人才
- 与候选人建立关系

选择方案

图 7-8　Linked 高级账号功能
（数据采集时间：2021 年 5 月 26 日）

4. 弱关系中的大数据分析

如果说 Facebook 和 Twitter 是强互动，那么 LinkedIn 就是弱互动。但这种带有"圈子文化"色彩的不充分的弱互动，正是其独特的价值所在。

LinkedIn 产品的独特之处就是，很多人一辈子都想跟这些公司的 CEO 联系上而不可得，而这种联系确实能产生价值以及商业机会。通过社交网络数据，LinkedIn 甚至可以分析出各个公司的权力结构——如果 CEO 在公司矩阵中的引力最大的话，那么和 CEO 越接近的人引力也越大，这样每个公司的权力结构就可以分析出来了。

实名、高端社交与弱互动（即有限分享），这正是 LinkedIn 取得成功的前端原因。这三个定位保证了 LinkedIn 可以沉淀下真实世界中最有商业价值的那部分社会关系并作为数据金矿来挖掘。

注册 LinkedIn，体会案例中所说的各种功能，并思考以下问题：

(1)登录微软网站查找相关财务报告，分析 LinkedIn 的盈利模式。

(2)LinkedIn 的社交网络属性有何特点？LinkedIn 如何利用其社交网络的特性为招聘业务、营销业务服务？

(3)LinkedIn 的用户黏性为何不高？有哪些方法可以提高其用户黏性？

(4)LinkedIn 网站获得的数据可能有哪些种类，如何针对这些数据进行分析，可能带来哪些有价值的结果？

案例

百度与竞价排名

2000 年 1 月 1 日，公司创始人李彦宏、徐勇携 120 万美元风险投资，从美国硅谷回国，创建了百度公司。

2000 年 5 月，百度首次为门户网站——硅谷动力提供搜索技术服务，之后迅速占领中国搜索引擎市场，成为最主要的搜索技术提供商。

2001 年 8 月，发布 Baidu.com 搜索引擎 Beta 版，从后台服务转向独立提供搜索服务，并且在中国首创了竞价排名商业模式，2001 年 10 月 22 日正式发布 Baidu 搜索引擎。

2005 年 8 月 5 日，百度在美国纳斯达克上市，成为 2005 年全球资本市场上最为引人瞩目的上市公司，百度由此进入一个崭新的发展阶段。

十几年来，百度一直孜孜不倦地追求技术创新，依托于博大精深的中文智慧，致力于为用户提供"简单，可依赖"的互联网搜索服务，目前是全球最大的中文搜索引擎。

"百度"一名，李彦宏取自南宋爱国词人辛弃疾的《青玉案》中的一句词："众里寻他千百度"。李彦宏说："我从小就喜欢唐诗宋词，对中国传统文化的认同度非常强。当时的想法是，网站的名字要有中文的含义，要让中国人能明白。还要有简单的拼音，能表现搜索的含义，但不能很直接地就叫搜什么，要有文化的底蕴。想来想去，突然就冒出辛弃疾的这句词，当即就拍板了。因为'百度'两字把我们想要表达的东西全都涵盖了。"

李彦宏在美国布法罗纽约州立大学计算机系攻读硕士学位的时候，就一直跟踪最先进的搜索引擎技术或者信息检索技术。1996 年，李彦宏在华尔街工作期间，首先解决了如何将基于网页质量的排序与基于相关性排序完美结合的问题，即超链分析，并因此获得了美国专利。随后，李彦宏进入了 Infoseek 公司，他很兴奋，准备大干一番："我甚至下定决心，自己在 Infoseek 一天，就要保持它搜索引擎技术世界第一的位置。"可是，公司的方向并不是他一个技术人员就能掌控的，他的宏图大志没能得到伸展。最终，他选择了离开。

2000 年，李彦宏和他的合伙人徐勇携风险投资回到北京中关村，创立了百度公司。李彦宏的创业，从创业团队的组建、融资、公司结构到经营管理，走的是典型的硅谷模式。

按照李彦宏最初的创业思路，百度是要做门户网站的搜索引擎技术提供商。

百度向公司销售搜索引擎软件及系统，提供后台服务，而门户网站则把为用户提供免费搜索引擎服务当作提高访问量的招数。百度按照网站的访问量提成，这样的付费模式很快就受到了各大门户网站的欢迎。从2000年年底开始，百度卖得越好，李彦宏的压力就越大。尽管技术领先让百度很快形成了市场垄断，成为全球最大的中文信息检索技术提供商和平台运营商，并占据了中国80%的搜索引擎市场，为新浪、搜狐（包括 chinaren.com）、Tom（包括 163.net）、263、21cn、腾讯、新华网、上海热线、广州视窗、重庆热线、北方时空等网站提供全文搜索引擎检索服务，但依然没有解决如何盈利的问题。投资回报一直是负数。2001年是互联网的寒冬时代，那时候百度已经几乎垄断了绝大多数门户网站的搜索引擎。可是门户网站方面已经几乎没有提高的可能，这就意味着百度无法通过门户网站找到新的增长点。在这种情况下，李彦宏想到了竞价排名。

李彦宏在这个时候想到实行竞价排名是希望摆脱对门户网站的依赖了。但这样做也是有风险的，因为这样做就意味着百度将和新浪等大客户直接发生竞争关系，而当时门户网站的技术服务费已经占到百度收入的50%以上，这无疑是一次冒险。

所谓竞价排名服务，具体地说，就是企业在搜索引擎上注册属于自己产品的关键字（即产品或服务的具体名称），当网民通过搜索引擎寻找相应产品信息时，有关企业的信息就会出现在搜索结果中，其排名则按企业竞价排名的结果来排，单次点击出价最高的将出现在第一位。最早首创竞价排名的是美国搜索引擎公司 Overture。作为"竞价排名"服务的首创者，Overture 的做法是先买断 AOL 等门户网站关键词搜索前5位的位置，再把这些搜索结果的位置卖给相关的商家。该公司自1998年成立以来一直坚持采用竞价排名模式，但是由于没有自己独立的门户网站及其独立流量作为支撑，Overture 最终难逃被 Yahoo 收购的命运。

此时，李彦宏果断提出由一个技术提供商转变成一个竞价排名服务提供商，但遭到了投资人和董事会的反对，他们认为搜索引擎技术才是百度的根本，是百度的盈利点。李彦宏只能凭自己的力量去说服投资人、董事会。在决定性的视频会议上，李彦宏说得慷慨激昂，据理力争，将竞价排名的好处向董事会陈述，董事会却一点也不肯让步，依然坚决反对。最后，李彦宏终于爆发了，"啪"的一声，猛然将自己的手机重重地朝桌上扔去。这突如其来的一幕让大家惊呆了，短暂的沉默之后，投资商开始缓和。最后，投资人妥协了，并不是因为李彦宏的论据，而是他的态度。在这次公司创始人和投资商的博弈过程中，李彦宏赢了。百度于2001年9月建立了自己的网站，同时在公司内部增加了负责竞价排名的部门和市场部门。

想成为公众知晓的公司，百度首先要解决的就是如何迅速提高知名度的问题。由于许多门户网站都在找各种理由拖欠百度的服务费，于是李彦宏想到了最大欠债户新浪。2002 年 3 月，新浪网搜索引擎中的网页搜索服务被百度停止，此时点击新浪的搜索栏，希望得到理想的搜索结果的时候，不曾想到的事情发生了：网页上显示的是"新浪欠费，百度停机，如需要更好的搜索结果，请登录 www.baidu.com"。就因为这一句话，不仅让百度的访问量一夜之间狂涨，更重要的是中国的网民纷纷知道了百度这个曾经隐身于各大门户网站背后的搜索技术提供商，推出了方便实用的搜索门户和它的竞价排名。尽管李彦宏至今都在坚决否认百度停止新浪服务是有意而为，但业界却始终认为这一次百度的"新浪停机"事件，堪称营销的经典案例。

而在当时，Google 已经推出其中文版搜索引擎(2000 年 9 月推出)，中国至少有 500 万网民开始用 Google。最初的两年多来，百度均落后于 Google。2002 年新年百度建立"闪电计划"，必须在 9 个月内"让百度引擎在技术上全面与 Google 抗衡，部分指标还要领先 Google。"2002 年 8 月，李彦宏自己亲自兼任组长，带领小组成员进行研发。由于他在搜索引擎方面的技术积累已经很深，加之对当时世界的前沿技术非常了解，他的加盟使"闪电计划"的进展比原来大幅提高。到 2002 年 12 月，"闪电计划"终于大功告成。2002 年被李彦宏称为是百度的"技术年"。技术升级后，百度的搜索流量一路飙升，开始把 3721 等国内搜索对手都远远地甩在了后面，基本和主流门户网站的搜索流量持平。从 2002 年开始，百度还陆续推出 IE 搜索伴侣、竞争情报系统、MP3 搜索、贴吧、超级搜霸、支持中英文的硬盘搜索工具、影吧、天气搜索、列车航班搜索、股票搜索、字典搜索、多文档搜索、计算器功能、百度知道、百度传情、地图搜索、手机娱乐服务、百度百科等一系列新功能。从 2003 年起，Google 在中国市场上的流量开始落后于百度，百度的流量比上一年增长了 7 倍。

自从转为竞价排名服务提供商之后，百度就一直坚持实行竞价排名，至今，竞价排名业务已经占到百度收入的 90% 以上，俨然已经成为百度的核心业务。竞价排名从某种程度来说，的确是一种成功的商业模式，企业用少量的投入就可以带来大量潜在客户，可以有效地提升企业销售额和品牌知名度。而百度是全球最大的中文搜索引擎，每天有数亿人次在百度查找信息，企业在百度注册与产品相关的关键词后，企业就会被查找这些产品的客户找到。

可是百度的竞价排名也引来了多次质疑。2008 年 11 月 15 日，消费者因百度搜索引擎竞价排名提供的特效治疗癌症药物的虚假网站和信息而上当受骗的事情被央视报道。2016年，百度再次因为"魏则西事件"处于风口浪尖。5月9日，进驻百度的国家相关部门联合调查组公布了对"魏则西事件"的调查结果。调查组认为，百度竞价排名机制影响了搜索结果的公正性和客观性，并提出3条整改要求，其中一条是"改变竞价排名机制，不能仅以给钱多少作为排位标准"。

其实在2011年，谷歌也曾因为帮客户发布非法医药广告而被美国监管机构罚款5亿美元。在被罚了5亿美元之后，谷歌就采取了更严厉的措施来限制医药广告。2015年，谷歌共去除了7.8亿条违反政策的广告，还屏蔽了1万个销售虚假商品的网站，并将3万个出售减肥产品的网站列入黑名单。在谷歌的页面上，付费搜索结果会标明"广告"或"赞助商"字样，而且会用醒目的黄色背景进行标识。现在，谷歌有一支超过1000人的队伍，专门监测和清除恶意广告。

搜索引擎服务商是否应对其推广链接中的内容负责？通行的观点认为，搜索引擎难以避免信息虚假问题。有些信息的真伪是机器无法验证的，需要投入巨大的人力成本进行审核。考虑到中国的情况，百度如果要把所有虚假信息都用人工方式去审核，所花费的巨额成本将是企业无法承受的。因此，法学界的共识是，广告内容应由广告商负责，搜索服务商如果可以证明自己尽到了合理审查义务，并实施了足以区分的措施，在广告出现问题时可以免责。

针对付费搜索的种种问题，美国采取了"他律＋自律"的双保险。早在2002年，美国联邦贸易委员会就发布规定，要求搜索引擎"应当明确标识付费搜索结果，以区别于普通搜索结果"。一旦企业违反规定，美国监管机构就会处以巨额罚款。韩国在2013年发布规定，要求搜索引擎提供商每年公开排名原则，并明显区分广告和自然搜索结果。

百度在技术上的优势是我们有目共睹的，一直以来百度也都以先进的技术来实现它的使命：让人们最便捷地获取信息，找到所求。只要百度公司的内部管理做到和它的技术一样水平，那么那时的百度绝对不仅是中国搜索引擎行业的王者，它也必将是中国互联网行业的王者！

登录"百度推广"(http://e.baidu.com/)，了解"百度推广"的概念、优势和流程，并思考以下问题：

(1)百度的"竞价排名"策略为什么在一开始受到那么大的阻力？

(2)竞价排名与自然搜索排序有什么区别？

(3)收集百度最近几年的财报，分析百度的盈利模式。搜索引擎竞价排名在百度盈利模式中起什么作用？

(4)近些年，除了竞价排名，百度的其他收入来自哪些业务？

本章参考文献

[1]艾瑞咨询. 中国鲜花电商行业案例研究——FlowerPlus 花＋[R]. 艾瑞网，2017-05.

[2]特伯恩. 电子商务：管理新视角[M]. 北京：电子工业出版社，2003.

[3]中国互联网络信息中心. 第 40 次中国互联网络发展状况统计报告[R]. 2017-08-03.

[4]中国互联网络信息中心. 第 26 次中国互联网络发展状况统计报告[R]. 2010-07-16.

[5]吴晓波. 商战：电商时代[M]. 武汉：湖北教育出版社，2013.

[6]艾瑞咨询. 2016 年中国电商生命力报告[R]. 艾瑞网，2016-12-20.

[7]奥斯特瓦德. 商业模式新生代[M]. 北京：机械工业出版社，2011.

[8]肯尼斯·C. 劳顿，简·P. 劳顿. 管理信息系统[M]. 薛华成编译. 11 版. 北京：机械工业出版社，2011.

[9]安德森. 长尾理论[M]. 北京：中信出版社，2009.

[10]商务部. 中国电子商务报告 2016[R]. 商务部网站，2017-06-14.

[11]阿里研究院 & 阿里跨境电商研究中心. 贸易的未来：跨境点上链接世界——2016 中国跨境电商发展报告[R]. 百度文库，2016-09.

[12]艾瑞咨询. 2016 中国跨境进口零售电商行业研究报告[R]. 艾瑞网，2016-03-09.

[13]塔腾，所罗门. 社会化媒体营销[M]. 李季，宋尚，译. 北京：中国人民大学出版社，2014.

[14]极光大数据. 王者荣耀研究报告[R]. 极光网，2017-06-14.

[15]卢凯. 环境决定特质：淘宝 vs. Amazon Marketplace [J]. 天下网商·经理人，2013(8).

[16]何谦. LinkedIn 为何这么值钱[J]. 新商务周刊，2013(9)：50-52.

[17]孙泠. LinkedIn：数据是件疯狂的事[J]. IT 经理世界，2013（13）：108-111.

[18]George Anders. How LinkedIn Has Turned Your Resume Into A Cash Machine [J]. Forbes，2012(6).

扫描二维码，获取本章微课视频。

微课视频	本章小结

第 8 章　建设和管理信息系统

　　现代企业建设信息系统有了很多方式可供选择，如购买成熟软件、购买云端的系统服务、自行开发或者外包等，企业可以根据自身条件和需求选择不同的建设方法。但无论哪种方式，系统本身的研发都由一系列关键环节以及规范的方法论进行支撑。本章介绍了信息系统建设和管理过程中的一些主要环节和方式方法，并通过综合性实验整合各种知识，来体验和理解系统规划和分析对于整个系统开发的重要作用。

本章学习目标

1. 掌握信息系统开发的各个阶段。
2. 掌握企业信息系统建设的主要方法。
3. 了解软件能力成熟度模型。

导入案例

吉利的信息系统建设①

　　浙江吉利控股集团始建于 1986 年，1997 年进入汽车领域。

　　2002 年，吉利集团首次启动了 ERP 项目建设，选择使用 SAP 系统，希望把信息化定位在国际水准。一次，吉利董事长问管生产的同事，"你知道，一辆汽车有几个轮胎吗？"外行人都会以为答案是 4 个，但其实应该是 5 个，因为还有个备胎。当时，工作人员回答说："这个我知道，有 5 个轮胎。"于是，董事长进一步问："那如果是这样，当我们生产 20000 辆汽车时，为什么供应商要问我们收 110000 甚至 120000 个轮胎的钱呢？"其实，这正是当时吉利集团生产管理的困惑，也是推进 ERP 项目的背景和初衷。第一次 ERP

---

① 本案例参考《中国信息化》2014 年第 2 期"吉利汽车：信息化推运营转型"以及《IT 经理世界》2013 年第 3 期"吉利，快跑！"进行撰写。

项目的建设，计划在台州和宁波两个汽车公司同时开展，并且将汽车行业的五大核心模块全部上线。因为ERP项目的面铺得太广、战线又拉得很长，对于当时的吉利来说，推进工作就特别吃力。

在这样的情况下，2003年，吉利集团再次对是否继续使用ERP，以及是否继续使用SAP的ERP进行讨论。2003年下半年，吉利集团决定再次启动SAP的ERP项目。同时，吉利集团这次"狠心下　血本"，找来IBM进行建设，并且缩小战线，只选取了宁波公司集中精力先行推广ERP项目。第二次ERP项目的实施让基础功能都实现了，比如五大模块、三大财务报表都建立并使用起来了。然而，此次的项目建设并没有完全得到集团公司高层领导的认可，因为这离董事长当初设想的"一车一成本"还有相当一段距离。

经过审慎讨论和高层投票，吉利选择了SAP的ERP系统，希望把信息化定位在国际水准。虽然项目一开始摊子铺得太大，效果并不好。但吉利及时调整方向，2003年再次启动ERP项目，采用逐个工厂实施落地的策略，并辅助以业务流程再造，夯实了吉利信息化系统的基础。

2005年，吉利集团以临海工厂作为基地，启动实施第三次ERP项目。一反之前以IT部门为主导推进ERP项目的方式，改由当时临海公司负责管理的负责人任ERP项目组长，IT部门负责人任副组长。第三次的项目建设过程中，项目经理设置了强有力的管理措施，例如推行项目日清、周例会、月报等制度。根据之前建设过程中数据的准确率不高的问题，还专门成立数据组，由章正柱任数据组组长。当时，吉利集团提出口号"ERP，三分技术、七分管理、十二分数据"，对数据提出了高标准严要求。这次的ERP项目建设得到了高度肯定，只用了三个多月就完成了项目建设。此后，吉利集团以临海的ERP项目为模板，向其他公司推进。现在，除了新基地以外的吉利集团其他企业全部都已经应用了ERP系统。

2007年吉利提出了战略转型，从低价战略转向服务领先、技术领先。为此吉利在产品设计方面，首先提出了平台化的产品研发，其次是质量管理、过程控制，第三是供应链体系建设。因为吉利的质量管理和供应链管理具有浓厚吉利特色，在尝试寻找一些市场上已有的解决方案失败后，吉利决定自己开发。比如质量管理系统，从质量规划、设计质量、制造质量、采购质量、质量统计、质量的纠错监控形成一个闭环。另外，供应商管理系统包括从供应商的准入、供应商评价、供应商配额管理、供应商绩效、供应商配额分配、供应商入库结算等各个环节。

随着集团生产规模的不断扩大，车型配置的多样性，单件、小批的生产越来越多，单通过定容定量定制所设置出来的看板已不能完全满足生产线的需要。为了满足混线生产背景下生产执行过程的控制需要，集团自主建设了一套 MES 制造执行系统。通过实施车间生产跟踪系统，使各部门相关人员可随时跟踪在制品移动位置，将在制品信息实时传递，从而保证各环节在制品分布情况的一目了然。另外一方面，通过产品的条码信息管理，简单有效地提高产品流转效率，并且为日后主机厂质量追溯提供数据支持。MES 制造执行系统与业务系统、生产自动化系统的集成，总体上使整车的业务模式从生产计划、排产到生产、物流、供应这个范围的关联流程实现了整合，实现生产过程的快速反应与敏捷、精确制造，现已在集团下属 5 个主要生产基地推广应用。

第三阶段，随着产品线日益丰富、业务规模逐渐变大以及国际化发展起步，信息系统要支持产品和服务的品质，支持业务模式的创新，支持企业国际化，支持企业的高效、敏捷运作，支持企业的数据化转型等。在这个时期，通过利用云计算、物联网、大数据在内的新型信息化技术，转变信息化建设的思路，推动以信息技术为主的业务创新并驱动业务模式转型，从而提升业务在互联网时代的竞争力。

吉利集团实施了 SAP BI 系统，市场营销分析、销售分析和售后服务分析等功能的实现，搭建了集团级的业务数据分析系统，业务数据源可以来自 ERP、G-DMS、VMS 等业务处理系统，也可以来自 Excel 表格等形式，突破了数据分析的平台限制；大大提高了统计人员的工作效率，分析报表的查询速度由以前的平均 3 分钟缩短到平均 12 秒；基于"例外管理"和"用数据说话"的管理手段，大大降低了管理人员进行日常管理的难度并提高了管理的针对性和有效性；统一、跨平台、跨业务的分析系统，能够有效地支持领导的决策并有助于提高决策质量，为管理层初步搭建了决策分析的辅助平台，以及高效便利的操作环境，使管理层能够第一时间较全面地了解企业每天的经营状况。

吉利于 2016 年开始构建针对新车型平台的新型营销 IT 系统，涵盖销售、售后和 CRM 三大核心业务模块。采纳了阿里巴巴集团的 DT 理念，整套系统完全构建在阿里云上，使用了包括 IaaS 服务、Aliware 中间件服务、云盾和大数据在内的全系列阿里云服务。吉利的新车型平台的营销系统被命名为 CEP，即客户融合平台，希望借信息技术将客户融合到业务生态图，使用企业能够与市场实时互动，时刻把握客户的需求、想法与偏好，从而更好地引导产品开发、制造和销售。同时，也可以利用这些技术，转型销售模式、服务模式、产品的使用模式，将诸如社区商务模式、共享经济模式等其他行业和消费领域已经发生的互联网赋能在汽车业逐步实现。

思考以下问题：

(1)在 ERP 的三次实施过程中，吉利分别得到了什么经验和教训？

(2)吉利汽车的信息化建设采用了什么策略？为什么？

8.1　系统开发

系统开发的过程是用来开发和维护计算机系统和软件的活动、方法、最佳实践、交付成果以及自动化工具的集合。

系统开发的过程一般包括系统规划、系统分析、系统设计与系统实施四个主要阶段。

8.1.1　系统规划

1. 系统规划的概念

信息系统的战略规划是关乎企业信息系统的长远发展计划，是企业战略规划的一个重要部分。管理信息系统的建设是一项耗资巨大、历时很长、技术复杂且又内外交叉的工程，因此系统规划对于企业系统的成功至关重要。系统规划可以帮助企业找出业务过程中的问题，找出组织变化的方向并指明组织中建立信息系统的方向和目标，合理分配和利用各种资源（人、物、资金、时间），并指导信息系统开发（开发阶段、开发组织、开发原则）。

一个信息系统的规划应该包括企业战略目标、政策和约束、计划和指标的分析；企业现有状况的分析和问题的确定；新系统的业务方案和技术方案；以及信息系统的组织、人员、管理和运行、财务分析和实施计划等。

2. 诺兰模型

诺兰模型，也叫诺兰阶段理论或者成长阶段模型（Stages of Growth Model），是美国哈佛大学教授理查德·诺兰（Richard Nolan）创立的。1974 年，吉布斯（Gibson）和诺兰通过一系列的企业调研，最先在《Harvard Business Review》上提出了一个四阶段的 IT 应用成长和管理模型。后来经过进一步的验证和完善，1979 年诺兰将这个模型调整为六个阶段。诺兰模型能够帮助企业识别其信息技术应用所处的阶段，从而确立相应的信息系统发展战略，因此诺兰模型可以为企业的信息系统规划提供可参考的发展指引，但它并不是进行系统战略规划的具体方法。

诺兰模型的六个阶段为初始阶段（Initiation）、普及阶段（Contagion）、控制阶段（Control）、整合阶段（Integration）、数据管理阶段（Data Administration）和成熟阶段（Maturity）。

（1）初始阶段

信息技术最开始被引入到企业中来，一般从某个专业的数据处理系统开始，比如财务部门的应收账款管理或者工资管理等。这个阶段，人们对信息技术并不了解，对于信息技术在企业中的价值也并不确定。初始引入的 IT 应用相对简单，易于实施，在 IT 投资较为谨慎。

（2）普及阶段

随着 IT 应用逐渐扩散和深入以及其价值逐渐被认可和传播，人们从表面上开始萌发对于基于计算机的数据处理的兴趣，企业管理者开始关注并增加对信息技术和信息系统方面的投资，但这个阶段的管理控制相对比较宽松，预算增长较快。

（3）控制阶段

这个阶段并不会减少计算机系统的应用，但要控制在计算机系统上过度失控的花费。企业会组织项目管理和管理报告系统等，从而在编程、文档管理和操作标准方面的不断完善。企业在控制方面的各种组织管理工作逐渐使得企业从计算机管理开始向数据资源管理转变 IT 应用开始走向正轨，并为将来的信息系统发展打下基础。

（4）整合阶段

经过前三个阶段的发展，企业通常产生了很多各自独立的应用。在整合阶段，企业组织开始各种新技术努力整合现有的信息系统，其中数据库和网络等技术设备发挥了重要作用。企业在数据处理方面的预算增长得更快，但在数据处理上的计划和控制越来越正规。

（5）数据管理阶段

企业经历了从支持单项应用发展到在数据库支持下的综合应用，各个应用中的数据可以在更广泛的平台上流动汇聚，数据管理应运而生。企业信息系统从关注机器/应用管理向关注数据管理发展，投资和管理更加精细化。

(6)成熟阶段

中上层和高层管理者认识到，管理信息系统地反映了组织的真实信息需求，是组织不可缺少的基础。正式的信息资源计划和控制系统投入使用，以确保管理信息系统支持业务计划。企业可以开发更多更好的数据资源来赢得竞争优势。CIO在组织层次上的重要性与CFO、COO的重要性相同，企业用户在信息系统的支持下形成良好的数据习惯和循证决策的管理文化。

诺兰阶段模型总结了20世纪70年代发达国家信息系统发展的经验和规律。虽然时至今日信息技术已经突飞猛进，但诺兰模型揭示了信息系统在组织中的投入和应用经历从起步到成熟逐渐控制、成长、完善的一般性的演进过程(图8-1)。因此，诺兰模型可以帮助企业诊断当前所处在哪一个发展阶段，向什么方向前进，怎样管理对开发最有效，可以在系统规划的过程中，科学合理指导企业信息系统的建设。

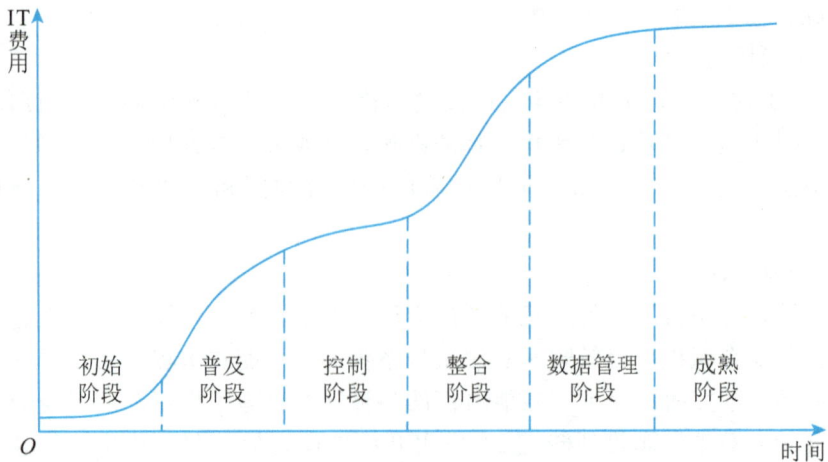

图 8-1　诺兰模型

8.1.2　系统分析

系统分析是在系统规划的基础上对组织试图通过信息系统来解决的问题进行分析，明确业务需求，从组织结构、业务流程、数据等方面对系统进行分析，提出新系统的逻辑方案。因此，系统分析阶段的活动可以按照三个步骤进行。

1. 问题分析

一般在系统规划阶段，阐述的问题只是症状，在系统分析阶段还需要对问题进行详细分析，发现问题背后的原因。问题分析得越透彻，那么需求的提出和新的逻辑设计的方案才可能越彻底。

2. 需求分析

所谓需求分析是为新系统定义业务需求，关键是要在问题分析的基础上，提出系统改进目标。需求分析一般包括功能需求和非功能需求。功能需求是必须实现的需求，经常以系统改进目标所需的输入、输出、过程和存储的数据的形式定义。而非功能需求指的是系统的属性和质量需求，比如性能（吞吐量和响应时间）、易学易用性、预算、开支和开支节省、时间表、文档和培训需求、质量管理、安全等。

3. 逻辑设计

逻辑设计是指仅在逻辑上确定的目标系统模型，而不涉及具体的物理实现，也就是要解决系统"干什么"的问题，而不是"如何干"的问题。一般来说，逻辑设计需要把模型描述细化到业务流程中的每一个步骤、过程和每一个对象。

系统分析中的逻辑模型可以采用过程建模和对象建模两种思路。过程建模是一种组织和记录数据的结构和流向的技术，常用工具有数据流图（Data Flow Diagram，DFD）；对象建模技术是一种用于辨识系统环境中的对象和这些对象之间关系的技术，比如统一建模语言（Unified Modeling Language，UML）。逻辑模型独立于任何的技术实现来描述系统，因此，逻辑设计不必涉及任何有关实现或技术方面的细节。

系统分析阶段还需要进行可行性研究。可行性（feasibility）研究是指在当前组织内外的具体条件下，系统开发工作必须具备资源和条件，看其是否满足系统目标的要求。可行性研究一般要遵循 6 个原则——运行可行性、文化（或者政治）可行性、技术可行性、进度可行性、经济可行性和法律可行性。

8.1.3 系统设计

系统设计是从技术上说明如何实现一个新系统或者如何对现有系统进行改造。系统设计包括两个方面——总体设计和详细设计。

总体设计包括系统模块结构设计和计算机物理系统的配置方案设计。系统模块结构设计的任务是划分子系统，然后确定子系统的模块结构。计算机物理系统的配置方案设计是解决计算机软硬件系统的配置、通信网络系统的配置、机房设备的配置等问题。

详细设计是在总体设计基础上，进行每个模块内部的详细执行过程的设计，包括代码设计、界面设计、数据库设计和输入输出设计等。

8.1.4 系统实施

系统实施包括程序的编程、测试、系统切换、运行和维护。系统实施阶段既是成功地实现新系统，又是取得用户对系统信任的关键阶段。

一般来说，系统测试包括单元测试、集成测试、确认测试和系统测试。单元测试又称为模块测试，是针对程序模块来进行正确性检验的测试工作。单元测试主要是用来检验程式的内部逻辑，通常由撰写程式码的程式设计师负责进行。集成测试，也叫组装测试，在单元测试的基础上，将所有模块按照设计要求组装成为子系统或系统，进行集成测试。一些模块虽然能够单独地工作，但并不能保证连接起来也能正常地工作。确认测试的目的是向未来的用户表明系统能够像预定要求那样工作，即软件的功能和性能如同用户所合理期待的那样。因此，确认测试是由用户参加确认的。系统测试，是将通过确认测试的软件，作为整个基于计算机系统的一个元素，与计算机硬件、外设、某些支持软件、数据和人员等其他系统元素结合在一起，在实际运行环境下，对系统的各项功能进行测试，包括业务流程、页面、易用性、友好性、接口、性能等。

系统切换需要开展的工作很多，如数据准备、人员培训、文档准备、设备安装等。信息系统处理的对象是数据，规范化的数据是实现系统成功运作的前提。新系统运行前要进行细致的数据准备，准备系统基础数据所需要的时间，与企业以前的数据基础有关，也很大程度上取决于系统切换的方式。用户培训也是一项不可忽视的工作。用户是系统的使用者，也是信息系统最终能否用起来的实际决定者。因此，用户培训不仅需要培训系统使用的方法和技能，也要注重用户认同感的培养。系统切换的方式一般有直接切换、平行切换和分段切换。直接切换就是在原有系统停止运行的某一时刻，新系统立即投入运行，中间没有过渡阶段。平行切换就是新系统和原系统平行工作一段时间，经过这段时间的试运行后，再用新系统正式替换下原有系统。分段切换采取分期分批逐步切换，比较大的系统适宜采用这种方式。

系统切换后可开始投入运行，系统运行包括系统的日常操作、维护等。

8.2　系统建设方法

8.2.1　生命周期法

生命周期法（System Life Cycle）强调系统开发过程的整体性和全局性，强调在整体优化的前提下考虑具体的分析设计问题，即自顶向下的观点。它从时间角度把软件开发和维护分解为若干阶段，每个阶段有各自相对独立的任务和目标。生命周期法在每个阶段都对该阶段的成果进行严格的审批，发现问题及时反馈和纠正，保证了软件质量，特别是提高了软件的可维护性。但是，生命周期法开发周期较长，因为开发顺序是线性的，各个阶段的工作不能同时进行，前阶段所犯的错误必然带入后一阶段，而且是越是前面犯的错误对后面的工作的影响越大，更正错误所花的工作量就越大。而且，在功能经常要变化的情况下，难以适应变化要求，不支持反复开发。

8.2.2　原型法

系统开发初期，开发人员初步确定用户需求，在此基础上很快为用户建立一个试验系统，供用户评价。通过与用户的交互，原型被不断完善，直至满足用户要求。最终，原型被转型成最终可交付的系统。

原型法（Prototyping）遵循了人们认识事物的客观规律，易于掌握和接受。而且原型法中开发人员与用户之间的沟通方式，可以帮助更好获取用户需求，提高用户满意度。原型法强调软件工具的支持，使系统开发的时间、费用大大地减少，效率、技术等方面都大大地提高。原型法比较适合于开发处理过程明确、简单的系统，不适合于大型、复杂、难以模拟的系统。

8.2.3　应用软件包法

应用软件包（Application Software Packages）法是直接从商家手中购买满足企业需要的应用软件包。现在市场出售的应用软件包非常多而且应用范围广，很多比较通用的功能都有通用化的系统，比如库存管理、工资管理等。直接购买应用软件包的方法省钱、省力、省时间，但是由于软件包是一个通用系统，所以客户化是一个需要平衡的问题。

在购买应用软件包之前，需要在系统分析阶段对软件包进行总体评价，包括软件所提供的功能、灵活性、用户友好性、硬件和软件资源、数据库要求、安装和维护、供应商的质量、成本等。

8.2.4　外包

外包法（Outsourcing）是指企业将信息系统的系统开发工作委派给应用服务提供商（Application Service Provider，ASP），使用 ASP 的软件和计算机硬件作为自己的技术平台。外包模式利用供应商的规模经济和核心竞争力，为组织内部开发人员提供较多的价值。但是外包模式有时会失去控制，而且容易低估一些隐藏成本。

8.2.5　终端用户开发方法

顾名思义，终端用户开发方法（End-user Development）是由终端用户自行进行开发。一般来说终端用户可以采用第四代语言开发一些规模小、功能相对简单的系统。这种开发模式开发速度比较快，用户满意度也相对比较高，但缺乏控制和正式开发方法的支持。

第四代语言（Fourth-Generation Language，4GL）以数据库管理系统所提供的功能为核心，进一步构造了开发高层软件系统的开发环境，如报表生成、多窗口表格设计、菜单生成系统、图形图像处理系统和决策支持系统，为用户提供了一个良好的应用开发环境。

8.3　软件能力成熟度模型

能力成熟度模型（Capability Maturity Model，CMM）是对于软件组织在定义、实施、度量、控制和改善其软件过程的实践中各个发展阶段的描述。CMM的核心是把软件开发视为一个过程，并根据这一原则对软件开发和维护进行过程监控和研究，以使其更加科学化、标准化、使企业能够更好地实现商业目标。

CMM 是一种用于评价软件承包能力并帮助其提高软件质量的方法，侧重于软件开发过程的管理及工程能力的提高与评估。CMM 分为五个等级：1 级为初始级，2 级为可重复级，3 级为已定义级，4 级为已管理级，5 级为优化级。

1. 初始级（Initial）

处于这个最低级的组织，基本上没有健全的软件工程管理制度。处于成熟度等级 1 的组织，由于软件过程完全取决于当前的人员配备，所以具有不可预测性，人员变化了，过程也跟着变化。

2. 可重复级（Repeatable）

在这一级，有些基本的软件项目的管理行为、设计和管理技术是基于相似产品中的经验，故称为"可重复"。在这一级采取了一定措施，比如仔细地跟踪费用和进度。

3. 已定义级（Defined）

在第 3 级，已为软件生产的过程编制了完整的文档，软件过程的管理方面和技术方面都明确地做了定义，并按需要不断地改进过程，而且采用评审的办法来保证软件的质量。

4. 已管理级（Managed）

一个处于第 4 级的公司对每个项目都设定质量和生产目标。这两个量将被不断地测量，当偏离目标太多时，就采取行动来修正。

5. 优化级（Optimizing）

一个第 5 级组织的目标是连续地改进软件过程。这样的组织使用统计质量和过程控制技术作为指导。从各个方面中获得的知识将被运用在以后的项目中，从而使软件过程融入了正反馈循环，使生产率和质量得到稳步的改进。

实验

JG 公司知识管理平台的设计

基于"实验　JG 公司的知识管理方案的设计"中提供的案例情景和问题需求的描述，在前期设计方案的基础上进一步扩展细化，对 JG 公司的知识管理平台（系统）进行规划、分析和设计。

按照生命周期法，信息系统在规划、分析和设计的每个阶段都会有阶段性的文档。但本实验主要目的是让学生从整体上综合各种知识，体验、理解信息系统的分析设计思路，完成一个信息系统的分析设计方案，因此，本实验的整体方案可以按照以下框架进行完善，其中重点在于第2、第3部分对于业务需求和方案的分析。

题 目
（独立作为封面展示，包括题目、设计团队等内容）
目 录
（独立一页）

1. 项目概况

介绍项目产生的经济、技术和社会方面的环境背景，内容应该与方案的主题直接相关。

简单介绍项目的情况，包括项目的主要内容、客户、供应商等。

2. 原有系统状况

介绍目前企业的概况、组织结构、主要业务流程，并重点分析系统目前的主要问题和需求。

3. 新平台的业务方案

针对上述问题和需求，提出新平台的目标，并详细分解为新平台的业务方案。

针对新方案中的重点功能和内容，要详细描述其运作管理的方法和业务流程，必要时要采用各种图表工具进行辅助变阐述。

4. 新平台的技术架构和IT基础设施

根据上述业务方案的设计，提出相适应的技术架构和IT基础设施的设计。IT基础设施的设计可以参考第3章"实验　我的电子商务公司的IT基础设施"的思路，可以假设企业的知识管理平台需要一套全新的IT基础设施为其服务。

5. 项目管理方案

阐述项目的时间进度和项目组成员的分工安排等。

6. 财务方案

详细分析你的项目在硬件、软件、网络、人力资本等方面的投入，建议另外使用Excel文件进行表述。

以小组为单位采用 Word 软件和 Excel 软件提交一套书面报告，并进行口头汇报，小组之间交流设计思路，共享创新。

▐ 实 验

基于互联网的商业创新计划书

信息技术，尤其是互联网的创新应用与日俱增，为现代商业带来了很多巨大的，甚至是颠覆性的变化。很多成功的商业模式，都来自大学时代的奇思妙想或者创新成果。

针对你身边的、你所知道的或者你所感觉到的问题，发掘采用信息技术进行解决和改善的可能；针对你在网上冲浪的经验，发现互联网上依然存在的空白和不足；针对你所感兴趣的商业/娱乐/生活等领域中存在的生态系统，仔细寻找其中的利基领域；你也可以天马行空地发挥你的创造力，或者承接第 2 章 2.8 节你的电子商务构想，继续完善你的创新，总之提出你的网络创新方案。

为了保证你的计划书能够清晰、明确地阐述你的思路，建议你采用以下格式进行撰写。当然，你也可以根据需要自行安排内容和结构，无论如何，计划书的效果应该是让别人看了就愿意为你投资，所以一定要突出你的闪光点。

题 目

（独立作为封面展示，可以包括方案题目、你的公司或者项目的 logo、团队名称）

目 录
（独立一页）

1. 项目背景

介绍项目产生的经济、技术和社会方面的环境背景，内容应该与方案的主题相关。

2. 项目介绍

介绍项目情况，包括战略目标（基于市场的）、主要功能内容（简述）、创新之处，投入和产出的简要说明等，强调此方案的商业价值，即方案中能给你带来竞争优势的地方或者创新点，要能够初步引起别人对你的创意的兴趣。

3. 项目功能和商业模式

详细介绍项目的主要内容、功能，以及整体商业模式，包括运作模式和盈利模式。此部分应该能够基本把你的商业创意介绍清楚，可以应用各种图表工具对一些流程、思路或者功能进行简洁明了的表示。

4. 市场分析

分析目前的市场环境，可采用比如竞争力模型等战略管理的工具，分析清楚你的商业模式的竞争优势和面临的威胁。

5. 营销方案

应用市场营销和网络营销的方法、工具，设计与你的产品/服务相适应的具体营销方案。

（注意：第 3 至第 5 部分的内容均为业务介绍，因此，可以根据需要把重点问题拿出来单独作为一章来阐述，或者根据方案中的业务关系调整阐述顺序，重点是要把商务方案介绍清楚）

6. 技术方案

阐述支持上述业务的 IT 基础设施的具体方案和开发方法，可参考第 3 章 3.3 节的实验思路进行。

7. 项目管理方案

阐述项目的时间进度和项目组成员的分工安排等。

8. 财务计划

详细分析你的项目在硬件、软件、网络、人力资本等方面的投入，以及预计的未来 5 年的盈利计划，如果能提供其他相似企业的数据作为参考依据更好。这一部分，建议另外使用 Excel 文件进行表述。

以小组为单位采用 Word 软件和 Excel 软件提交一套书面报告，并进行口头汇报，小组之间交流设计思路，共享创新。

本章参考文献

[1]张越. 吉利汽车：信息化推运营转型[J]. 中国信息化，2014(2)：46-47.

[2]杨志杰. 吉利，快跑！[J]. IT 经理世界，2013(9)：92-92.

[3]肯尼斯·劳顿，简·劳顿. 管理信息系统[M]. 黄丽华，等译. 13 版. 北京：机械工业出版社，2016.

[4]斯蒂芬·哈格，梅芙·卡明斯. 信息时代的管理信息系统[M]. 颜志军，等译. 9 版. 北京：机械工业出版社，2017.

[5]Gibson, Cyrus F. and Nolan, R. Managing the Four Stages of EDP Growth [J]. Harvard Business Review, 1974, 52.

［6］Nolan，Richard L. Managing the Crises in Data Processing ［J］. Harvard Business Review，1979，57(3).

扫描二维码，获取本章微课视频。

微课视频	本章小结